U0915622

大卫·哈维
空间正义理论研究

崔丽华　著

ON DAVID HARVEY'S
THEORY OF SPATIAL JUSTICE

人民出版社

目　录

导　论

阳光下唯一的罪恶是不公正。

——马克思

先贤奥古斯汀有一句广为人知的论断:别人不问我很清楚,别人一问我很茫然。他用此来描述“空间”。在人类文明史中,如果说时间概念是人类文明发展的经度,那么空间概念则是人类文明发展的纬度,时间和空间共同构成了人类文明的整个发展脉络。人类文明在时间和空间交织的语境中不断维系、嬗变和创新。

虽然在自然科学的发展过程中,有一种基本的共识,即如何认识和理解时间与空间是科学发展的关键。但是,在人文社会科学研究中,长久以来,与“时间”范畴相比,“空间”并不是作为“主词”出现的。在爱因斯坦提出时空的广义相对论之前,以及普朗克将此理论变形并将人们引入按比例计算量子化世界之前,整个19世纪、20世纪前半叶是“历史(时间)”的时代,时间始终作为一种主导精神占据重要地位。正如爱德华·苏贾所说:“至少在以往的一百年中,时间和历史在西方马克思主义和批判社会科学的实践意识和理论意识中,已占据了宠儿的地位。”①提及空间,受欧几里得理论的限制,人们往往认为空间是固定的,可以被感知到的,把空间与物理学、几何学、数学、地理学等自然学科联系在一起,较少论及它的哲学意蕴和社会价值,即使在讨论

① [美]爱德华·W.苏贾:《后现代地理学——重申批判社会理论中的空间》,王文斌译,商务印书馆2004年版,第1页。

它的哲学和社会价值时，也仅仅是作为哲学家关注的一个问题或依据的手段和工具，正是因为此空间被遮蔽起来，失去了自身的属性，而仅仅作为社会关系演变的“容器”，一种背景性存在，一种物理性构成的空间。在哲学家们看来，空间似乎并不是“社会现象”，与社会无关。这种观点很长时间一直统治着西方思想史。“历史思维通常被理解为比空间或地理思维更加具有智力上的激发性。……在主流社会科学和哲学中，以及更加激进的或者社会主义的理论和实践中，(对历史和时间的)优先性考虑，根深蒂固。”①尤其是对待“时间”与“空间”二者之间的关系问题上，一直存在着孰优孰劣的问题。

直到20世纪中期，随着资本主义经济飞速发展、城市化进程加快，全球化浪潮兴起，资本主义以全新形式展示在世人面前，人类生存环境发生了深刻革命。此时此刻，空间也开始从历史的阴霾中走出，登上了时代舞台。重新思考空间的价值和意义，尤其是在社会理论中找寻空间所承载的意义和使命，成了当代理论家、思想家不得不面对的问题，“这种寻求基本概念(时空、地方和环境，作者注)的批判性研究并非微不足道或者容易的事。它只是要求为研究建立一种形而上学基础”②。随空间问题而来的是“空间正义”问题的彰显。例如，从人与自然、人与地理的关系出发思考，探讨阶级、种族、性别等问题同社会生活空间的关系，并反思于此突显出来的差异和认同的文化政治等，这些不断出现的事实，需要给予解答。正如大卫·哈维自己所言：“需要批判地理解生态、文化、经济和社会条件上的差异是如何生产出来的(特别地，通过那些我们大体上能够改变和控制的人类活动)，也需要批判地评价这样生产出来的差异之正义或非正义性质。”③

于是，“空间正义”成为探索当代资本主义社会的一把钥匙。对此，大卫·哈维是极具特色的，这也是他后期研究关注的最重要的一个焦点。那么，

① [美]爱德华·W.苏贾：《寻求空间正义》，高春花、强乃社等译，社会科学文献出版社2016版，第2—3页。

② [美]大卫·哈维：《正义、自然和差异地理学》，胡大平译，上海人民出版社2010年版，第2页。

③ [美]大卫·哈维：《正义、自然和差异地理学》，胡大平译，上海人民出版社2010年版，第6页。

他是如何展开这方面研究的，理论价值与现实意义在哪里？这是本书想试图解答的。

一、为什么聚焦“空间正义”

大卫·哈维无疑是当代最伟大的马克思主义地理学家①之一，美国纽约城市大学（City University of New York）人类学系“杰出教授”，曾任约翰·霍普金斯大学地理系教授，以及牛津大学霍福德·麦金德（Halford Mackinder）讲座地理学教授。他以广博的视野、积极的姿态介入到当下资本主义世界中。《文库杂志》（Library Journal）称他为“20世纪后期最有影响力的地理学家之一”。因此，以大卫·哈维的空间正义理论作为研究议题具有重要的理论价值和现实意义。

（一）空间理论的集大成者

选择大卫·哈维作为切入点，是因为他的空间理论是极具特色的。

首先，纵观大卫·哈维的学术生涯，对“空间”的关注是其学术研究的基石，这可能与他个人经历有很大关系。很小的时候，他就对海洋、航海、军事等问题感兴趣，正如他在接受采访时说，“第二次世界大战期间，我们每年都会去造船厂一次，在驱逐舰上饮茶，那种与大海和帝国混合而成的浪漫情调，至今印象深刻”，“绘制地图是我童年时期的最爱。青年时期，我常骑着车子，踏遍北肯特郡，对我们当地的地质、地景了然于心，我一直深受地理学

① 马克思主义地理学属于现代地理学的一个分支学科，兴起于20世纪中后期。根据美国地理学家理查德·皮特的观点，马克思主义地理学是一种批判地理学，它运用马克思主义的理论和方法来考察人类地理学中空间的关系。在马克思主义地理学中，传统地理学对自然环境和空间关系的分析被当作物质生产模式的结果。为了把握这种地理关系必须考察社会结构，马克思主义地理学就是试图改变这种社会结构。哈维则认为，马克思主义地理学在自然中和强调方法论的实证主义的空间科学中是激进的，因此，未能思考或证明资本主义的基本制度和强调人类空间分配的掠夺。在早期马克思主义地理学研究者那里就有明确的政治主张：为社会变革和发展努力。他们通过把地理分析应用于社会问题，来缓解资本主义的贫困和剥削。通过这些论述，我们可以看到马克思主义地理学是把地理学与马克思主义结合在一起，分析社会现象，解决社会问题。

吸引”①,这些经历对其后的学术创造产生了深远影响。他的博士论文是《论肯特郡1800~1900年农业和乡村的变迁》,主要从地理、空间的角度进行研究。之后的《地理学中的解释》《资本的限度》《新帝国主义》等一系列著作都有一个明显特征,即对空间的关注,或者说,这也是其展开论述的基石。例如,他的代表作《后现代的状况》(*The Condition of Postmodernity*,1989年出版)被认为是对后现代社会秩序与非秩序性的精彩阐述,同时,也是他参与后现代主义思潮的写照。他借助空间范畴来建构他的理论体系,以一种更加开阔的视野和深刻的历史底蕴把地理学想象植入社会理论之中,从而为现代化事业提供一种可靠的方案。在这本书中,他对空间的理解更为游刃有余。他指出,后现代主义城市反对现代主义的那种理性规划,而倾向于个性化的美学追求,“空间属于一种美学范畴”。这本书的出版标志着他开始以一种积极的姿态介入当代政治话语的论争过程中。再如1996年,大卫·哈维出版了《正义、自然和差异地理学》(*Justice, Nature, and the Geography of Difference*)。书中,他试图探讨社会正义和环境正义,并且以一种新的方法对城市化的未来进行思考,并明确了一些基本概念,比如:空间、时间、位置、自然等。他还描述了地理上的差异是如何产生的,并是如何彰显空间的政治性的。可以说,这本著作具有很强的实践性和政治性,关注了当今社会发展中的重大社会和政治问题。在近几年出版的著作《世界的逻辑》(2016)中,他试图构建起理解世界的一般框架,来解释世界经济发展过程中的不平衡、金融危机的城市根源、自然与社会变革之间的关系、资本的演化等。总而言之,在阅读大卫·哈维著作时,我们会发现,地理学家的身份使他在研究的过程中莫不依赖于空间理论,在他对自己学术思想进行总结的文章《空间作为一个关键词》中,专门提及对空间问题的关注。

其次,对马克思主义的关注。在大卫·哈维的研究中,马克思主义是他关注的一个重点。在他研究中出现了很明显的转变,即从实证主义地理学走向马克思主义地理学。许多评论家称这一转变为“重要的逆转”,造成了“青年”

① David Harvey, *Spaces of Capital: Towards a Critical Geography*, Edinburgh: Edinburgh University Press and New Yorl: Routledge, 2001, p.3.

哈维和“成熟时期”哈维的分裂①,体现了他对逻辑实证主义的“科学方法”的失望与发现马克思主义理论的兴奋。最初他是实证主义地理学的倡导者,这与传统的区域描述地理学不同。传统地理学更多的是选择特定区域进行分析和研究,而这种新“地理学”则在本体论方面强调世界是在空间的秩序中存在;在认识论和方法论上,则强调这个秩序是依据科学的方法理性展现的,它以描述、解释甚至预测不同程度的空间格局为主。1969 年,大卫·哈维出版的具有里程碑意义的著作《地理学中的解释》(*Explanation in Geography*)就是这一想法的全部呈现,这本著作也被称为新地理学的“圣经”。但是,在《地理学中的解释》出版之后不久,他对实证主义地理学产生了怀疑,这是伴随着人文主义地理学的兴起展开的。人文主义地理学是针对逻辑实证主义批判的一系列理论中最为成熟的理论,它反对逻辑实证主义排斥价值,单纯追求中立科学的做法,“地理学现代人文主义的一个主要目标是协调社会科学和人之间的关系,容纳知性与智慧、客观与主观,以及唯物主义和唯心主义”②。在哈维看来,地理学不可能绝对中立,也绝不应仅仅局限于自然科学之中,它必然受到其他社会因素的影响和制约。于是,他最终走向了马克思主义。这可能有很多偶然因素。比如,20 世纪 60 年代的民权运动和城市暴动、反对越战的运动,1968 年的学生运动等。“在这些混乱中,人们急切盼望某种政治和思想的指导。”③再如,1969 年,哈维从布里斯托尔移居到巴尔的摩,在约翰·霍普金斯大学新组建的地理学和环境工程系工作,这里聚集着一批社会科学家和环境科学家,并有着支持跨学科研究的良好氛围。同时,他还遇上了一群热衷于阅读马克思著作的学生和同事。这些历史契机使他开始重新审视自己的学术之路,并走上了阅读马克思《资本论》的艰辛之路,这也为他发现和填补马克思主义理论的空白奠定了良好的理论基础。对这段历史,他是如此描述的:“1971 年以来,我每年(只有一年除外)都组织阅读马克思《资本论》(第一卷)的小组或开设相关课程。尽管人们很有可能将此视为非常平凡的学院做法,

---

① 参见 Eric Sheppard,“David Harvey and Dialectic Space - time”, in Noel Castee& Derek Gregory(eds.),*David Harvey: a Critical Reader*, Malden, MA: Blackwell Publishing Ltd., p.121。

② [美]理查德·皮特:《现代地理学思想》,周尚意等译,商务印书馆 2007 年版,第 41 页。

③ [美]大卫·哈维:《希望的空间》,胡大平译,南京大学出版社 2006 年版,第 3 页。

但它却让我有机会按照时间序列来收集对这一特殊文本的珍贵反应。”[①]他给予马克思主义很高评价，他认为，马克思主义具有将不同学科整合起来的能力。也如，他在学术自述中提及的，“正是在《社会公正与城市》(1973)中，开启了我对马克思著作中资本运动规律与不同规模的城市化(从地方到全球)，以及不均衡的地理发展的动力学之间无休止的对话。”[②]因此，大卫·哈维除系统地阅读《资本论》之外，他还阅读了森岛通夫的《马克思的经济学》和保罗·斯维奇的《资本主义发展论：马克思主义政治经济学原理》。1982 年，他出版了《资本的限度》(*The Limits to Capital*)，这本书使他实现了一个“惊人的跳跃”[③]，即从空间角度重构马克思主义经济学。他提出了一些马克思不曾遇到的问题，从而形成了较为精致的解释当代城市化和空间问题的框架。这本书可以说是他之后工作的基础和出发点。在书中，大卫·哈维认为必须从资本主义历史地理演化的两个基本矛盾入手来解释空间。第一个矛盾：“空间只能通过空间生产来克服”；第二个矛盾：“资本主义的内在矛盾能够通过固定资本加以克服，但是这样做的时候，资本主义将其矛盾转移到更广阔的空间中，并使它的范围大大拓展了”，不理解固定资本就无法理解城市问题。这本书不仅涉及了马克思晚期作品的局限性，而且涉及了资本主义作为生活方式的有限性。然而，《资本的限度》出版之后并没有受到应有的重视。这主要因为 20 世纪 60 年代的那场政治运动只持续了十年，但这却使他转向了马克思主义；此外，大卫·哈维地理学家的身份，使这本书被局限在地理学的范围内。[④] 但这并不影响他向马克思主义迈进。

第三，借助空间实现对资本主义社会的批判。大卫·哈维研究的第三个特点是对资本主义的批判。1985 年，他出版了《资本的城市化》(*The Urbanization of Capital*)与《意识与城市经验》(*Consciousness and The Urban Experience*)，这

① [美]大卫·哈维：《希望的空间》，胡大平译，南京大学出版社 2006 年版，第 3 页。

② David Harvey, "Reflections on an academic life", *Human Geography*, Vol.15, No.1, 2022, pp. 14–24.

③ David Harvey, *Spaces of Capital: Towards a Critical Geography*, Edinburgh: Edinburgh University Press and New Yorl: Routledge, 2001, p.10.

④ 参见 Noel Castree, "David Harvey: Marxism, Capitalism and the Geographical Imagination", *New Political Economy*, Vol.12, No.1, March 2007, p.100。

两部著作均着力于运用马克思主义的批判方法揭露资本主义社会中政治经济与城市地理、城市社会弊病之间的关联性。在他看来，城市不是一个物而是一个过程，它并不独立于资本生产；城市化研究必须关注资本积累；劳动力、商品以及货币资本的流动；生产的空间组织和空间关系的变革；以领土为基础的阶级联盟之间信息和地理的冲突等问题。在这个意义上，地理成为了“第二自然”，是在资本的控制下产生，并体现了政治权力。2001年，他出版了《资本的空间：批判地理学》(*Spaces of Capital*)。2003年，他接着出版了《新帝国主义》(*The New Imperialism*)和《巴黎，现代性之都》(*Paris, Capital of Modernity*)。2005年，大卫·哈维出版了《新自由主义简史》(*A Brief History of Neoliberalism*)。2006年，他又出版了《全球资本主义的空间》(*Spaces of Global Capitalism: Towards a Theory of Uneven Geographical Development*)。通过这些著作，大卫·哈维实现了地理学知识/政治力量与资本主义空间生产的有机结合，促使资本主义社会向人性化的方向发展。2012年，他出版了《反叛的城市：从城市权利到都市革命》(*Rebel Cities: From the Right to the City of the Urban Revolution*)，在书中，他集中讨论了资本与城市化之间的关系和对资本与城市化的反对，借此，他追问城市如何能够在社会公正、生态建设等方面发挥作用以及成为反对资本主义的焦点。尤其是最近几年，他的兴趣回到了理论的原点：对资本的研究。2010年，他先后出版了《资本之谜》(*The Enigma of Capital: And the Crises of Capitalism*)、《跟大卫·哈维读〈资本论〉》(第一卷)(*A Companion to Marx's Capital*)，2013年出版了《跟大卫·哈维读〈资本论〉》(第二卷)(*A Companion to Marx's Capital, Volume 2*)，2014年又出版了《资本主义的十七条矛盾及其终结》(*Seventeen Contradictions and the End of Capitalism*)。他对发生在当下的经济危机、资本运行背后的规律进行了深入的分析和研究。尤其是在《资本之谜》中，他通过对资本主义的本质及其运作方式，以及周期性失灵的原因进行探讨。他指出，经济危机是资本主义不可避免的，也是不可或缺的，同时研究应如何尽量避免经济危机，呼吁建立一个公平、负责任、人性化和可持续的新社会秩序。2016年，他出版《世界的逻辑——如何让我们生活的世界更理性、更可控》(*The Ways of the World*)。可以说，这本书是大卫·哈维过去半个多世纪思考和研究成果之集萃。他在书中为读者搭建了理解世界运行规律的一般框架,试图通过一系列强大的理论工具来解释世界——世界经济发展不平衡、金融危机的城市根源、自然与社会变革之间的关系、资本的演化等。2017年出版了《马克思、资本与经济理性的疯狂》(*Marx and Capital and the Madness of Economic Reason*),此书哈维以凝练的写法概述了马克思对资本的建构。他根据过去一个半世纪的经济和社会变革情况,将对《资本论》的理解同当代现实联系在一起。2020年,他出版了《反资本主义编年史》(*The Anti-Capitalist Chronicles*),致力于探索反资本主义这一主题。如他自己在学术自述中提及的:"在研究马克思的事业的过程中,我成了一名反资本主义者。因为基于资本在我们这个时代运作方式的考察(是的,我越来越依赖马克思的阐释,因为它是最好的),这些都无可避免地指向反资本主义的结论。"①

概言之,通过对大卫·哈维的解读,我们可以看到,他研究领域包含建筑学、城市规划理论、哲学、社会理论、政治经济学等诸多学科,以他为模板,可以有效地对准现实社会,剖析和解决当前社会中存在的问题和症结。

(二)空间正义理论的当代价值

空间已成为显学。20世纪的社会理论展示出前所未有的融合姿态,人文社会科学与自然科学的融合是其最主要的特征。在这样的历史契机下,越来越多的思想家开始思考空间问题,开始挑战时间对空间的优先性,这一时期被称为"空间转向"(spatial turn)。尤其是伴随着人文地理学的兴起,空间问题成为显学,在当今社会理论中扮演着越来越重要的角色。空间问题历来是哲学的一个重要问题,而它之所以重要,就在于空间从来都是与人的生存联系在一起的。当今人类正处于以航天、核能、计算机、电信等技术为引擎的全球化时代,社会生活呈现出高度流动性、共时性、互动化、网络化的特征。由此,"空间"问题也成为自然科学、建筑工程学、地理学、哲学、文学艺术、社会学和经济学等学科共同关注的焦点。正如爱德华·苏贾所说:"在今天,遮挡我们视线以致辨识不清诸种结果的,是空间而不是时间;表现最能发人深思而诡谲

① David Harvey, "Reflections on an academic life", *Human Geography*, Vol. 15, No. 1, 2022, pp.14-24.

多变的理论世界的，是‘地理学的创造’，而不是‘历史的创造’。”①因此，重新梳理和分析空间问题就变得极为重要。空间开始回到人们的视野之中，成为当代社会理论最显著的特征。

空间，作为人类经验的维度，在马克思恩格斯那里，虽然都没有以专门的方式展开，但却包含了空间的种子，亦是他们理解资本主义的中轴。这也就难怪苏贾指出，“他（马克思）也探究了社会—空间辩证关系的基本问题框架：各种社会关系既能形成空间，又是偶然于空间，具有同存性和冲突性。然而，社会行为的空间偶然性主要被简化为拜物教化和虚妄的意识，从马克思那里从未得到过一种有效的唯物主义阐释。”②因此，大卫·哈维的工作正是从空间这个维度来透视马克思主义的当代性，并将此作为一种重要的策略选择。从这个角度来讨论，不仅有助于理解晚期马克思主义思潮的生成路径、基本性质，而且在更大范围内有助于理解当代马克思主义理论的复杂氛围和使命。他始终认为，在当代西方资本主义社会的语境中，马克思主义理论依然具有顽强的生命力，尤其是它具有适时改造自身的能力。在空间视角中，通过对法国马克思主义的借鉴和自己的探索，他最终认识到：所谓地理学的核心问题，不是纯粹的科学方法，而是在社会边界的内部生产客观知识，从我们自身努力的后果来认识它的社会性的问题。从根本上，这要求我们把知识生产看作是一种政治规划，因为它包含在权力关系的组织之中。这样来看，如果地理学提供的是一种关于世界的地理图景，那么如果不考虑对象本身是人类活动的后果，那么它就无法做到对它的真实解释，达到地理学的科学要求。正如恩格斯所说：“一切社会变迁和政治变革的终极原因，不应当到人们的头脑中，到人们对永恒的真理和正义的日益增进的认识中去寻找，……不应当到有关时代的哲学中去寻找，而应当到有关时代的经济中去寻找。”③

空间正义问题也逐渐被人们所重视。从现实观察的角度来看，我们实际

① ［美］爱德华·W.苏贾：《后现代地理学——重申批判社会理论中的空间》，王文斌译，商务印书馆 2004 年版，第 1 页。

② ［美］爱德华·W.苏贾：《后现代地理学——重申批判社会理论中的空间》，王文斌译，商务印书馆 2004 年版，第 192 页。

③ 《马克思恩格斯选集》第 3 卷，人民出版社 2012 年版，第 654—655 页。

上正面临着比以往任何时候都要严峻的空间问题。正如2021年11月,大卫·哈维在《人文地理学》(*Human Geography*)杂志发表的对其学术生涯回顾性文章中指出的,“在《社会公正与城市》(1973)一书中,我试图把社会正义的伦理问题和地理学的方法结合起来。”他很早就已经在做这样的尝试,讨论正义问题。之后他的经历,让这种尝试变成了理论旨趣。

“1969年,我从布里斯托搬到巴尔的摩,这对我的政治观点和思想产生了巨大的影响。布里斯托存在着严重的社会问题和种族冲突,更不用说18世纪黑奴贸易的残余了。但是,与巴尔的摩街头大量黑人的严重贫困相比,布里斯托圣保罗区的状况就显得微不足道。在1968年马丁·路德·金遇刺后,巴尔的摩的黑人涌上街头,愤怒地声讨与抗议。当一年后我到访这个城市时,当时起义与大火留下的痕迹依稀可见。

这立即向我提出了一个问题,即迄今为止世界上最富有的国家,为何能够容忍如此巨大的贫富鸿沟?从英国移居美国的学者通常都会经历思想上的转变,要么向左,要么向右。”①

“空间和环境作为实践(政治的、文化的再现)的系统的标记而被理论化,最后才由经济学组织起来”②,大卫·哈维的空间正义理论也体现了这一倾向性,尤其是他借助空间对政治经济学进行重新分析和理解。与其他学者不同,他并不直接把空间纳入研究之中,相反,他理论的出发点就是空间,空间是作为本体存在的,在思考空间之时,他认为应借助马克思主义的历史叙事,马克思主义具有偏好历史的特征,并认为,“历时性偏好恰恰是资产阶级意识形态的解毒剂”③,但他分析历史的目的是表达空间正义在当代的重要性。正如他说:“在当前时代,我们必须要认真考虑用批判性的反资本主义视角来审视变化中的世界地理,这不仅是合乎逻辑的必要反思,更是捍卫人类未来的必需之举。”④因此,对大卫·哈维的空间正义理论进行研究就

---

① David Harvey, “Reflections on an academic life”, *Human Geography*, Vol.15, No.1, 2022, pp.14–24.

② [美]理查德·皮特:《现代地理学思想》,周尚意等译,商务印书馆2007年版,第334页。

③ 胡大平:《社会批判理论之空间转向与历史唯物主义的空间化》,《江海学科》2007年第2期。

④ [美]大卫·哈维:《世界的逻辑》,周大昕译,中信出版集团2017年版,第xxi页。

具有重要意义。

（三）空间正义理论与中国问题

在《世界的逻辑》一书的引言中，大卫·哈维引用了一则来自中国的新闻："据美国地质勘探局的统计测算，中国在2011~2013年消耗了66.51亿吨水泥，竟超过美国在整个20世纪里44.05亿吨的水泥消费总量。……中国如何用掉那么多水泥？中国为何要用掉那么多水泥？这又会造成怎样的环境、经济和社会后果。"①哈维还详细地分析了2008年全球金融危机对中国产生的影响，尤其是中国为了应对危机，在基础设施建设上投入了巨大的人力、物力、财力。这不仅从空间上整合了中国经济，同时也加强了南北之间的关联。与此同时，中国还加大力度实现全球空间的整合。他运用马克思主义经济学原理对这些问题给予解答。

的确，伴随着改革开放，中国发生了翻天覆地的变化。经济迅速发展，国内生产总值从1978年的3645亿元到2021年114万亿。1978年工业增加值仅有1622亿元，2017年工业增加值接近28万亿元，按可比价计算，比1978年增长53倍，年均增长10.8%。据联合国工业发展组织工业竞争力指数最新结果，中国已经成为全球最具工业竞争力的五个国家之一。1978年，全国居民人均可支配收入仅171元。2021年，全国居民人均可支配收入达到35128元，扣除价格因素，比1978年实际增长超200倍。中国人均国民总收入由1978年的200美元提高到2021年的1.2万美元，超过中等偏上收入国家平均水平。中国的城市化率也从1978年的17.92%增至2021年的64.72%，城市规模不断扩大，非农业人口不断增加。

其中，城市化的发展成为中国经济发展的轴心，主要表现在两个方面：城乡问题和区域发展的协调问题。其一，城乡发展不协调。随着城市化的发展，原本脆弱的城乡二元模式逐渐被推向矛盾的中心，城市对乡村发展变迁拉动力不足与区域性发展不均，导致乡村发展严重滞后，成为制约我国经济发展的瓶颈；同时，在城市自身发展的进程中也出现了很多问题。尤其是近几年城市

① ［美］大卫·哈维：《世界的逻辑》，周大昕译，中信出版集团2017年版，第xi页。

的过度扩张、过度发展所引发的拆迁问题、城市绿地问题、农民工问题等。这些问题如果处理不好,不仅会影响中国经济的发展,更甚会引起社会动荡和不稳定。其二,区域发展不平衡。在整个中国经济中,区域间的不平衡问题也十分严峻,这几年,还呈现愈演愈烈之势,地区间公共服务方面的差距甚至要比经济发展之间的差距还大,因此公共服务的均等化问题也被提上了议事日程。在改革开放初期,为了鼓励发展经济的积极性,鼓励和提倡一部分地区先富起来、先好起来。这种区域间非均衡化发展战略,促使一些自然条件禀赋好的地区、具有地理优势的地区、沿海地区先发展了起来,而一些自然禀赋不足、地理区位优势不明显的地区存在发展不足的现象,例如一些中西部内陆地区。这就产生了一个严重的问题:东部沿海地区的快速发展和中西部广大内陆地区的发展滞后。因此,近些年,我国采取了京津冀一体化、西部大开发、振兴东北老工业基地、中部崛起等区域发展战略,目的就是要解决区域发展不平衡的问题。

今天,全球空间面临着更大的调整和重新洗牌。中美两国之间微妙、复杂的关系,全球化、逆全球化之间的相互博弈,全球金融危机后的应对等问题使原有的全球政治、经济与文化格局被打破,全球新格局尚有待重新确立。在这一系列历史变化面前,中国需要寻找发展的新空间,重新确立自己在全球政治、经济、意识形态中的地位和位置。近些年,我们在国际外交关系中,提出了“一带一路”倡议等,就是积极寻求和谋划这一问题的体现。

这些当前中国面临的现实问题都需要我们认真思考,尤其是从空间角度进行深入的分析和研究。可以说,空间是一个与现实紧密结合在一起的范畴,并成为我们密切关注的范畴,对空间正义问题的思考是中国现代化进程的历史选择。大卫·哈维也注意到了这个问题,正如他在《世界的逻辑》一书中提到的,我们未来的世界是什么样子？通过分析中国现代化进程中出现的问题,来思考空间正义的价值,这些值得我们反思。

与此同时,通过对大卫·哈维空间正义理论的分析和研究,尤其是他对“时空修复”、“时空压缩”、“不均衡地理发展”、“剥夺性积累”等问题的论述,对于重新认识和思考我国现代化进程问题,具有重要的借鉴意义。

二、国内外研究进程

本选题有两个非常重要的关键词:大卫·哈维和空间正义。在前面,曾经提到,大卫·哈维是人文科学领域中成果被引用次数最高的20位作者之一,也是世界上被引用次数最多的地理学家之一。因此,作为当代具有影响力的马克思主义理论家,大卫·哈维的学术研究引起了来自方方面面的关注。纵观大卫·哈维的学术研究生涯,"空间"至关重要,可以说,以空间为核心来诠释问题成为他最鲜明的特色之一。在他学术生涯的前期,"空间"是从地理学角度思考的,中后期,"空间"带有更多的人文社会科学的色彩。此外,他的研究兴趣十分广泛,涉猎范围极广,包括地理学、政治学、马克思主义理论、经济学等,而且这些问题与空间密切地交织在一起,不可分割。

另外一个关键词是空间正义。谈及空间正义必须涉及空间理论。1974年,列斐伏尔出版了《空间的生产》一书,这标志着空间理论正式形成,当然,这与时代发展密不可分。"我们只能在我们时代的条件下去认识,而且这些条件达到什么程度,我们就认识到什么程度。"①20世纪的世界历史实际上是一部以区域国家作为社会生活基本"容器"的历史,而空间的重组则是战后资本主义的核心问题。此后,空间问题就逐步走近了思想家、理论家的视野。在列斐伏尔看来,此时的"空间"绝不再是一个简单的容器,而是以一种多样性的表现形式展示的。我们面临的不仅仅是一个空间。后现代主义思潮兴起,空间的意义不断凸显,有一种极端的看法,甚至把"现代"等同于"时间",把"后现代"等同于"空间"。在后现代的语境中展开的空间理论表现为多种形式。再加之,20世纪60年代以来,西方国家在城市化进程中引发了诸多社会问题,从而使探讨空间的政治性显得尤为必要。于是,对空间正义的讨论就越来越多。

① 《马克思恩格斯选集》第3卷,人民出版社2012年版,第933页。

（一）国外研究进程

作为当代西方马克思主义地理学领军性人物，大卫·哈维的学术研究得到诸多国外学者的关注。

1. 关于大卫·哈维

西方理论界关于大卫·哈维的研究与哈维自身研究兴趣高度贴合。国外最早关于大卫·哈维的研究集中在地理学方面。约翰·L.佩特森的《大卫·哈维的地理学》(*David Harvey' Geography*, by John L. Paterson. London: Croom Helm; Totowa, NY: Barnes and Nobel, 1984)。在书中，作者分五章介绍了大卫·哈维的地理学、逻辑经验主义的地理学、从社会正义到计算结构主义、资本主义制度下的都市主义与马克思主义的分析方法。作者认为，在英语世界的地理学家中，大卫·哈维之所以具有重要地位是因为他把地理学、城市研究与马克思主义结合起来，同时，还十分注重从社会和经济角度对空间与空间结构进行分析。

之后，哈维的理论发生了很大转变，以《社会正义与城市》一书为界，他逐渐从一个逻辑实证主义的地理学家走向了马克思主义者。理查德·皮特在《现代地理学思想史》(1998)一书中，详尽阐明了发生在地理学界的转变。本书论及了最近三十年人类地理学思想中与之相关的主题：哲学、社会理论的主要趋势。它以存在主义的现象学与人道主义的地理学开始，同时涉及马克思主义与激进地理学、结构主义、结构理论、现实主义、后结构主义与后现代主义的各种各样的形态等。在其中，对大卫·哈维的空间理论给予了介绍和分析，尤其分析了他是如何从一个逻辑实证主义者转变为马克思主义者的。

近些年，关于哈维研究的主题越来越多元。在2006年，Noel Castree, Derek Gregory编辑出版了《大卫·哈维：一个批判性解读》(*David Harvey: A Critical Reader*)，本书收录了近些年西方关于大卫·哈维研究的最新成果。Trevor Barnes:《在演绎法与辩证法之间：大卫·哈维关于知识的研究》(*Between Deduction and Dialectics: David Harvey on Knowledge*)、Alex Callinicos:《大卫·哈维与马克思主义》(*David Harvey and Marxism*)、Marcus Doel:《辩证唯物主义：异乎寻常的分歧》(*Dialectical Materialism: Stranger than Friction*)、

Melissa Wright:《重要的差异》(*Differences that Matter*)、Sharon Zukin:《大卫·哈维的城市理论》(*David Harvey on Cities*)、Eric Sheppard:《大卫·哈维与辨证的时空》(*David Harvey and Dialectical Space-Time*)、Bob Jessop:《空间修复、时间修复与空间—时间修复》(*Spatial Fixes, Temporal Fixes and Spatio-Temporal Fixes*)、Nancy Hartsock:《全球化与原始积累:大卫·哈维辩证马克思主义的贡献》(*Globalization and Primitive Accumulation: The Contributions of David Harvey's Dialectical Marxism*)、Bruce Braun:《通往新的地球与新的人性:自然、本体论、政治学》(*Towards a New Earth and a New Humanity: Nature, Ontology, Politics*)、Nigel Thrift:《大卫·哈维:宫殿前的岩石》(*David Harvey: A Rock in a Hard Place*)、Cindi Katz:《"计划"的混乱》(*Messing with "the Project"*)、Noel Castree:《批判理论的迂回》(*The Detour of Critical Theory*)。这本著作是目前国外对大卫·哈维研究的理论成果的一个合集。通过分析,可以看出,学者的研究主要围绕这么几个核心问题展开:

空间问题。这是大卫·哈维学术研究的核心,在他的大量著作中都有对空间和时间的讨论。大卫·哈维通过空间揭示了资本主义存在的问题。在《空间修复、时间修复与时空修复》(*Spatial Fixes, Temporal Fixes and Spatio-Temporal Fixes*)一文中,Bob Jessop 评论了大卫·哈维对空间性和时间性的关注,这主要与资本主义和资本主义的社会形态有关。大卫·哈维强调历史唯物主义与空间的关系,如果用一个短语说就是"空间修复"。作者还阐释了大卫·哈维对资本主义政治经济、时空压缩、新帝国主义、资本主义国家的权利和领土逻辑等的理解。Eric Sheppard 在《大卫·哈维与辩证的时空》(*David Harvey and Dialectical Space-Time*)一文中,阐述了自 20 世纪 60 年代以来,地理学家们转向了对理论基础的追寻,大卫·哈维也不例外。地理学走向了一种综合的地理学,空间是这个学科理解社会、文化的核心。

对城市理论的关注。艾拉·卡茨内尔斯(Ira Katznelson)1992 年出版的《马克思主义与城市》(*Marxism and the City*)是目前对此研究较为详尽的资料。本书主要就马克思主义与城市之间的关系进行了详细论述。在第三章,作者以"再空间化的马克思主义"为题,介绍了列斐伏尔、大卫·哈维等人的空间思想。

还有一些学者讨论了大卫·哈维与马克思主义之间的关系。Andrew Jones 在《辩证法和差异:反大卫·哈维的辩证的后马克思主义》(*Dialectics and difference: against Harvey's dialectical "post-Marxism"*)一文中指出,在《正义、自然和差异地理学》一书中,大卫·哈维彰显了马克思主义和"充满差异"的后现代主义之间的张力,他赞同一个修正的后马克思主义方法在人类地理学中的运用。但是,Andrew Jones 并不同意大卫·哈维的这种观点,认为大卫·哈维并没有充分强调后马克思主义本体论和认识论的批判性。作者认为,后马克思主义以及许多现代人文地理学被变动的空间本体论所束缚。

关于资本主义、资本的问题。2009 年,Noel Castree 在《资本主义的时空性》(*The Spatio-temporality of Capitalism*)一文中认为,通过认真解读大卫·哈维的作品可以发现,时空某种程度上与资本主义的生产、分配、销售、消费形式密切相关。但这并不意味着时空可以被还原为资本的积累形式,具体说,时空还有其他形式,它们在当代生产中相对自主。

2. 关于大卫·哈维空间正义理论的讨论

20 世纪 60 年代,西方城市危机的出现,使得一批学者进入这一领域,探讨城市化过程中的正义问题。哈维也是如此,不过他对"空间正义"的解读,更多不是元理论的,而是基于实践层面的探讨,比如与城市问题、资本、不平衡发展等问题结合在一起。例如,Sharon Zukin 在《大卫·哈维的城市理论》一文中指出,大卫·哈维把城市问题还原为市场问题,唤醒了社会理论中被忽视的观点,即马克思强调的不公平理论,大卫·哈维运用空间来重述芝加哥学派的城市社会学。爱德华·W.苏贾在他最近的著作《寻找空间正义》的第三章:"构建一种空间正义理论"中专门论述了大卫·哈维和正义的城市化。苏贾认为,哈维从《社会正义和城市》一书开始,探讨了罗尔斯正义理论与他的不同,罗尔斯主要强调结果的正义性,哈维更强调正义产生的过程性,尤其是城市问题(空间)所带来的正义问题。这对于寻求空间正义的概念和实践具有重要意义。在苏贾看来,之后,哈维借助马克思主义理论中对资本的探讨,强调资本在重塑着我们的城市景观。所以,这种非正义归根结底是资本主义社会无法避免的。

国外近些年来对大卫·哈维的介绍与研究较为全面,涉及他的地理学、马克思主义、政治学、批判理论、后现代主义、全球化、资本主义、时间、空间等思想。但是专门从空间正义这个政治学角度论述哈维的空间理论的研究相对较少。

（二）国内研究进程

从总体来看，国内关于大卫·哈维的研究已经持续很多年了。早在1990年，蔡运龙翻译了大卫·哈维的《论地理学的历史和现状：一个历史唯物主义的宣言》（《地理译报》1990年第3期）及论文《地理学的实证主义方法论》（《地理研究》1990年第3期），大卫·哈维作为地理学家第一次进入了中国学界的视野。可以说，国内关于他的研究是伴随着哈维本人的研究转向展开的。在最开始阶段，主要是将他作为一个地理学家来研究，研究成果也主要集中在地理学专业那里。之后，伴随着哈维的研究转向，越来越多的研究者开始关注他。《后现代的状况——对文化变迁之缘起的探究》这本著作，可以说是他的转向之作，之后的《希望的空间》（2006）、《巴黎，现代性之都》（2007）、《新自由主义化的空间》（2008）、《新帝国主义》（2009）、《公正、自然和差异地理学》（2010）、《资本之谜》（2011）、《反叛的城市：从城市权利到都市革命》（2012）、《跟大卫·哈维读〈资本论〉》（2013）、《世界的逻辑——如何让我们生活的世界更理性、更可控》（2016）、《马克思与〈资本论〉》（2017）陆续在中国翻译出版，大卫·哈维作为西方马克思主义者的身份逐渐被人们所接受，他的理论也渐渐被学界所熟识，近几年更成了理论关注的重点。

自21世纪以来，伴随着中国现代化、城镇化进程的加快，引发了诸多社会问题，如何从理论上破解这些问题也成为学者们关注的重点。因此，越来越多的学者注意到始于20世纪60年代西方理论对空间正义问题的分析探讨。于是，在此基础上，对大卫·哈维的研究开始逐步细化。关于空间正义的问题，为越来越多的学者关注。

1. 整体角度看大卫·哈维

从20世纪90年代到21世纪初，这个时间阶段，我国学界对大卫·哈维的研究主要呈现出两个特点：一是主要关注哈维在地理学、自然科学、社会学、科学哲学方面的成就；二是多以介绍和阐述两种方式展开。

1990年,蔡运龙翻译了大卫·哈维的《论地理学的历史和现状:一个历史唯物主义的宣言》《地理学的实证主义方法论》,并对大卫·哈维的《地理学中的解释》一书做了全面的评述。

最初对大卫·哈维的介绍主要是把他作为马克思主义地理学派代表人物之一。张祖林在《当代西方地理学中的马克思主义学派》(《自然辩证法研究》1994年第3期)中指出,英国著名地理学家D.哈维,在许多地理问题上发掘了马克思主义的观点,还提出了马克思主义地理学应超越地理学原来的那一套特殊范式,并对哈维的"人民的地理学"给予了介绍,认为,它不是建立在道貌岸然的一般性、理想和良好愿望的基础上,而是一种更为实用的事业。它反映尘世的利益和要求,它正视各种意识形态和成见并揭示它们的真相,它忠实地反映世纪变动的社会景观和自然景观中由竞争、斗争和合作构成的复杂的编织物,把世界当作真实的而不是我们所希望的那样来说明、分析和认识,用社会再生产这个强有力的冲突过程来解释人类的愿望与恐惧。

20世纪70年代,西方新城市社会学兴起。大卫·哈维作为新城市社会学在美国的代表人物之一,作出了很多有意义的贡献。在《新城市社会学的主要理论》(《社会学研究》1998年第4期)一文中,夏建中认为,哈维十分关注资本集中与循环在城市变迁中的作用,并把城市化的全部内容归结为资本积累与阶级斗争这对矛盾的作用。根据马克思关于资本主义生产与再生产周期性的原理,大卫·哈维提出了资本三级环程流动的观点来解释资本运动与城市空间发展的关系。资本三级环程包括:初级环程,即资本向生产资料和消费资料的利润性生产的投入;次级环程,即资本向物质结构和基础设施的投入;第三级环程,即资本向科教、卫生、福利事业等的投入。

针对大卫·哈维在地理学方面的贡献,2002年5月29日,《中华读书报》上,发表了关于他的一组文章,唐晓峰:《思想者哈维》、蔡运龙:《大卫·哈维:地理学实证派的集大成者和终结者》、顾朝林、李平:《哈维与马克思主义地理学》。在《思想者哈维》一文中,唐晓峰对大卫·哈维的生平、学术研究的情况、研究兴趣给予了基本介绍,这是最早全面介绍大卫·哈维学术研究的文章。《大卫·哈维:地理学实证派的集大成者和终结者》一文则对《地理学中的解释》的主要内容及所产生的影响给予了介绍。《哈维与马克思主义地理学》一文的侧重点是大卫·哈维是如何把马克思主义融入地理学,并对《社会公正与城市》一书的主要观点进行梳理。在书中,大卫·哈维深入解释了为什么城市空间是20世纪60年代末到70年代西方经济衰退的中心,并证明城市的地理空间布局正是大资本家为追求自己的经济目标而造成的结果。大卫·哈维认为,由于资本增长的驱动,一方面造成工人实际工资和福利的下降;另一方面导致整个经济系统中资本的进一步积累。这种分析是采用积极的批评代替以往对空间不平等现象消极看法。之后,大卫·哈维进一步把马克思主义的观念引入不平衡发展的研究中。

20世纪90年代到21世纪初,由于大卫·哈维的一些重要著作尚未出版,总体来说,国内学界对大卫·哈维的研究仅仅停留在对《地理学中的解释》《社会公正与城市》这两本著作的介绍阶段;同时,研究者人多是自然科学、地理学方面的学者,对大卫·哈维的介绍主要是从自然科学和地理学方面出发,对问题的分析尚未深入展开,尤其是从资本主义批判角度对其空间理论进行研究几乎是一片空白。

自21世纪初之后,对哈维的研究逐步走向深入,一批相关研究的学术论著相继面世。《国外理论动态》(2001年第3期)发表了《英国著名左翼学者大卫·哈维论资本主义》,这篇文章根据英刊《新左翼评论》(2000年第4期)上发表的记者与大卫·哈维的访谈录(题目是《再造地理学》)翻译整理而来。大卫·哈维回忆了他走向马克思主义的思想历程,阐述了自己对当代资本主义的新观点。这篇文章开启了国内把大卫·哈维定义为理论家、思想家的先河。自2000年之后,随着大卫·哈维一些重量级著作的出版,比如《希望的空间》《资本的空间》《新帝国主义》《新自由主义简史》《巴黎,现代性之都》《新自由主义化的空间》《公正、自然和差异地理学》《资本之谜》等。同时,这些著作的中译本如:《后现代的状况——对文化变迁之缘起的探究》(2003)、《希望的空间》(2006)、《巴黎,现代性之都》(台湾2007,大陆2010)、《新自由主义化的空间》(台湾2008)、《公正、自然和差异地理学》(台湾2008,大陆2010)、《新帝国主义》(2009)、《资本的空间》(台湾2010)、《资本之谜》(大陆2011)等的出版,使得对哈维的研究越来越丰富和成熟,对他的不同研究主题都有涉猎。

一些学者主要围绕空间问题本身,来理解空间在他那里的意义和价值。冯雷在《理解空间》(中央编译出版社 2003 年版)一书中,围绕如何理解现代空间变化这一主题展开论述,分析了现代空间的变化及其意义,探讨了以人类行为为参照系建立空间解释框架的可能性,并对当代社会空间理论存在的主要错误及不足进行了评论。在书中第五章:"后现代空间论与全球化空间"中,作者对大卫·哈维的地理空间理论进行了评述。作者认为,大卫·哈维的后现代地理学更关注政治经济全球化的空间特征,并把大卫·哈维的"时空压缩"概念作为马克思的"资本力求用时间消灭空间"的继续。

围绕当代资本主义社会问题,探寻大卫·哈维空间理论背后的人文关怀。李春火在《大卫·哈维空间视域的资本批判理论》(《学术界》2010 年第 2 期)一文中,论述了大卫·哈维在转向马克思主义以后开启了空间视域的资本批判并将这一批判思想不断推进。哈维通过空间视域的资本批判,论述了后现代发展状况的时空背景与资本主义的时空经验的新形式、资本的"过度积累"与新自由主义欲求通过"剥夺性积累"实现"空间修复"、新自由主义的资本主义"空间修复"的失败及"希望的空间"的可能性的未来愿景等问题。在《弹性生产与资本的全球空间规划——从马克思到哈维》(《江海学刊》2008 年第 2 期)一文中,仰海峰认为,马克思时代,资本的积累主要以时间为境域,进入到全球化之后,随着时间的"0"度化,资本的全球空间规划日益明显,构成了资本积累的重要境域。大卫·哈维从历史唯物主义基本原则出发,揭示了现代资本主义弹性生产方式特征以及弹性生产与资本的全球空间规划之间的内在联系。正是在资本的全球空间规划中,地方性的差异才体现为资本逻辑的内在要求。这时,如何建构替代性的方案就成为我们面对资本全球化的重要难题,"辩证乌托邦"正是针对这一问题提出来的。

围绕城市化问题。在大卫·哈维那里,城市是空间的集中表现,是他关注的一个焦点。王金岩、吴殿廷在《城市空间重构:从"乌托邦"到"辩证乌托邦"——大卫·哈维〈希望的空间〉的中国化解读》(《城市发展研究》2007 年第 6 期)一文中从地理学的角度,对大卫·哈维《希望的空间》所包含的城市思想进行了解读,提出了中国城市空间存在着"辩证乌托邦"的机遇,应在多元要素组成的"生命之网"的基础上建构空间的"辩证乌托邦",进而探讨了这种“替代方案”的实现需要政府角色和公共政策的转变，以及空间协调机制的整合。高鉴国 2006 年出版了《新马克思主义城市理论》（商务印书馆 2006 年版）一书。在书中，作者对新马克思主义城市学说的代表人物：列斐伏尔、曼纽尔·卡斯泰尔斯、大卫·哈维的思想以及他们思想前后变化给予了详尽阐述，并认为，新马克思主义城市理论结合城市问题和时代发展对马克思主义作了相应补充，使马克思主义理论体系不断深化和具体化，这有利于扩大马克思主义的理论影响，巩固马克思主义的学术地位。

围绕后现代理论。大卫·哈维对后现代主义的研究既没有走思想批判的道路，也没有走文化批判的道路，而是坚持从政治—经济批判的经典思路出发。阎嘉在《后现代语境中的西方新马克思主义理论——兼评大卫·哈维的后现代理论》（《西南师范大学学报》2005 年第 1 期）一文中认为，大卫·哈维通过集中而深入地研究，剖析了代表第二次世界大战之后西方社会主要生产体制的“福特主义”，以及自 20 世纪 70 年代以来出现的“灵活积累”的生产体制，表明了后现代的状况。这两种生产体制分别构成了作为文化现象的现代主义与后现代主义的经济和社会基础。在《空间和地方的后现代维度》（《学术研究》2009 年第 3 期）一文中，陆扬对大卫·哈维所提出的时空压缩理论进行了介绍。“时空压缩”不仅是指后现代时间转换成空间的大势所趋，同样意味着生活方式的加速变换，其最终导致后现代新地理形势的出现，影响到政治和文化的方方面面。由此，全球化精英空间和本土地方文化的矛盾进入了一个新的领域。

围绕新帝国主义。新帝国主义是大卫·哈维近些年讨论的主要话题之一。魏海燕在其博士论文《大卫·哈维新帝国主义理论研究》（2012 年）中，集中讨论了哈维从空间理论入手，如何为新帝国主义这一个宏大的时代课题在理论与实证层面中寻找契合之处；讨论了哈维新帝国主义理论中的地理学及政治思想背景、地缘政治学、金融形态下的帝国主义扩张、社会正义与城市化运动等问题。李秀玲在《哈维的新帝国主义思想》（《南通大学学报》2009 年第 3 期）一文中，介绍了大卫·哈维的新帝国主义思想。大卫·哈维认为，目前以美国为代表的新帝国主义一般不采用殖民地直接占有的形式，而是利用经济的力量和国际组织的力量，如世界银行或者国际货币基金组织，以比较隐蔽的方式谋取自己的利益,有时候采用从被侵略国寻找代理人攫取权益,而不像19世纪时英国和法国采取直接占领的方式来达到目的,这也是美国最近采用的新的帝国主义的方式,也是其剥夺性积累的主要特征。

2. 聚焦空间正义问题

伴随着对大卫·哈维理论研究的不断深入,越来越多的学者,开始关注空间正义。

具有代表性学术观点:

一是空间正义与资本主义世界。例如李春敏在《大卫·哈维的空间正义思想》(《哲学动态》2012年第4期)一文中集中梳理和探讨了大卫·哈维的空间正义观。哈维开创性地将"社会正义"纳入其空间分析视阈,将"空间正义"作为"反资本主义斗争能够坚持的最好的评价地形",并以此为起点对空间正义进行了辩证的多维阐释。董慧在《身体、城市及全球化:哈维对解放政治的空间构想》(《哲学研究》2012年第4期)一文中,从身体、城市、全球化这些更为具体的角度入手,讨论哈维对超越资本主义的替代方案进行积极的空间总体规划,为凸显解放政治议程的至关重要和客观意义,以及实现人类追求正义、公平和尊严的基本价值目标,并提出了一种新的、不同的视域。吴红涛在《他者之痛与空间正义——大卫·哈维空间理论的"人"之关照》(《江南大学学报》2014年第3期)一文中,论述了哈维如何从"不平衡地理"的议题出发,通过对空间区隔所导致的人之问题和资本主义生产空间中的"身体之困"的反思,分析了空间中广泛存在的他者之痛。进而在哀悼传统乌托邦意义行将消失的基础上,哈维提出了"空间正义"的构想,倡导以一种辩证乌托邦的勇气,来正视空间中的"他者之痛",以积极政治学来建构充满正义的地缘空间。

二是经济问题中的空间正义。孙江的著作《"空间生产"——从马克思到当代》(人民出版社2008年版)立足于历史唯物主义视角,在对风险社会来临的历史进程和西方风险社会理论全面批判考察的基础上,对全球风险社会的世界历史条件、实践存在论基础、社会历史成因、社会发展难题以及未来历史趋势等问题进行了探讨。张佳在《大卫·哈维的空间批判理论论析》(《江汉论坛》2012第2期)一文中,讨论了大卫·哈维的空间批判理论是如何着力分析了全球化时代时空的变化,即从政治经济批判入手对资本主义空间生产、新自由主义体制和后现代主义文化的批判,并对哈维以其独特的"历史—地理唯物主义"视角分析当代资本主义给予了高度评价,认为对丰富和发展历史唯物主义提供了有益的思路和启示。

三是空间正义与城市发展。魏强的论文《空间正义与城市革命——大卫·哈维城市空间正义思想研究》(《南华大学学报》2018 年第 6 期)论述了当前新全球化的全面扩张和都市化运动的快速推进,以及社会再生产的主要方式的转变所产生的空间正义/不正义问题。在大卫·哈维看来,要实现城市空间正义,必须在城市空间开展反资本主义的斗争,重塑公民意识,争取空间生产权。

通过上面的综述可以发现,国内关于大卫·哈维空间正义理论的研究十分分散,并不集中,相当长一段时间里,对其空间正义的研究糅合了城市问题、后现代主义、新帝国主义、正义等具体问题。本研究所要努力做到,聚焦在大卫·哈维空间正义理论上。

总而言之,无论是国外关于大卫·哈维的研究还是国内的研究,都是一种散点透视,借助空间正义理论对资本主义批评只是学者们关注的一个焦点,或者说是众多研究问题中的一个。正如 Noel Castree 所说:"我们无法对大卫·哈维的贡献进行整体评价,因为他还正在创造着(除了出版大量著作外,大卫·哈维还是一个不知疲倦的演说者,每年他都要制定一个时间表,在美国和海外进行演讲)。"①

① Noel Castree,"David Harvey:Marxism,Capitalism and the Geographical Imagination", *New Political Economy*,Vol.12,No.1,March 2007,p.97.

第一章　溯源:大卫·哈维空间正义理论的形成条件

我们看待事物的方式、我们的观点现在会发生多么大的变化!甚至基本的时空概念都变得摇摆不定。铁路杀死了空间。我觉得好像全部的山林都在向巴黎逼近。

——海涅

雷米·埃斯教授在给列斐伏尔的著作《空间与政治》撰写序言时曾说:空间的政治维度是无法回避的。① 空间最早只是被用作研究地理位置,直到最近,它才被纳入社会文化之中,它的重要性才逐渐凸显出来,"在过去的十年中,几乎在任何地方都可以肯定的是,或者在一定程度上可以肯定的是,作为对象的,尤其是作为科学的对象的,是空间,而不是时间"②。

"在这种意义上,空间思维不仅仅丰富我们对于任何一种对象的理解,而且增加我们扩展实践知识的潜力,以便更加有效而成功地改变世界,使世界更加美好。增加理论经验和发现创新的潜力,并且在实践中成功应用之,这些确定了寻求空间正义的特定允诺和前提。"③尤其是在当代社会,研究的对象是如此自觉地围绕着空间展开。但是,有一点十分明确,

① 参见[法]亨利·勒菲弗:《空间与政治》,李春译,上海人民出版社 2008 年版,第 1 页。

② [法]亨利·列斐伏尔:《对空间政治的反思》,载《西方都市文化研究读本》第三卷,广西师范大学出版社 2008 年版,第 51 页。

③ [美]爱德华·W.苏贾:《寻求空间正义》,高春花、强乃社等译,社会科学文献出版社 2016 年版,第 2 页。

这一语境下谈及的空间,并不是自然意义上的,而是在社会意义上的,谈论的不再是“在空间中的生产”,而是“空间的生产”,在这个层面上空间被赋予了政治的意义。当然,更为重要的是社会生活的变革让我们不得不这样思考。今天,社会的飞速发展把人类带到了一个从未经历过的新世界,急剧的新变化令人们目不暇接。再加上,在工业化、现代化伴随而来的城市化过程中,城市繁华的背后引发出诸多的社会问题,围绕“地狱权”的争斗从未停止。

正是这一个个现实问题,考验着理论思考。20 世纪 50 年代,列斐伏尔就注意到乡村的衰败。① 之后,1968 年,《进入都市的权利》一书出版标志着他开始研究城市问题。在书中,他揭示了城市中处处出现的堕落。通过工业化来实现的商品扩张给现实中的城市带来了伤害。之后,研究更加聚焦到空间的社会性。“空间正义”也就出场了,这一概念最早出现在英文文献《论空间正义》(发表于 1983 年的《环境与规划》杂志中),它是英国学者戈登·H.皮里(Gordon.H.Pirie)所发表。他在社会正义、领地的社会正义等概念基础上,论述了“空间正义”概念化的可能性。可以说,这是目前已知最早以“空间正义”为题的学术论文。于是,越来越多的学者关注这一问题,这种空间思维与理论的复兴和推广,其主要基础来自批判人文地理学,但也有很多其他领域的学者介入,“这些学科有考古、艺术、人类学、法律、神学和经济学。在历史和社会的优先性依然存在的情况下,过去的 150 年里,批判性空间视角从未得到如此广泛的传播并富有影响,……过去很少从批判性空间视角来分析的概念和对象,比如社会资本、社会正义,现在则正从空间角度进行重要的因果探索,”② 在这其中大卫·哈维极具代表性。他借助空间来思考时代、思考当代人的政治危机,形成了他自己的空间正义理论。本章主要探讨,他空间理论提出的理论基础和时代背景。

---

① 参见[法]亨利·勒菲弗:《空间与政治》,李春译,上海人民出版社 2008 年版,第 2 页。

② [美]爱德华·W.苏贾:《寻求空间正义》,高春花、强乃社等译,社会科学文献出版社 2016 年版,第 3 页。

第一节 理论渊源

"空间正义理论"中核心概念是"空间","空间概念的出现与它在其中发展着的文化结构有着千丝万缕的密切联系","建立在科学基础上的空间概念的一般历史值得非常简要地思考,因为它突出了在发展空间语言作为对空间概念的形式表达中固有的普遍问题"①。大卫·哈维的空间正义理论深受传统空间理论、马克思的空间正义观以及西方马克思主义空间观的影响。

一、传统"空间理论"的发展

提及空间会有很多含义。它可以指物体间或一个物体的距离、空隙;也可以指自然物等的空旷;也可以指我们生活着的宇宙环境、自然界及我们之外的场所。毋庸置疑,"空间"(space)是一个传统而古老的范畴,它在西方思想史中占据着重要的地位和作用。从词源学角度讲,罗马语中的"空间"(espace, spazio, espacio)和英语中"空间"(space),都可以追溯到拉丁语中的 spatium,它具体指客体和事物间的距离、间隔或相对位置。

从西方理论史来看,纵观西方空间观念的发展,即空间概念化的过程,我们可以梳理出两条线索:一条是"形而上学"的空间概念,由亚里士多德开启,经牛顿、莱布尼茨和康德等人,直至黑格尔得以终结;另一条是"主体—身体"的空间概念,经历了空间哲学的主体—身体向度的凸显、空间的心理学实验分析方法的流行以及空间概念的生存论阐释三个阶段,代表人物有洛克、贝克莱、休谟、尼采、梅洛-庞蒂、皮亚杰、海德格尔等人。② 这两条线索分别代表了两个时期对空间的理解和如何把空间概念化的过程。通

① [英]大卫·哈维:《地理学中的解释》,高泳源等译,商务印书馆 1996 年版,第 234、235 页。

② 参见王晓磊:《论西方哲学空间概念的双重演进逻辑》,《北京理工大学学报》(社会科学版)2010 年第 2 期。

过这两条线索可以看出,在空间观念的发展史上,也存在科学(理性)和人文(感性)的二分。

1. 从朴素的空间观到形而上学的空间观

空间类似于一个奥古斯汀所说的"别人不问我很清楚,别人一问我反茫然"的问题,康德也认为,空间是上帝的概念。然而,人类却实实在在地生活在空间中,这种存在感促使人们不断追问:什么是空间、空间与存在的关系等问题。英国著名诗人布莱克曾在《天真的暗示》中用诗的语言描述了万物的空间存在状态:"一颗沙里看出一个世界/一朵野花里一座天堂。"

质言之,空间与人类的生存、生产和生活息息相关,密切相连。从哲学诞生之初,关于空间范畴的思考就开始了。然而最初关于这一问题的思考是形而上学的,这种形态的空间概念的发展脉络主要体现了空间观念历史演变过程与物理学理论(自然科学)密不可分的联系,它大致经历了希腊朴素的空间观、中世纪神化的空间观、近代形而上学的空间观三种形态。

第一,古希腊朴素的空间观。

早在古希腊时期,哲人们就开始了对空间的思索和追问,这与当时的生产力、经济、科学技术状况有关。古希腊人生活的环境四面依山面海,他们较早就开始了航海活动,在这个过程中,很容易对自然进行探索,并形成对宇宙万物的认识。这种自然观念也深深地影响着他们对空间的理解。然而,不可否认,此时的生产力水平十分低下,这种探索也是有限的,大多依赖于经验、感觉等直观性的知识。因此,他们对于空间的理解也是基于经验的,比如"方位的经验:前后、左右、上下、内外等;再比如距离的经验:远、近、高、低等"①,从而形成朴素的空间观。在他们看来,空间经验不过三种:第一,位置、地方、处所经验。第二,虚空的经验。第三,物体广延的经验。②

古希腊哲人们大多把空间等同于:虚空、处所、有限宇宙、几何空间等概念。原子论者认为世界的本原是原子和虚空。虚空是指非存在,但并不是不存在,而是指没有被充实的存在。虚空指空间,即没有任何事物存在的存在,

① 吴国盛:《希腊空间概念》,中国人民大学出版社 2010 年版,第 1 页。

② 参见吴国盛:《希腊空间概念》,中国人民大学出版社 2010 年版,第 2—3 页。

是一个包含无限的容器。柏拉图在《蒂迈欧篇》中首次提出"空间"概念,他认为在世界和现象界之间存在一个第三者,它是一切生成的载体,某种程度上说,是为天下之母。"说真的,看这个东西就像在梦中看东西似的。我们说,任何事物都得占个地方,地上或空中。对于既不在地上、也不在空中的东西是无法谈论其存在的,所以说像梦一样。"[①]亚里士多德吸收了前人的空间思想,在《物理学》中,他把空间(space)与位置(place)等同起来。他认为,空间是指事物占有位置的综合。所有物体都有长、宽、高三个维度,都占据一定的位置,不存在着虚空,一些物质离开后,又会有新的物质补上。亚里士多德的观点意味着空间观从动力学走向了几何学。在他之后的欧几里得很好地继承和发扬了这种空间观。在笔者看来,欧几里得的几何空间对后世的影响较大,它成为"唯一的一种适于讨论地理问题的空间语言"[②]。在《几何原本》中,欧氏讨论了一个均匀、平直、无限的三维空间,提出了"线的两端是点"、"一个面的边缘是线"等观点。

古希腊时期对空间的理解是无意识、朴素的,尚未形成空间的概念体系。在零星的线索中,可以发现他们普遍坚持:空间是一种存在。正如柏格森曾经所说:"我们关于空间几乎不能提出任何其他定义。若有一种东西能使我们在一堆同时发生的同一感觉之间辨别彼此,则它就是空间。"[③]然而,不可否认,这一时期,对空间的理解主要是依据直观经验和比较粗浅的自然知识而进行的理论概括,缺乏一定的科学论证和严密的逻辑体系,带有猜测的成分,具有直观的、朴素的性质。

第二,中世纪神化的空间观。

古希腊时期的空间观一直影响着后人对空间的理解,包括中世纪神学时期,但这一时期有其自身鲜明的特点,即宗教神学占统治地位。这一时期是西方哲学史上最黑暗的时期,哲学不过是上帝的婢女。因而关于空间的观念也就与上帝密不可分,空间是上帝的属性。

在《创世纪》中,上帝创造了天地,万事万物在天地之中存在。这一时期

① [古希腊]柏拉图:《蒂迈欧篇》,谢文郁译,上海人民出版社 2005 年版,第 36 页。

② [英]大卫·哈维:《地理学中的解释》,高泳源等译,商务印书馆 1996 年版,第 231 页。

③ [法]柏格森:《时间与自由意志》,吴士栋译,商务印书馆 1958 年版,第 63—64 页。

的空间观是一个过渡状态的空间观念,是从斐洛(Philo)到牛顿的过程。在这一时期,关于空间的理解主要形成了两种趋势:第一,把上帝等同于“位置(Place)”。最早表明空间与上帝之间关系的是对“位置(Place)”术语的使用。在犹太神学时期,甚至更早,就用“位置”来替代上帝,这是因为这个词是“神圣位置”的缩写,上帝声称某些地方是神圣的。犹太神学后来变得越来越抽象,“位置”这个词的最初含义也被人们所遗忘。第二,研究空间与光(时间)之间的关系。[①] 受犹太神秘主义影响,大多数人把空间和光等同起来。这种观念还影响着牛顿,他把空间当作上帝的感官。

除此之外,中世纪还出现了关于城市的观念。随着资本主义的萌芽,商业兴起,人们由于贸易、政治聚集在一起,便形成了城市。城市出现之后,对城市空间的规划问题就应运而生。大多数城市的空间朝着合理化的方向发展,布局糅合了美、得体、合理等观念,比如一些城市中心建有广场,并以此为中心设计其他建筑。此时,城市观念的最大特征就是融合了宗教和政治,如奥古斯丁所著的《上帝之城》一书是罗马城沦陷之时,为了鼓舞士气而作的。上帝之城是相对地下之城而言,这里的“城”是社会的意思,进而延伸出国家的观念,可以说,在这里,空间已经暗含了政治性观念。因此,这里的空间观已脱离了古希腊时期纯粹的直观经验形式,蕴含了浓厚的政治色彩。

第三,近代形而上学的空间观。

直到近代,对空间的理解才逐步从朴素的空间观走向形而上学的空间观。这一时期,最具特色的观念要数牛顿的绝对空间和德国古典哲学的空间观。

牛顿的绝对空间观。牛顿在对亚里士多德和中世纪神学的空间观念进行深入反思的基础上,提出了绝对时空观。在20世纪之前,人们并没有把对空间的理解和认识与对物质的本质和运动联系在一起。相反认为,空间是脱离于物质的存在。牛顿深受这一思想的影响,在牛顿看来,时间和空间二者是独立于任何外界事物之外的客观存在,是抽象的空间,只有这样的空间才具有真理性。

---

① 参见 Max Jammer, *Concepts of Space: the History of Theories of Space in Physics*, Ontario: General Publishing Company, Ltd., 1993, chapter 2。

在1687年出版的《自然科学的数学原理》一书中，牛顿抽象地提出“绝对空间”和“相对空间”概念。他的空间观念是为了解释宇宙机械运动而确立的。“绝对的空间，就其本性而言，是与外界任何事物无关而永远是相同的和不动的。相对空间是绝对空间的可动部分或者量度。我们的感官通过绝对空间对其他物体的位置而确定了它，并且通常把它当作不动的空间看待。如相对于地球而言的地下，大气，或天体等空间就都是这样来确定的。”①人们之所以可以认识广袤的世界，就是因为有一个绝对空间作为参照系。牛顿虽然承认空间的客观性，但却认为空间可以不依赖于某一具体的物质和运动而独立存在，因而他的空间概念具有明显的形而上学性质。牛顿的绝对空间观在那个时代是主流的空间观。

牛顿的绝对空间观一经发表，就受到了不少人的批评，如莱布尼茨反对牛顿把空间当作脱离物质的存在。“牛顿先生说空间是上帝用来感知事物的器官。但如果上帝需要某种手段来感知它们，它们就不是完全依赖于他，也不是他的产物了。”②的确，牛顿存在把绝对空间观神化的倾向，但是不可否认，他的空间观具有了近代空间观背景化和几何化的特征，这也是前期空间观念所没有的。

德国古典哲学的空间观。德国古典哲学空间观的代表人物是康德和黑格尔。康德提出了纯直观的空间观，这是建立在批判牛顿绝对空间观和莱布尼茨空间观的基础上得出的。他一反过去从客观出发认识空间，而是从认识论的角度来理解空间。他在教授就职论文《论感性世界和知性世界的形式和原则》中指出，不是外部世界，而是先验形式决定了我们对世界的认识。他认为，我们的认识并不是认识符合客观对象，而是客观对象符合人的认识。于是，在人的心中先在地存在着直观能力来把握直观对象。空间就是这种纯粹的直观形式，先天地存在于人的心中，通过空间人们才可以获得感性的表象。空间反映认识主体的本质，而不是将被认识的客体。在康德那里，空间是几何

① ［美］H.S.塞耶编：《牛顿自然哲学著作选》，王福山等译校，上海人民出版社1974年版，第19—20页。

② ［德］莱布尼茨、克拉克：《莱布尼茨与克拉克论战书信集》，陈修斋译，商务印书馆1996年版，第1页。

学研究的对象,是一个抽象的空间,独立于物质存在。空间的纯直观性质使几何学先天综合判断成为可能,空间成为了主观的产物。

黑格尔的空间观。在《自然哲学》一书中,他把空间与物质运动联系在一起。首先,空间是物质存在的形式,空间与物质密切相连,“人们决不能指出任何空间是独立不依地存在的空间,相反地,空间总是充实的空间,决不能和充实于其中的东西分离开”①。同时,物质也离不开空间,物质和空间是相互依存、互为条件的。其次,在黑格尔看来,空间是无差别的,长宽高等是没有内在差异的。在此基础上,黑格尔认为,空间是与运动密切相连的,也是因为运动,空间和时间不可分割。“运动的本质是成为空间和时间的直接统一;运动是通过空间而现实存在的时间,或者说,是通过时间才被真正区分的空间。因此,我们认识到空间与时间从属于运动。”②

从古希腊朴素的空间观,到中世纪神化空间观,再到近代形而上学的空间观,这条空间理论发展的逻辑线索是沿着理性迈进的,然而当黑格尔从纯思辨性的角度讨论空间与运动关系之时也意味着其的终结。

2. 人文主义思潮下的空间观

经过漫长的中世纪,经历了漫长的人性压抑的时代之后,人文主义开始兴起,对人的追问成为了时代的主题。自文艺复兴以降,人的主体性被唤起。人不再是上帝的可怜被造物,而是上帝的杰作。人的尊严、人的能力、人的自由被充分肯定,人文主义思潮的兴起也开启了对空间思考的另一条逻辑线索。空间不再仅仅被理解为理性的存在,它被赋予了更多含义。它不仅仅是一种物质存在,它还是一种文化、社会、经济现象。

人文主义思潮影响下的空间观念经历了空间哲学的主体—身体向度的凸显、空间的心理学实验分析方法的流行以及空间概念的生存论阐释三个阶段,代表人物有洛克、贝克莱、休谟、尼采、梅洛-庞蒂、皮亚杰、海德格尔等人。

第一,主体—身体空间观。近代哲学的最大特征就是从本体论向认识论的转变,在这个转变过程中,自然科学的发展起了重要作用,尤其是几何学和

① [德]黑格尔:《自然哲学》,梁志学译,商务印书馆1980年版,第42页。

② [德]黑格尔:《自然哲学》,梁志学译,商务印书馆1980年版,第58页。

数学的发展,主体意识逐渐凸显,形成了主体—身体空间观的最初形态,笛卡尔正是这一思想的代表人物。

笛卡尔的空间观念是建立在数学和几何学的基础上的,作为17世纪法国伟大的哲学家、物理学家、数学家,他提出了"笛卡尔坐标系",推动了数学空间超越传统的欧几里得几何学的限制,对现代数学的发展具有奠基意义。在论述物质时,他明确指出,空间就是广延。在自然界,物质是唯一的实体,天和地是由同一物质构成的。物质只是广延的东西,不能思想。整个物质世界的广延是无限定的,不可能设想它有一个界限,界外还有什么别的东西,物质的可分性是无限定的,不可能有什么不可分的原子存在,也不可能有任何"虚空",因为"虚空"意味着没有物质的广延,而广延是不能离开物质的。除此之外,世界还包括"思维实体",人既有形体又能思想,是两个实体结合而成的,这是最早把空间与思想、身体结合起来的论述,是关于主体—空间的最早雏形。

莱布尼茨在论述单子时提出了,在虚空中存在着灵魂和单子,它们以一种前定和谐给予的原则进行活动,前定和谐的灵魂决定了事物之间的秩序,这也就是说空间和时间是无关事物的纯粹秩序或关系性存在,是"纯粹观念"的东西,在这里,莱布尼茨想要表达空间与人的思维意识存在着密切关系是思维的存在,而不是物质的存在。

然而究竟应该如何把握身心、物我的统一,笛卡尔等人并没有论述,留给了心理学的空间观来回答。

第二,心理学实验方法下的空间。在近代,人们开始重视观察和实验的求实精神,希望通过精确的量化达到对知识的确定性认识,当然对空间也不例外。因而,19世纪中期的实验心理学对空间的发展起了重要的影响。

柏格森和笛卡尔一样,把人看作是由心灵和身体两部分组成。在回答是什么造成了人的行动时,他认为是记忆,记忆是由知觉生成的,知觉并不是意识性的,而是和身体一样是物质的。心灵的反应源于记忆。记忆有两种,大脑记忆和纯粹回想。大脑记忆是人体对环境的适应,纯粹回想是独立于物质之外,纯真的意识。在他看来,只有纯粹回想具有时间性,而物质世界是没有时间性的,只具有空间性。意识具有时间性、身体是物质的,具有空间性。在他看来,身体是有限的,会消亡,而意识是永恒的,因此,时间具有优于空间的特性。通过对柏格森的分析,我们可以看出,此时已经出现贬低空间,高扬时间的倾向。

梅洛-庞蒂则提出,传统心理学是关于视觉和大脑的,而知觉现象学则是关于身体的。他不同于柏格森把身体当作客观对象,物质实体,相反,他认为身体是主体和客体的统一体。身体具有知觉、占据空间,这就是身体—主体的空间。空间与人的存在相关,"我的身体在我看来不但不只是空间的一部分,而且如果我没有身体的话,在我看来也就没有空间"①。他强调这种身体—主体的空间具有知觉和物质两种特性。这种包容的特征在空间的生存论阐释中得到了更为全面的探讨。

第三,生存论阐释中的空间:在大地上栖居。20 世纪初,非理性主义思潮开始作为强劲的力量影响人们的哲学思考,人们开始关注意志、欲望、知觉等非理性层面的东西。这是因为伴随着科技的发展,尤其是西方世界进入资本主义,人们忘却了自己的存在,全身心地投入追求经济利益的巢穴中,人依附于物,成为了物化的存在。尼采曾痛惜地说道:"真的,我的朋友,我在人群里走着,像在人类之断片与肢体里一样!……我的眼睛由现在逃回过去里:而我发现的并无不同:断片、肢体与可怕的机缘,——而没有人!"②人完全沉浸在物的得失中,忘记了优美的感伤,心灵的默契和充满怜惜的温柔,人们所要做的就是深入探讨人应该如何存在。这也影响着对空间的思考。空间渐渐脱下了传统思辨哲学所赋予的遥不可及的神圣外衣,开始走进每一个个体的内心世界,呈现出诸多的差异性和偶然性,由观念转变成一种体验,整体呈现出一种去形而上学的特质。

海德格尔在《存在与时间》一书中,从现象学与解释学的方法出发,追问"空间如何存在",这就从逻辑上肯定了空间存在的先在性,这是不同于传统空间理论,从回答"什么是空间"入手形成的形而上学的空间观,空间是存在,而不是存在者。那么他是如何回答空间如何存在的。海尔格尔借助"此在"

---

① [法]莫里斯·梅洛-庞蒂:《知觉现象学》,姜志辉译,商务印书馆 2001 年版,第 140 页。

② [德]尼采:《查拉斯图拉如是说》,尹溟译,文化艺术出版社 1987 年版,第 166 页。

范畴,“此在本身有一种切身的‘在空间之中的存在’,不过这种空间存在唯基于一般的在世界之中才是可能的”①。首先,他认为,此在是空间的,是一种在世界中的存在。此在要肩负起整个世界的责任就必须进行空间性的活动,这种活动包括:“去远”和“定向”。“去远说的是使相去之距消失不见,也就是说,是去某物之远而使之近”②,也就是消除事物与此在的距离,定向则是“左和右这些固定的方向都源自这种定向活动”③,也就是事物的位置。可以肯定,在海德格尔看来,空间是与人的世界相关的,他把空间看作人的活动的场所,是人的本质力量的外显,正如他在《筑·居·思》的演讲中借用荷尔德林的诗句“人诗意地栖居……”所表达的。正是空间性表达了人的真实存在的状态,是人存在的基本特征。然而,不可否认,海德格尔的空间是依据时间的,他提出了“面死而生”,空间是针对有限的时间而言的。“只有根据绽出视野的时间性,此在才可能闯入空间。世界不现成存在在空间中;空间却只有在一个世界中才得以揭示。恰恰是此在式空间性的绽出时间性使我们可以理解空间不依赖于时间。”④海德格尔的生存论意义上的空间对后世影响深远。他从现象学与解释学入手,把空间与人的存在结合起来,这是对现代社会强调技术,强调功用的工具理性强有力的批判,具有美学意义,展示了空间发展的另一条路径。尤其是随后的哲学家、思想家,如法国思想家巴什拉在《空间诗学》一书中,对居室、壁橱、箱子、角落、鸟巢、贝壳等微型空间进行了精神心理和生存意蕴的分析,揭示出空间的生存本体论意义。

在笔者看来,在人文主义思潮中的空间观,从人出发,运用心理学、现象学、解释学多种方法,展现了空间的多种可能,实现了从思辨到人文的关怀,体现了当代空间理论的生存论转向。

---

① [德]海德格尔:《存在与时间》,陈嘉映、王庆节译,生活·读书·新知三联书店2006年版,第66页。

② [德]海德格尔:《存在与时间》,陈嘉映、王庆节译,生活·读书·新知三联书店2006年版,第122页。

③ [德]海德格尔:《存在与时间》,陈嘉映、王庆节译,生活·读书·新知三联书店2006年版,第126页。

④ [德]海德格尔:《存在与时间》,陈嘉映、王庆节译,生活·读书·新知三联书店2006年版,第418—419页。

“从以往的资料可以看到,有多少种不同的尺度、方法与文化,就会有多少种空间以及在空间中展开的人类活动。”①在漫长的人类发展史中,空间观念也是不断变动、演化、发展的,在此过程中,必然存在着不足和有待解决的问题。

第一,社会性的缺失。对于传统的空间理论,列斐伏尔曾经在《空间生产》一书的开篇中指出,把空间理解为“几何学概念”是由于“数学与现实的关系——是自然现实或社会现实——并不明显,而实际上这两个领域之间存在着深层的且不断地加深的裂缝。”②显然,他十分不满这种脱离社会现实而对空间进行理解的做法。在科学倾向中的空间理论,把空间与自然科学密切相连,忽视了空间的社会存在性。虽然说在空间发展的人文倾向中对空间的理解涉及了空间的社会因素和对存在的思考,但是这种思考和分析是浅层次的。这是由于传统空间理论对空间问题的重视不足以及空间在社会生活中尚未发挥重要作用。因此,在传统空间理论中,空间的社会性并未引起足够重视。

第二,空间的弱势地位。在这两种空间观内部也存在缺陷和问题。形而上学的空间观,无论是柏拉图、亚里士多德,还是牛顿、康德等人都肯定空间的客观性,但在本质上却都把空间看作一个客观的、同质的载体或者容器,空间是其他事物存在和运动的参照系。人类的一切活动,就在这个“为天下母”的空间中展开,而忽视空间的本体论意义。人文主义思潮下的空间,虽然开始关注与人的存在相关的空间,把人的精神、心理、灵魂等因素与空间分析结合起来论述空间的意义,但却存在重视时间,忽视空间的现象,如柏格森的空间、海德格尔的“面死而生”。尤其是伴随着进化论的出现,时间以一种强势的状态占据着思想的舞台,空间逐渐淡出人们的视野。

二、马克思的“空间正义理论”

大卫·哈维对马克思的认同是不言而喻的。伴随着地理学的转向,他不

---

① 弗兰克斯·彭茨等编:《空间》,马光亭、章绍增译,华夏出版社 2006 年版,第 2 页。

② Henri Lefebvre, *The Production of Space*, Translated by Donald Nicholson-Smith, Malden, MA: Blackwell Publishing Ltd., 1991, p.2.

言而喻地靠近了马克思、马克思主义，尤其是自1971年以来，长达五十多年，他坚持开设关于马克思《资本论》（第一卷）课程，包括，近几年出版的著作，例如《跟大卫·哈维读〈资本论〉》《跟大卫·哈维读〈资本论〉（第二卷）》《马克思与〈资本论〉》《挑战资本主义》等，他研究的最大特点就是充分发扬马克思主义理论中所隐藏着的空间，借助空间视角实现对资本主义社会的批判。

哈维认为，“马克思关于资本主义生产方式下之积累的理论，其空间向度已经遭忽视太久了。这有部分是马克思的过错，因为他关于该课题的论述零星而片段，只是粗略的发展。”①马克思生活的时代，正是“时间”占据理论舞台的时代。因此，在他的理论中，更多的是“时间”而不是“空间”。但是，马克思的著作中蕴含丰富的空间（地理学）思想，通过对当代世界的历史地理变迁特征进行解释，目的是对资本主义进行有效批判。例如在他的著作《德意志意识形态》《共产党宣言》《资本论》等中，都有所涉及空间问题，但是很多学者并没有注意这些空间（地理学）思想。的确，马克思深受达尔文进化理论的影响，他尊崇“线性思维”，提倡发展、进化。空间问题不是他研究的主题。他研究的主要目的是对资本主义世界的方方面面进行无情的揭示和批判，从而为无产阶级寻找出路。在他身上，可以感受到强烈的道德追求。他一直坚定地站在深受资产阶级和其他剥削阶级残酷压迫的无产阶级和广大劳动人民的立场上，激烈抨击不合理的社会制度和不公正的社会秩序，充分体现出他对人类，特别是对无产阶级和广大劳动人民的悲悯情怀。马克思、恩格斯将其理论界定为历史唯物主义，直接表达了对时间视角的偏好。因此，学者关注他，解读他也是从“历史”的维度提及和讨论的，“空间”或“地理”被掩盖在“历史”的长河中。

但是，作为描述人类社会生活的基本维度之一，“空间正义”也始终内含在马克思的话语逻辑中，体现在他对资本主义的批判、世界历史的分析以及城乡变迁进程的描述中。

1. 空间的本原状态：内嵌于社会间的动态形式

马克思在他的博士论文以及早期的《1844经济学哲学手稿》中初现了其

① [美]大卫·哈维：《资本的空间》，王志弘、王玥民译，群学出版有限公司2010年版，第345页。

对于"空间"问题的思考,揭示了空间的本原状态。

一是空间的动态性。揭示黑格尔"绝对精神"的理性思维内嵌于"抽象空间"的场所之中,反思黑格尔哲学的唯心主义观念,赋予空间以动态性。马克思认为,"原子结合的形成、原子的排斥和吸引,是伴随着嘈杂的声响而发生的。在世界的作坊和铁匠铺里进行着喧嚣的、紧张的斗争。在世界上——在它的隐秘的中心里面喧腾着这样的风暴——充满了内部纷争"①,借助于原子这一抽象物体的生成与运动状态映衬到现实世界的运动状态,将哲学思维内嵌于"现实世界"的场所之中,分析空间变迁之中所建构起的现实图景;二是空间的社会性。在马克思的《手稿》中从劳动的对象化角度分析了异化现实下僵化的"人与自然"关系,自然界本作为人类实践活动的空间场所,应具有人的属性。正如马克思所言,"自然界,就它自身不是人的身体而言,是人的无机的身体"②,与此同时,"人是自然界的一部分"③。一方面,自然界为人类活动提供了生产、生活资料使得人类的社会活动能够持续;另一方面,人类具有"自由自觉"的意识,发挥主观能动性去改造自然界这一"人的无机的身体",使其带有人的现实活动痕迹而存在。自然界不单只具备动植物单一的自然属性,而是人化的自然空间,承载着人类的社会实践活动,实现了人与自然的统一。马克思发现了空间动态化与社会化的本原状态,"空间"这一话语绝不仅仅是作为时间的对立面而抽象性的存在。

2. 空间的价值境域:对资本主义的批判

在马克思看来,资本主义作为一种新的生产方式和形式,它代表着新的趋势。它表现出无限进步的时间性。在资本主义社会早期,资本追逐利润的本性,并没有引发大规模的空间非正义现象,相反,资本主义对待时间的态度是积极和主动的。例如,资本家残酷地抢占工人的劳动时间,通过对劳动时间的剥夺,实现剥削。然而资本的本性是追逐利润,这种本性决定了它本身的非正义性。"资本是死劳动,它像吸血鬼一样,只有吮吸活劳动才有生命,吮吸的

① 《马克思恩格斯全集》第40卷,人民出版社1982年版,第117页。
② 《马克思恩格斯文集》第1卷,人民出版社2009年版,第161页。
③ 《马克思恩格斯文集》第1卷,人民出版社2009年版,第161页。

活劳动越多,它的生命就越旺盛。"①

但是,随着资本的"空间异化"的出现,"资本不是物,而是一定的、社会的、属于一定历史社会形态的生产关系,后者体现在一个物上,并赋予这个物以独特的社会性质。"②资本的增值性、流动性和扩张性,必然要求资本按自己的面貌形塑空间。一是资本空间生产的实质:剥削与占有。恩格斯在《英国工人阶级状况》中强调伴随着生产发展工业城市空间结构形成,然而这一城市空间传达了资本主义社会的准则和价值观,在这样畸形的现实空间内所反映的:多是因资本主义生产的贪婪习性而不断压榨广大工人们的剩余价值剥削现状,多是生产集中为基础的资本主义生产方式下对广大工人们所有时间的完全占有,多是资本家财富的大量集聚和工人们贫穷现状的极端分化;二是资本主义的本性:"以时间消灭空间"。为了实现更多的利润,资本总是试图突破空间障碍和空间限制,推动空间生产向世界性、全球化转化,源源不断地获得更多的劳动力资源和空间物质资源,这表现出来就是空间扩张和空间霸权。马克思在《资本论》及其手稿中对于这一本性进行了披露,资本主义企图通过压缩时间和空间,一方面强化交通运输业的发展,在降低生产商品从一地转运到另一地的时间、缩短甚至于想要消灭空间上的远距离之中加速资本流通和资本积累;一方面以集中的生产方式取代分散的工作形式,以节约生产成本与提升协作效率,然而,"这种节约在资本手中却同时变成了对工人在劳动时的生活条件系统的掠夺,也就是对空间、空气、阳光以及对保护工人在生产过程中人身安全和健康的设备系统的掠夺,至于工人的福利设施就根本谈不上了"③,原可能成为工人避难所的空间亦然被资本所侵占了;三是资本发展致使人的本性丧失。资本深深嵌入并操纵着空间生产,造成人与空间的分离、对抗性关系,即空间异化。资本家为加速资本生产与积累而侵占了工人本应进行精神发展的时间,如马克思所言,"社会的自由时间是以通过强制劳动吸收工人的时间为基础的,这样,工人就丧失了精神发展所必需的空间,因为时

① 《马克思恩格斯文集》第5卷,人民出版社2009年版,第269页。

② 《马克思恩格斯文集》第7卷,人民出版社2009年版,第922页。

③ 《马克思恩格斯文集》第5卷,人民出版社2009年版,第491页。

间就是这种空间”①;四是资本空间的“不平衡发展”。“资本主义的积累越迅速,工人的居住状况就越悲惨。”②新的机器大工业生产致使工人受到排挤而大量失业,商业城市的普遍性发展导致城乡差距扩大化,在不断推进的现代化发展中却导致了“中心—边缘”的不平衡发展,生产产品的工人却生活在城市中“最糟糕的地区的最糟糕的房屋”。③ 这样畸形发展的空间使得屈居在狭小的工作空间与居住空间的工人们所遭遇的是物质与精神的双重折磨与压迫,到处都是“肉体和精神的堕落”④。

面对被驯化了的工作空间、被破坏了的自然空间、被侵蚀了的精神空间,马克思恩格斯以批判性、历史性、实践性为理论视角,勾勒出解放性、开放性、人文化的空间叙事图景,推进建设自由而全面发展的社会有机体。产生空间非正义的根本动因是资本,要实现空间正义,必然要从根本上扬弃“资本”,利用资本自身的特性消灭资本。

3. 空间的世界视域:关于世界历史的分析

马克思一直研究的一个主题是资本主义,寻绎资本主义剥削的实质,他们看到资本主义实施地理扩张的过程,看到了这种扩张的危害。世界历史形成,全球化对非发达国家的影响。的确,伴随着全球化的推进,这种资本主义的地理扩张越来越明目张胆,甚至与空间战略、空间异化捆绑在一起。

马克思恩格斯在《德意志意识形态》中指出,“各个相互影响的活动范围在这个发展进程中越是扩大,各民族的原始封闭状态由于日益完善的生产方式、交往以及因交往而自然形成的不同民族之间的分工消灭得越是彻底,历史也就越是成为世界历史”⑤,这意味着世界发展呈现出了封闭到开放、区域到全球的前行趋势,全球成为了一个普遍意义上的利益共同体,资本主义生产发展有了世界市场这一全球化体系的物质攫取基础,民族特殊性与地域局限性的消解使得资本主义的空间占有逐步扩大化。“未开化和半未开化国

① 《马克思恩格斯全集》第32卷,人民出版社1998年版,第343页。
② 《马克思恩格斯文集》第5卷,人民出版社2009年版,第757页。
③ 《马克思恩格斯全集》第2卷,人民出版社1957年版,第306页。
④ 《马克思恩格斯文集》第1卷,人民出版社2009年版,第375页。
⑤ 《马克思恩格斯文集》第1卷,人民出版社2009年版,第540—541页。

家从属于文明的国家";"农民的民族从属于资产阶级的民族";"东方从属于西方"。[①]"英国人……不付任何代价地从印度人那里拿走的东西……是残酷的敲骨吸髓的过程！那里荒年一个接着一个，而饥荒的规模之大，是欧洲迄今为止所无法想象的！"[②]

马克思恩格斯分析了"民族特殊性"消解背后是资本主义世界市场的形成以及被资本主义同化了的世界文明。一方面，大工业生产的高度发展，各种宗法关系、血缘关系都被金钱关系、金钱利益所掩盖，社会各阶级间留存下来的或许只有利益的竞争关系；另一方面，资本主义为了攫取世界市场的优势资源，让货币与资本在全世界开始流通，借着殖民地扩张使得一切国家的生产、交换以及消费等逐渐纳入了世界体系。马克思恩格斯分析了"地域局限性"消解背后的资本主义空间生产与占有的扩大化。大工业的发展"首次开创了世界历史"[③]，随着生产力的不断发展，交通工具的便捷化以及世界市场的扩大化，使得单个人的活动划入了世界历史的活动范围，使得部分民族间的邻近往来扩大到整个世界的交往，各民族、国家间的孤立状态被打破，资本主义世界市场和殖民贸易开始出现在全球的各个角落与区域，这样的资本输出和空间占有扩大化趋势始终持续，"资本主义愈发达，原料愈感缺乏，竞争和追逐全世界原料产地的斗争愈尖锐，抢占殖民地的斗争也就愈激烈"[④]，争夺原料产地以攫取更多资源，抢占土地以建立更多市场，资本主义的空间占有到了后期几近疯狂，"在资本主义各国的殖民政策之下，我们这个行星上无主的土地都被霸占完了。"[⑤]

4. 空间的现实状况：城乡变迁的进程

马克思恩格斯指出，"一个民族内部的分工，首先引起工商业劳动同农业劳动的分离，从而也引起城乡的分离和城乡利益的对立。分工的进一步发展导致商业劳动同工业劳动的分离。"[⑥]分工所引起的各项分离特别是城乡的对

---

① 《马克思恩格斯选集》第1卷，人民出版社2012年版，第405页。

② 《马克思恩格斯全集》第35卷，人民出版社1971年版，第151页。

③ 《马克思恩格斯文集》第1卷，人民出版社2009年版，第566页。

④ 《列宁选集》第2卷，人民出版社2012年版，第645页。

⑤ 《列宁选集》第2卷，人民出版社2012年版，第640页。

⑥ 《马克思恩格斯文集》第1卷，人民出版社2009年版，第520页。

立分离并不仅仅是地域空间的界限区划,同样是统治性政治空间的逐步生成。

马克思恩格斯分析了统治性空间生成的前提逻辑:

一是文明分化。"城乡之间的对立是随着野蛮向文明的过渡、部落制度向国家的过渡、地域局限性向民族的过渡而开始的,它贯穿着文明的全部历史直至现在。"①一方面,大批农村工人突然被吸引到发展为工业中心的大城市里来;另一方面,"这些老城市的布局已经不适合新的大工业的条件和与此相应的交通;街道在加宽,新的街道在开辟,铁路穿过市内。② 马克思在《资本论》中也有过这样的描述:"随着财富的增长而实行的城市'改良'是通过下列方法进行的:拆除建筑低劣地区的房屋,建造供银行和百货商店等等用的高楼大厦,为交易往来和豪华马车而加宽街道,修建铁轨马车路等等;这种改良明目张胆地把贫民赶到越来越坏、越来越挤的角落里去。"③"因为这里有铁路、运河和公路;挑选熟练工人的机会越来越多……因为在偏远地区,建筑材料和机器以及建筑工人和工厂工人都必须先从别处运来;这里有顾客云集的市场和交易所,这里同提供原料的市场和销售成品的市场有直接的联系。"④正当工人成群涌入城市的时候,工人住房却被大批拆除。于是就突然出现了工人以及以工人为主顾的小商人和小手工业者的住房短缺。在最初就作为工业中心而兴起的城市中,这种住房短缺几乎不存在。资本俨然成为城市发展的代名词,随着城市现代化的发展,资本集聚愈明显,几乎掌握着城市经济命脉的少数大资本家势必开始转向寻求在政治领域的一席之地,借助于政治的合法性与正统性保障自己的财产权益,为了维护资本与政治联合这一形式,统治性空间所谓"政治与经济"的合法性基础也扎实了"根"。

二是阶级分化。马克思写道:"城市已经表明了人口、生产工具、资本、享受和需求的集中这个事实;而在乡村则是完全相反的情况:隔绝和分散。"⑤在城乡分离的空间区隔之下阶级分化逐渐生成。《形态》指出,"每一个国家都

① 《马克思恩格斯文集》第1卷,人民出版社2009年版,第556页。

② 《马克思恩格斯文集》第3卷,人民出版社2009年版,第239页。

③ 《马克思恩格斯文集》第5卷,人民出版社2009年版,第757—758页。

④ 《马克思恩格斯文集》第1卷,人民出版社2009年版,第406—407页。

⑤ 《马克思恩格斯选集》第1卷,人民出版社2012年版,第184页。

存在着城乡之间的对立;等级结构固然表现得非常鲜明”①,在城市中出现了因工场手工业、大工业发展而出现的新型等级制度和新的社会阶层关系,正如马克思恩格斯所言,“随着工场手工业的出现,工人和雇主的关系也发生了变化”②。在金钱关系居于主要地位的城市出现了新的社会阶层:“市民阶级”,他们同创造出自身的“封建主阶级”相对立,随着资本、生产以及分工的发展,市民阶级普遍发展成新兴资产阶级,与此同时行会中的小资产阶级统治被商业和工场手工业中产生的大资产阶级所取代,在资本增值与财富积累的大工业发展趋势下,为了追逐更多的剩余价值,资本家对工人进行无休的压榨与剥削,在这种不平等的劳动中资本家与工人的经济地位分化鲜明,富者愈富,贫者愈贫。资产阶级与无产阶级在经济利益上的冲突对立催生了统治性空间的维护者:资本主义国家机器。国家是阶级矛盾不可调和的产物,原本为了缓和阶级冲突而出现的力量却在资本主义“荼毒”下成为了资产阶级统治的铜墙铁壁与统治权力的维护者,成为了统治性空间生成并巩固的“温床”。

三是人的异化。马克思和恩格斯是这样描述的:华丽的伦敦街头拥挤着某种丑恶的违反人性的东西,把原子式的个人利己、冷漠、孤僻等都市主义推向了极端。“所有这些人愈是聚集在一个小小空间里,每一个人在追逐私人利益时的这种可怕的冷淡、这种不近人情的孤僻就愈是使人难堪……人类分散成各个分子,每一个分子都有自己的特殊生活原则,都有自己的特殊目的,这种一盘散沙的世界在这里是发展到顶点了。”③一言以蔽之,在资本逻辑置换下,城市居住空间的畸形导致了人的个性严重扭曲,人的能力、健康等受到空前破坏,人因此成为“单向度的人”。

面对被驯化了的工作空间、被破坏了的自然空间、被侵蚀了的精神空间,马克思恩格斯以批判性、历史性、实践性为理论视角,勾勒出解放性、开放性、人文化的空间叙事图景,推进建设自由而全面发展的社会有机体。

一是勾勒解放性空间。在黑格尔的“贫困贱民”思维当中,工人阶级现实

---

① 《马克思恩格斯文集》第1卷,人民出版社2009年版,第523页。
② 《马克思恩格斯文集》第1卷,人民出版社2009年版,第562页。
③ 《马克思恩格斯全集》第2卷,人民出版社1957年版,第304页。

的贫困境遇是自然先天决定的,贫困性是内在的而非外在资本的压迫,为此,他指出,最好方法就是让贫困者屈从于他的命运,并要求他们行乞,这种掩盖资本主义制度非正义性与压迫性的成因分析在马克思那里得到了澄清,工人阶级已然是"一个被戴上彻底的锁链的阶级"①,所遭受的是"普遍的不公正",只有借助于"彻底的革命"撼动资本主义大厦的根基以实现"普遍的自我解放",建构起真正自由的解放性空间;二是勾勒开放性空间。特别是《德意志意识形态》与《共产党宣言》的发表,反映了马克思恩格斯在以唯物史观视角所描绘出的世界性的开放空间思想。在日益全球化了的空间中,发达的资本主义国家为了开辟世界市场,不得不到处落户,"到处开发,到处建立联系"②,通过不平等的强制性条约在一些国家进行着贸易往来,通过掠夺性殖民扩张在一些地区建立起本国市场,形成了以侵略与剥削为基本特性的开放性空间;三是勾勒人文化空间。从现实的而非与世隔绝、离群索居状态之下的人的生产活动出发,揭示了资本主义的生产主要是为了"生产剩余价值或赚钱"的价值规律,在物欲横流的空间中工人变成了被资本家操控的生产机器,生产变成了工人为赚取工资而劳动的简单工具,这就出现了马克思所讲的"动物的生产是片面的,而人的生产是全面的"③,资本主义空间内人的生产成了"动物的生产",只有在人文化也就是共产主义空间视域下,人的生产才真正是"人的生产",在这里,除了物质生产,它还必须进行人的自身再生产、精神生产,以及人与自然关系的再生产④,在彻底解放了的开放性交往空间中实现人自由而全面的发展。

然而,在马克思恩格斯这里,虽然提及空间,但是空间的社会属性并没有被挖掘出来,空间只是作为自然属性,从自然属性出发研究空间不正义现象。空间只是马克思解释资本主义生产方式、社会结构的一种方式,是服务于他们批判资本主义的主题,而不是主体。它的积极意义在于经典马克思主义"无论是对非正义现象的批判,还是对其成因分析,都牢牢立足于生产方式进步与

---

① 《马克思恩格斯文集》第1卷,人民出版社2009年版,第16页。

② 《马克思恩格斯文集》第2卷,人民出版社2009年版,第35页。

③ 《马克思恩格斯文集》第1卷,人民出版社2009年版,第162页。

④ 参见孙承叔:《资本与社会和谐》,重庆出版社2008年版,第63页。

否的考量,去揭示空间正义状况与生产方式的正相关性或同构性”,从而为我们提供了看待空间正义问题的根本遵循和方法论原则。这些问题最终被列斐伏尔、吉登斯、詹姆逊、哈维、爱德华·苏贾等人发现,从而弥补了马克思主义的“空间空场”。

三、西方理论界的“空间转向”

进入现代社会,时空二元对立的倾向开始趋于明显。尤其是在19世纪,时间的价值被哲学家们充分表达出来。现代主义者深受达尔文进化论的影响,强调一种面向未来的时间意识。他们相信历史是一个进步过程,人类朝着美好未来努力。时间则代表这样一个线性过程,与技术、理性、科学等范畴密切联系在一起。正如齐格蒙特·鲍曼在《作为时间历史的现代性》一文中所说的,“时间历史始于现代性……现代性是时间有历史的那段时间。”①在他们看来,对现代社会的批判应采取历史的方法,因为这是世界发展的动力。“这种动力产生于在这样一种时间的阐释性语境下对社会存在(being)和社会生成(becoming)的处置:康德所谓的先后(nacheinander)和非常变形地被马克思界定为受条件制约的‘历史创造’。”②一言以蔽之,现代主义是关于时间的。后现代地理学家爱德华·苏贾曾说过:直到19世纪中期,在批判理论当中历史性与空间性还是大致保持平衡的,但是随着第二次、第三次现代化的发展,历史决定论跃然升起,而空间观念相应湮没,历史理论“去空间化”的结果使空间的批判销声匿迹了将近一个世纪。然而,在20世纪60年代后期,随着第四次现代化的开始,这种持续已久的现代批判传统开始发生变化,人们重新对思想和政治行为的空间性产生了兴趣。③ 尤其是后现代主义思潮的兴起,空间被提上了议事日程。用麦克尔·迪尔的话说:“后现代思想的兴起,极大地

① Bauman,“Modernity as History of Time”, *Concepts and Transformation*, Vol.4, No.3, 1999, p.230.

② [美]爱德华·W.苏贾:《后现代地理学——重申批判社会理论中的空间》,王文斌译,商务印书馆2004年版,第16页。

③ 参见[美]爱德华·W.苏贾:《后现代地理学——重申批判社会理论中的空间》,王文斌译,商务印书馆2004年版,第5—7页。

推动了思想家们重新思考空间在社会理论和构建日常生活过程中所起的作用。空间意义重大已成普遍共识。”①爱德华·苏贾还说过:“实证主义和马克思主义是1880至1920年间起主导作用的思想,其理论缺陷是‘用时间摧毁了空间’,使地理学‘患上理论的休眠症’,‘地理学被挤出理论建设的竞技场’,进而导致传统社会理论在方法论上的失衡;其实践危害则表现在,空间的‘贬值’掩盖了资本主义社会关系在周而复始的危机与重建中所产生的‘空间定势’,导致资本主义内在矛盾在一定程度上被掩盖。因此,必须扬弃长期以来‘时间优于空间’、‘历史创造’优于‘地理创造’的陈词滥调,以生动活泼的空间批判视角分析当代人的生存问题。”②伴随着资本主义生产方式占统治地位,资本主义社会呈现出一些新发展、新状态,城市化、全球化等问题的出现,引发人们开始关注空间问题。当“空间”逐步成为一种显学占据当代学术发展的重要地位之时,它已不再是一种背景性存在,“作为一种背景或容器”,而逐渐成为了学术研究的主词。20世纪60年代前后,西方学术界出现了令人瞩目的“空间转向”,最具有代表性的视角是从结构主义、文化发展和地理学三种角度进行研究。

1. 空间理论的结构主义路向

空间理论的结构主义倾向主要是把结构主义的视角引入对空间的分析中,强调分析范畴,强调各个要素、环节、部分之间的相互关系。这表明对于空间问题的思考朝着一种更为理性和科学的方向发展。这种倾向的代表人物是吉登斯,他把时间和空间当作社会实践的建构性因素,独创性地发展出了结构化理论。

他关于时空的思考主要集中在《社会理论的中心问题》一书中。在书中,他认为,“大多数的社会理论都没有足够认真地考虑社会行动的时空特征”。在为弗里·德兰德和鲍登所编的《此刻这里:空间、时间与现代性》一书撰写的前言中,吉登斯指出:“随着现代性的到来,并且是作为发展的绝对的组成

① [美]迈克·迪尔:《后现代血统:从列斐伏尔到詹姆逊》,季桂保译,载包亚明主编:《现代性与空间的生产》,上海教育出版社2003年版,第84页。

② [美]爱德华·W.苏贾:《寻求空间正义》,高春花、强乃社等译,社会科学文献出版社2016年版,第2页。

部分,时间和空间才被普遍化并且被与每个人的日常生活融合在一起。”①

吉登斯从结构化论证开始,在他看来马克思的某些理论并不适合我们这个时代的发展,马克思所强调的历史唯物主义更多是重视斗争的哲学,这是应当被抛弃的,尤其是在资本主义和平时代。吉登斯把矛头直指马克思主义社会进化理论,认为这种理论只重视矛盾,忽视其他因素的积极作用。他强调应该保留人类实践理论,因此,社会科学的基本领域是时空中有序组成的社会实践,在此基础上,他对社会实践进行结构化分析。他的社会实践过程包括:反思、理性和行动。反思,这不仅仅指自我意识,还表达了心理活动,也就是说,人类是一个理性的个体,他的活动是有自己的目的和内容的。

吉登斯提出了结构二元性,也就是说,社会实践需要利用结构原则和资源,需要对其进行改造和重建,结构在社会实践中起到了双重作用,这就是结构的二元性。结构是时空中社会实践的系统,时空关系是社会实践系统的构成特征。在此基础上,吉登斯提出了把时空结构和权力结合在一起,具体而言,也就是特定的时空允许特定的资源配置和产生特定的资源聚集。时空最大的能力就是储备能力,社会在时空中延伸扩展,从而拥有更多的权利,进而展开对现代性的论述,这也是他的时空观最具有特色和创造性的部分,他把其概括为“时空分延”(Time-Space-Distanciation)。

吉登斯把现代性或现代社会的秩序问题理解为“时空分延”的问题,这一命题内在的包含两个部分:时空分离和时空延伸,也就是时空对人类社会改造的两种能力。在《现代性的后果》一书中,吉登斯在讨论现代性的基础上论述了时空分延。“时—空转换与现代性的扩张相一致。”②在他看来,在前现代社会中,时间和空间是联系在一起的。然而当人类进入现代社会之后,尤其是伴随着时钟的发明,出现了标准化的视角,于是,出现了一种虚化的时间。此时的时间具有三个特征:第一,日历在世界范围内的标准化;第二,跨地区时间的标准化;第三,时间的虚化带来了空间的虚化。地点变得模糊不定,不再存在

---

① Roger Friedland and Deirdre Boden, eds., *NowHere: Space, Time and Modernity*, California: University of California Press, 1994, p.xii.

② [英]安东尼·吉登斯:《现代性的后果》,田禾译,译林出版社2000年版,第15页。

可靠的地点。“‘虚化空间’的发展首先与两类因素联系在一起：用不着参照某个具有明显地利之便的优势场所便可以对空间进行描述的因素，以及使不同的空间单元互相替换成为可能的因素。”①

在晚期资本主义社会中，随着时间的国际标准化，时空分延达到了最高水平。但是不能把这看成倒退或者是尽善尽美的单线式发展。“相反，与所有的发展趋势一样，它也是辩证的，也产生出了一些对立的特征。此外，时-空分离又为它们与社会活动有关的再结合提供了基础。”②尤其是在论述全球化的问题上，时空分延使得全球范围的协作成为可能，也使得全球范围的社会关系得以在时空中建立。社会关系和各种社会因素具有了在时空中伸延的能力，并与权力结合在一起。吉登斯把时空分延当作现代性激进扩张的动力之一，因为首先，时空分延是“脱域”过程的初始条件。其次，时空分延为现代社会生活的独特特征及其合理化组织提供了运行的机制。再次，时空的分离使现代社会具有了鲜明的“历史性”特征。

我们可以看到，吉登斯关于空间的论述和分析，主要具有以下几个特征：一是重视时间与空间的关系。虽然他重视空间在当代社会理论中的重要作用，但他并没有像其他人那样，忽视时间，而仅仅重视空间，相反而是把时间和空间结合起来论述。二是结构主义的分析。吉登斯继承了列维-施特劳斯、阿尔都塞等人关于结构主义的论述，把时空当作一个社会实践的系统结构，这对于时空的分析和在其中的人的社会实践的理解更加游刃有余。三是时空与人的存在之间密切的关系。吉登斯十分重视关于日常生活的研究，在他看来，人受到时空的限制，同时，人又参与着时空改变。

通过对吉登斯时空分延观念的分析，可以看出结构主义的空间观强调社会环境中各要素之间的相互关系以及对人类社会规律的把握和理解，这为现代社会的分析和研究提供了宝贵财富。然而，我们也发现，这种空间观把社会时空这种形式，当作了本体的存在是不成功的，因为形式不能代替内容，对此的分析依然要在人类活动的基础上。

---

① ［英］安东尼·吉登斯：《现代性的后果》，田禾译，译林出版社 2000 年版，第 17 页。

② ［英］安东尼·吉登斯：《现代性的后果》，田禾译，译林出版社 2000 年版，第 17 页。

2. 空间理论的文化路向

空间理论的文化路向是把空间理解为一种文化内涵,更多从文化层面考虑空间问题,代表人物是詹姆逊,正如他强调:“后现代主义是一种主流文化(一种支配性的文化逻辑或支配规范),它允许一系列不同的居于从属地位的特征共同存在”①。他认为,我们的文化语言现今是被空间范畴所主导的,时间从属于空间,这是他最早关于空间的理解,更多的是对空间范畴的维护。然而,在经过最初的仅是对空间范畴的维护之后,他开始深入研究后现代建筑和空间。因此,我们应当关注詹姆逊后期的思考,尤其是他把后现代主义理解为从时间逻辑到空间逻辑的一个转变过程。在他看来,空间是后现代文化的组成部分,而且是其基本特征。然而,很长一段时间,人们只是重视他关于晚期资本主义文化的思考,而忽视了其对空间问题的分析和研究。在笔者看来,詹姆逊对于空间问题的思考具有很多独创性内容。

的确,如人们对他的一贯认识,詹姆逊关于空间的认识是严格限制在马克思主义理论中的,沿着文化的路径展开同时融合了资本主义的运行方式。“我们所谓的后现代(或多国)空间不仅仅是一种文化意识形态或幻想,而且具有作为资本主义在全球的第三次巨大的、空前的扩张(第一、二次扩张是国内市场和旧的帝国主义体系的扩张,它们都有各自的文化特征,并且产生了与各自的动力相适应的新型空间)的真正历史(和社会——经济)现实。”②可以看出,他继承了曼德尔的资本主义分期理论,在把资本主义分成三个部分的同时,也与之相应提出了三个空间:欧式几何空间、帝国主义空间和后现代空间。他认为,后现代空间是深深地根植于晚期资本主义文化的。

当然,他对空间的分析也深受列斐伏尔社会化的空间思想影响。詹姆逊指出,空间体验的不同构成了现代主义和后现代主义的区分,对于此的认识,他和大卫·哈维有异曲同工之妙,但是,他们二者的切入点却是迥然不同的。按照詹姆逊的理解,后现代主义是一种新的空间,或者被他称为超空间,这种空间是区分现代主义和后现代主义的有效途径,空间在后现代社会的构建中

---

① [美]理查德·皮特:《现代地理学思想》,周尚意等译,商务印书馆 2007 年版,第 245 页。

② [美]詹姆逊:《后现代主义,或晚期资本主义的文化逻辑》,《西方都市文化研究读本》第三卷,广西师范大学出版社 2008 年版,第 297 页。

起了非常重要的作用，后现代就是空间化的文化。更为具体说，“空间——后现代超空间——的这种最新变化最终成功地超越了单个人体找到自己的位置，在感性上组织它的周围环境，在认知上勘测它在一个可测绘的外部世界里的位置的能力”①。

在詹姆逊看来，晚期资本主义的空间是一种全新的空间，也就是资本主义和后工业化所带来的超空间。人类进入了一个全新的时代，科学、技术、经济等的全面发展，把现代社会推向了一个全新的境地，全球化、跨国资本使得空间变得越来越狭小，人们开始忽视自己的存在，找不到自己的位置。这个超空间使得人们感受到了个体的局限性，并最终在可测绘的地图上迷失了自己的位置。然而，他继续论述，超空间是一种幻象，是不真实的存在。因为我们处在一个商品化的时代，新的文化逻辑是空间而非时间，众多的“摹拟体”出现，并似乎取代了真实的生活。超空间的迷向感很强烈，这为我们认识世界带来了巨大的麻烦，“人们在其中既不能够（在他们的头脑中）绘出自己的位置，也不能绘出他们所处城市的整体”②。詹姆逊认为，面对新的文化形式，个体必须进行改变：

“我们自己这些凑巧进入这个新空间的主体的人，还没有跟上那种演变的步伐；在客体中，曾有过变化，但在主体中却没有相应的变化来呼应。我们尚不拥有与这种新的超空间（我这么称呼它）相配的感性装置，部分的原因是因为我们的感觉习惯是在我称为高度现代主义的那种旧的空间中形成的。”③

这种新的方式，被詹姆逊称为“认知测绘”，即“在文化逻辑和后现代主义的诸种形式中体察权力和社会控制的一种工具性制图法的能力。换言之，以一种更加敏锐的方法来观察空间如何使我们看不到种种后果”④。这是他对

① ［美］詹姆逊：《后现代主义，或晚期资本主义的文化逻辑》，《西方都市文化研究读本》第三卷，广西师范大学出版社2008年版，第292页。

② ［美］詹姆逊：《后现代主义，或晚期资本主义的文化逻辑》，《西方都市文化研究读本》第三卷，广西师范大学出版社2008年版，第298页。

③ ［美］詹姆逊：《后现代主义，或晚期资本主义的文化逻辑》，《西方都市文化研究读本》第三卷，广西师范大学出版社2008年版，第286页。

④ ［美］爱德华·W苏贾：《后现代地理学——重申批判社会理论中的空间》，王文斌译，商务印书馆2004年版，第96页。

超空间迷象的解决方式,是政治美学的一种新形式,它将空间问题当作其关注的中心。这一概念,源于凯文·林奇的《城市的形象》一书,主要是说,人们如何在迷失的城市中找寻自己的位置。正如詹姆逊所说:"认知绘图美学——一种试图赋予个人主体某种增强的在全球体系中的位置意识的教育、政治文化——必将尊重目前这个极其复杂的再现辩证法,还必将发明一种彻底的新颖的形式以公平地评价它。……在这一空间里,我们或许可以重新把握我们作为个体和集体主体的定位,重新获得行动和斗争的能力。目前,这种能力被我们的空间和社会的混乱状态抵消了。后现代主义的政治形式,如果确有的话,将把在社会和空间规模上对全球认知绘图的发明和投影,作为它的使命。"①大卫·哈维较早就注意到了这一提法,并把其与空间正义、空间政治学结合起来进行理解和分析。

总而言之,詹姆逊通过认知测绘实现了对超空间所带来的迷雾、混乱、空虚等问题的看法,从而在另一层面表达了他的政治主张,认知测绘也是一种阶级意识的符号语言。正如科林·迈克比(Colin MacCabe)为詹姆逊的《地缘政治美学》(*The Geopolitical Aesthetic*)一书写的序言中,对认知测绘的评价:"在詹姆逊的范畴中是最模棱两可的,也是最关键的。它之所以关键,是因为它是政治无意识的缺失的心理学,是后现代主义进行历史分析的政治手段,是詹姆逊事业的方法论肯定"②。

通过对詹姆逊认知测绘理论的分析,可以看出空间观的文化倾向强调空间与社会文化因素的互动关系,从而拓展了空间新的内涵。

3. 空间理论的地理学路向

空间问题一直就是地理学研究的焦点。当代空间理论的地理学路向从更为微观和细致的角度分析了空间所承载的意义和价值,主要代表人物是爱德华·苏贾。他是美国当代著名的后现代地理学家,1941年出生在美国纽约的布隆克斯区,先后在西北大学、加利福尼亚大学洛杉矶分校任教。他的研究视野广泛,主要包括城市规划、空间问题、都市文化、后殖民主义、女权地理等。

---

① [美]詹姆逊:《后现代主义,或晚期资本主义的文化逻辑》,《西方都市文化研究读本》第三卷,广西师范大学出版社2008年版,第301—302页。

② Fredric Jameson, *The Geopolitical Aesthetic*, Indiana: Indiana University Press, 1995, p.xiv.

尤其是他对空间问题的研究具有重要的时代意义,他倡导重新思考空间、时间和社会存在的辩证关系,并将空间看作是各种文化因素的集合。可以说,爱德华·苏贾是当代在地理学领域能与大卫·哈维并驾齐驱的学者之一。与吉登斯、詹姆逊、福柯等人广泛涉猎各个领域不同,他是一个地地道道的地理学家,可以说,“恐怕很难找到什么人像索亚那样,对事关空间的学科倾注了如此巨大的浓厚兴趣了”①。

爱德华·苏贾关于空间的理解是伴随着对后现代主义的分析展开的。他以结构主义和后结构主义的理论为基础,通过空间理论,展示了马克思主义与后现代主义之间的融合。在《后现代地理学》一书之中,他向我们展示了空间如何成为当代理论分析的中心,并通过对福柯、吉登斯、詹姆逊等人的分析,倡导一种社会、时间、空间三者的辩证关系。他认为,在 20 世纪后半叶,空间研究成为后现代主义的显学。对空间的思考大体呈现两种维度:空间既被视为具体的物质形式,可以标示、分析和解释;同时又是精神的建构,是关于空间及其生活意义表征的观念形态。他提出了社会—空间辩证法,这主要是对列斐伏尔的三元空间辩证法的吸收和再认识。他不赞同大卫·哈维、卡斯特列斯对列斐伏尔的认识,认为他们反对列斐伏尔把空间上升到难以容忍的高度(这样可能会导致空间拜物教的阐释),而应把空间限制在马克思主义内来讨论的做法,这是对列斐伏尔的一种误解。在爱德华·苏贾看来,空间是社会的产物,强调社会与空间的关系并不意味着把空间的生产关系独立于社会关系和阶级关系之外。在笔者看来,这是他对大卫·哈维的误读。大卫·哈维对于社会与空间的关系问题深受列斐伏尔的影响,并认为这是理解和解读其他社会关系和阶级关系的基础。

爱德华·苏贾所理解的社会—空间辩证法是指社会与空间的双重关系:“假若空间性是各种社会关系和社会结构的结果/具体化,又是手段/预先假定,即空间性是各种社会关系和社会结构的物质所指,那么社会生活必须被视为既能形成空间,又偶然于空间,既是空间性的生产者,又是空间性

---

① [美]索杰:《第二空间:去往洛杉矶和其他真实和想象地方的旅程》,陆扬等译,上海教育出版社 2005 年版,第 8 页。

的产物”①,社会与空间这两者之间的关系是互为因果,相互制约。空间是社会的产物,比如说新盖的大楼,城市的发展等都表明空间因社会发展而不断生成,同时空间还是社会发展的制约因素。在充分理解了空间与社会之间的辩证关系基础上,他提出了“第三空间”。

如果说,社会—空间辩证法更多是对列斐伏尔总结性的认识,那么对于爱德华·苏贾而言具有独创性的空间理论就是“第三空间”。正如他在《第三空间:去往洛杉矶和其他真实和想象地方的旅程》一书导论中所说的:“鼓励你用不同的方式来思考空间的意义和意味”②,第三空间的提法正是这种思考的结果。在他看来,“第三空间”主要包含二层意思:第一,人文科学中新的变革力量。在传统的人文科学中,时间和历史充分彰显其作用,但今天有必要思考人类生活的“空间性”,这将会修正我们以往对历史和社会研究的方式方法;第二,对后现代主义的持续关注,从而影响到重构科学社会主义或马克思主义,以及其他激进的力量和实践领域的知识状况。

在这基础上,第三空间源于对第一空间和第二空间二元论之间关系的重构。第一空间就是一种空间的物质性,主要指可以用来描述的事物。第二空间是指关于空间观念的构想,精神性的或认知性的空间表征。在传统的学术思潮中,往往存在着在这两者之间择其一的对立思想,为了弥合这种分裂,爱德华·苏贾在基于新的历史条件下,提出了空间想象的“第三化”。“第三化”在他看来是基于物质世界的“第一空间”和根据空间想象得来的“第二空间”之间辩证的重新组合和拓展。其实这就是一个他者化的过程。他也把“第三空间”当作一个他者化的过程,就是一种介乎与真实与想象之间的道路。最为重要的是他借助这一概念实现了对当下政治实践的分析和理解,尤其是后殖民主义、女性地理学、边缘地理学等,因为政治往往是真实性和虚假性并存的一种实践活动。

总之,爱德华·苏贾借助第三空间来表达他对当代生活的一种态度和看

① [美]爱德华·W.苏贾:《后现代地理学——重申批判社会理论中的空间》,王文斌译,商务印书馆2004年版,第196页。

② [美]索杰:《第三空间:去往洛杉矶和其他真实和想象地方的旅程》,陆扬等译,上海教育出版社2005年版,第1页。

法,他的目的是改变人类生活的空间性,体现了一种独特的批评性空间意识。

当代空间理论的三种路向:结构主义、文化研究和地理学,为我们展示了空间研究新的视野和角度。我们在这三个人的著作中,分别看到了与大卫·哈维同一时代的思想家关于空间问题的独特分析和视角。当然,不可否认,受时代大背景的影响,他们之间的研究有很多相似之处,比如关于时空的关系、关于人如何参与时空运动等。但是,无论吉登斯、詹姆逊,他们都没有能够直接告诉我们,他们这种空间经验的真实含义,而且这些新时空经验所赖以建立的物质基础,以及它与资本主义发展的政治经济关系。

通过对他们空间理论的分析和研究,我们也可以更为清晰地了解大卫·哈维的理论旨趣和研究转向,以及他的论述逻辑等。正如他所说的:"在这一转化过程中,最初的感性经验、传说和想象,文化形式以及科学概念相互影响。结果,要确定空间概念如何产生,以及这样的概念对于可能的充分形式表达如何变得足够清晰,是极为困难的。"①他全部力量就是要克服这种困难,从而消解传统空间理论二元论的倾向。"什么是空间"在这个关涉地理学是否能够成为科学的对象问题上,大卫·哈维坚决主张,空间绝非绝对的、同其自身相关的东西(即物自体),而是同时依赖于环境的事实(即社会关系),这意味着必须从"社会的—过程—空间的—形式"这个中心主题来研究地理问题。他充分利用自己作为地理学家的优势,同时又借助马克思主义理论,在双向影响中,空间呈现出独特的光芒。他从地理学角度引入"时空压缩"这个概念工具,再通过理性的思索和对时代精神的理解,并试图以空间入手谋划"每一个作为类成员的人完整地享有尊严和尊重"的可能性。总之,在他那里,"空间"绽放出迷人的色彩。

第二节　时代背景

恩格斯所说:"一切社会变迁和政治变革的终极原因,不应当到人们的头

① [英]大卫·哈维:《地理学中的解释》,高泳源等译,商务印书馆 1996 年版,第 232 页。

脑中,到人们对永恒的真理和正义的日益增进的认识中去寻找,……不应当到有关时代的哲学中去寻找,而应当到有关时代的经济中去寻找。"①同样,空间正义问题绝不简单是一个理论问题,还是一个现实问题。正如爱德华·苏贾所言:"传统上,对空间及空间地域性的特别强调只出现在某些学科中,主要是地理学、建筑学、城市和区域规划以及城市社会学中。当今,空间研究已经超越这些学科并进入人类学和文化研究领域、法律与社会福利、后殖民与女性主义批评、神学与《圣经》研究、种族理论与同性恋理论、文学批评与诗歌、艺术及音乐、考古学与国际关系、经济学与会计学当中。"②的确是这样的,"不管是影响主流思潮还是次要主题,空间转向及新的空间意识正在扭转一个半世纪以来对空间思维的忽略局面。另外,一种批判性的空间视角及其影响已经超越了学术界而进入更宽泛的公共及政治领域,如对城市空间正义及权利日益积极的寻求。也许,人类社会的空间组织,尤其是在现代大都市与扩展的全球经济中成型的空间组织,史无前例地被认为是对人类行为、政治行动及社会发展最有影响力的因素。"③

的确,2008 年是一个重要的分水岭,资本主义秩序从全球化浪潮的蓬勃发展到资本主义世界中的"逆全球化""反全球化"现象,全球化危机和新自由主义危机;从 20 世纪 60 年代的暴动到今天英国"脱欧"、美国国会暴乱;从差异、不均衡发展、移民问题到今天的新冠肺炎疫情、战争等。空间理论以其独特的视角参与到资本主义秩序的变动和重建之中。因此,大卫·哈维空间正义理论的提出就是对变化着的现实状况的解读。

一、资本批判的新特征

资本主义经济运行的最大特征是资本运行。马克思认为,资本是解开现

① 《马克思恩格斯文集》第 9 卷,人民出版社 2009 年版,第 284 页。

② [美]爱德华·W.苏贾:《寻求空间正义》,高春花、强乃社等译,社会科学文献出版社 2016 年版,第 13 页。

③ [美]爱德华·W.苏贾:《寻求空间正义》,高春花、强乃社等译,社会科学文献出版社 2016 年版,第 13 页。

代社会秘密的一把钥匙,引领人类走进了一个新的纪元,“资本一出现,就标志着社会生产过程的一个新时代”①,即资本主义时代。资本还是人作为经济存在的核心对象,是以物为媒介的人与人、人与社会之间的关系。“资本是资产阶级社会的支配一切的经济权力。”②因此,分析与研究当代资本主义经济秩序关键是把握资本的运行。对于资本,马克思更看重它的社会批判性。他在深入分析资本运行过程的基础上提出了资本主义必然灭亡的论断,并使这一论断成为萦绕在资本主义社会上空的幽灵。第一,资本导致了社会断裂、颠倒。斯蒂芬·贝斯特、道格拉斯·科尔纳曾说,“对马克思说来,资本主义代表一种历史的断裂,代表中世纪被一个根据商品的生产、分配和消费组织起来的从根本上世俗化的现代世界所推翻。”③第二,资本生产方式导致了全方位异化。“在现代资产阶级社会中,一切关系实际上仅仅服从于一种抽象的金钱盘剥关系。”④“资产阶级抹去了一切向来受人尊崇和令人敬畏的职业的神圣光环。它把医生、律师、教士、诗人和学者变成了它出钱招雇的雇佣劳动者。”⑤第三,资本的本性导致了资本主义危机。“必须承认,我们的工人……不是‘自由的当事人’,他自由出卖自己劳动力的时间,是他被迫出卖劳动力的时间;实际上,他‘只要还有一块肉、一根筋、一滴血可供榨取’,吸血鬼就决不罢休。”⑥在马克思看来,资本本性就是追逐利润的,“为积累而积累,为生产而生产”,资本主义生产是掠夺性经营。正因为资本积累与资本主义生产方式是不相容的,相互矛盾的,而且这种矛盾不可调和,从而导致资本主义爆发经济危机,走向衰退。于是,出现失业、资本过剩、利润率下降、缺乏投资机会、市场中有效需求减少等现象。在马克思看来,这种矛盾不能消除只能调和。他提出了世界市场的构想,经济危机可以通过地域转移解决过度积累,对时空进行延展,从而降低经济危机的爆发频率。

---

① 《马克思恩格斯文集》第5卷,人民出版社2009年版,第198页。

② 《马克思恩格斯文集》第8卷,人民出版社2009年版,第31—32页。

③ [美]斯蒂芬·贝斯特、道格拉斯·科尔纳:《后现代转向》,陈刚等译,南京大学出版社2002年版,第63页。

④ 《马克思恩格斯全集》第3卷,人民出版社1960年版,第479页。

⑤ 《马克思恩格斯文集》第2卷,人民出版社2009年版,第34页。

⑥ 《马克思恩格斯文集》第5卷,人民出版社2009年版,第349页。

于是,从空间视角来分析资本主义经济状况,从而解决资本主义的经济危机问题就变得越来越重要。列斐伏尔是最早从空间视角分析资本运行的。他认为:“资本主义是一个只有通过不断占有空间和生产空间才能得以维持的社会,空间的生产意味着资本主义生产关系的再生产,从物质空间到精神空间、从城市空间到国家空间、从身体空间到全球空间都印有资本逻辑所主导的空间生产痕迹,尤其‘全球空间生产’几乎是资本空间扩展的终极形态。这种空间生产以‘生产关系再生产’的方式实现资本主义生产方式的存续。”①“资本越发展,从而资本借以流通的市场,构成资本空间流通道路的市场越扩大,资本同时也就越是力求在空间上更加扩大市场,力求用时间去更多地消灭空间。”②

无论是19世纪资本通过对时间的剥削而榨取剩余价值,还是20世纪乃至当代的资本为了一寸空间而在全球奔走呼号,这都表明了资本追求利润的本质并没有改变。今天,我们正感受着“资本”对日常生活世界无处不在的塑造感,耸入云霄的摩天大楼、宽敞的马路,开阔的广场等;同时,空间也带给资本巨大的利润,日益珍贵的土地和不断上涨的房价很好地说明了这些问题。大卫·哈维看到了资本对空间的巨大影响力,看到了空间对于人们日常生活的重要性,看到了这两者之间的辩证关系,以及它们对生活在当下的人们的作用力。在哈维出版的《资本之谜》一书中,他更是从当下发生的事实出发,将理论探讨转向现实生活,探讨资本流动之谜。他给予资本与资本流动高度的评价,“资本是资本主义社会的生命之源,它像血液一样在其中流淌穿行,有时候像涓涓细流,有时候则波涛汹涌,并逐渐蔓延开来,不放过这个世界的每一点空隙和每一个角落。正是由于资本的流动,资本主义世界的人们才得以获得面包、房子、车子、手机、衣服、鞋子等各种生活必需品。正是由于资本的流动,在给人类提供娱乐性、教育性、支持性和精神性服务的过程中才创造出财富。正是通过对资本流动的各个环节征税,各国政府的政治职能、军备及保证国民高质量生活水准的能力才得以不断提升。如果资本的流动被阻碍、减

① Lefebvre, H. *The survival of capitalism: reproduction of the relations of production*, Fank Bryant (trans.), St.Martin's Press, 1976, p.20-21.

② 《马克思恩格斯文集》第8卷,人民出版社2009年版,第169页。

缓,或者更糟糕的——出现停滞,那么我们将遭遇金融危机。那时,日常生活也将偏离我们熟悉和习惯的正常轨道。"①正是资本和资本流动,才创造了丰富的物质财富、精神财富和社会财富。

与此同时,只要资本追逐利润,那么经济危机就无法避免。事实上,2008年全球性金融危机呼啸而至,导致了西方资本主义经济濒临崩溃,时至今日,经济运行不良,各种问题丛生。"这场金融危机导致了当代持续最为深远的经济衰退,即便已经过去了将近10年,依然没有哪个发达经济体已经恢复正常或者相对稳定。更为可怕的是,发展的前景依然处于极度不确定之中。"②资本主义经济为什么会出现虚弱乏力这种状况。从空间视角解读,主要包含三个因素。第一,西方资本主义不能再产生强大而稳定的增长。如果说资本主义最初的经济剥削形式是无情地占用无产阶级的时间,占有他人的劳动维持资本的持续增长。但是,"这一点也很容易使人民群众的斗争——把局面颠倒过来"③,如何持续维持增长,于是,空间被发现。在黑格尔、马克思那里都有论述。通过时空延展,延长了生产链条,从而维持持续稳定的增长。大卫·哈维将马克思所说的资本特性从"为了生产而生产,为了积累而积累",延伸至"为了空间而空间"的资本主义积累的分子化过程。在他那里,通过在空间中拆分资本积累的过程,实现了对当代资本主义秩序的分析和解读。然而现实空间不是无限的,延展的空间也是有限度的。空间生产的利润日益收窄,必然会导致维持资本主义经济繁荣的动力缺失(当然随着互联网等新科技出现,新的空间形式,虚拟空间出现。这是当前需要注意的问题)。第二,贫富差距拉大,不平衡问题突出。不平衡问题是始终伴随资本主义的。"资本主义并不是在一马平川的表面上发展起来的——仿佛在这个表面上设有无处不在的原材料、同质的劳动供给和在各个方向上都同等的运输设施。它被插入了千姿百态的地理环境,并在其中成长、扩散;就自然界的慷慨和劳动生

① [美]大卫·哈维:《资本之谜》,陈静译,电子工业出版社2011年版,第V页。

② [英]迈克尔·雅各布斯、玛丽安娜·马祖卡托编著:《重思资本主义》,李磊等译,中信出版集团2017年版,第2页。

③ [英]大卫·哈维:《资本的限度》,张寅译,中信出版集团2017年版,第633页。

产率而言,地理环境包含了巨大的多样性。"①这种不平衡发展必然导致贫富的两极分化,这也是资本主义经济体面临的最大问题。根据2019年5月23日美联储发布的抽样调查报告显示,在遇到紧急意外情况需要支出400美元时,有39%的被调查者无法以现金、储蓄或者信用卡的方式进行支出,其中27%的被调查者需要向他人借款或者出售自己的物品才能应付这400美元的紧急支出,而剩下12%的被调查者则完全无法应对400美元的紧急意外支出。导致这一问题的原因有两个:一是收入开始由工资向利润的转移;二是土地和资产价值的上升。尤其是城市化进程加速了土地价值上升。这其中内含着不平衡因素。大城市土地增值与中小城市土地、城市与农村土地价值等的差异。这种现象使得贫富差距快速拉大。第三,全球性自然灾害、全球性疾病的不可控因素。"纵观资本主义发展史,经济发展与环境破坏相伴,从大气污染、水污染和土壤污染,栖息地消失、物种灭绝。经济发展提高人类福祉,同时也因破坏环境而使其经济成就失色不少。"②尤其是新冠肺炎疫情的大暴发,德尔塔、奥密克戎变异毒株的出现。极端天气与自然灾害频发,并与疫情相交织,从而对经济产生了持久的影响。例如疫情使人们开始反思全球贸易,开始重构全球产业链。出于竞争、安全等因素,全球产业链和供应链面临着缩短的趋势,区域化合作成为当前主要的经济合作方式。封锁、保持社交距离等防控措施重创了全球旅游业、服务业。可以说,资本主义经济危机创造出新的空间形态。这也加速了资本主义秩序的重构,"人类正是在危机之中正视资本主义的不稳定之外,并进行重新设计和塑造,创造出资本主义的新版本"③。

二、文化视角中的空间问题

关注当代资本主义,自然不能离开对当下文化生活的思考。文化是人类

① [英]大卫·哈维:《资本的限度》,张寅译,中信出版社集团2017年版,第636页。

② [英]迈克尔·雅各布斯、玛丽安娜·马祖卡托编著:《重思资本主义》,李磊等译,中信出版集团2017年版,第12页。

③ [美]大卫·哈维:《资本社会的17个矛盾》,许瑞宋译,中信出版集团2016年版,第xv页。

生活的反映，活动的记录，历史的沉积，是人们对生活的需要和要求、理想和愿望，代表了价值观、生活方式和消费观念。尤其是金融危机之后的文化状况，“危机最惊人之处，不在于物质景观大幅改变，而是在于其他方面的戏剧性变化，包括思维方式和理解方式、制度和占主导地位的意识形态、政治倾向和政治过程、政治主体性、科技和组织形式、社会关系，以及影响日常生活的文化习俗和品味。危机彻底动摇我们的世界观，包括我们对自身在世界上地位的看法”①。的确，当今资本主义世界深刻的变化正改变着人们的文化认知。正如现代文化地理学认为，“自然景观的变化体现在文化产品中”②。这种改变体现在两个方面。

其一对同质化质疑，文化作用下的空间分割。伴随着全球化，资本主义通过空间实现了对全世界的同质化。“全球化”与现代性理论相伴相生。可以说，“既宣称又同时渴望自身拥有普遍适用性的理论并不多，现代性即为其中之一。”③“全球化”与现代性理论，从表面上看，是整个世界都追求一种更为一致的目标，而在其本质上，则是西方文明的世界化。因此，伴随着全球化的进程，伴随着现代性理论的发展，西方文化以强势姿态在艺术表现、建筑、时尚等文化领域拥有绝对的话语权，试图成为主宰世界发展的主流文化。全球化消解了国家经济、本地社群、地方身份的逻辑。可以说，西方国家因其代表当今生产力的最高水平，其价值观念、生活方式、消费观念也深深吸引着其他国家的人们。此外，再加上他们还主导着全球主流媒体，掌控着世界文化传播的主要渠道，不断向世界推广宣传西方文化。以美国文化输出为例，好莱坞大片已经渗透到世界各地，在世界各国的影院中其票房都是名列前茅的。人们在欣赏好莱坞电影的同时，也被影片中所宣扬的美国价值观、生活方式所影响，尤其是对年轻人产生深远的影响。阿帕杜莱在《消散的现代性》一书的前言部分专门讲了年轻时期深受美国文化影响的心路历程，“我已对美国上了瘾。我不由自主地踏上旅程：先是来到布兰迪斯大学，接着又去了芝加哥大学。

---

① ［美］大卫·哈维：《资本社会的 17 个矛盾》，许瑞宋译，中信出版集团 2016 年版，第 xvi 页。

② ［美］理查德·皮特：《现代地理学思想》，周尚意等译，商务印书馆 2007 年版，第 19 页。

③ ［美］阿尔君·阿帕杜莱：《消散的现代性》，刘冉译，上海三联书店 2012 版，第 1 页。

1970年,我仍被以下方向吸引着:美国社会科学、区域研究,以及无往不胜的现代化理论形成——在当时两极对立的世界里,它是美国精神的可靠保障"①。正因为此,后现代主义带着对这种同质化的否定而来。后现代主义是与空间问题紧密结合在一起的。如果说现代性是关于时间的,那么后现代一定是关于空间的。用麦克尔·迪尔的话说:"后现代思想的兴起,极大地推动了思想家们重新思考空间在社会理论和构建日常生活过程中所起的作用。空间意义重大已成普遍共识。"②后现代主义所言及的空间究竟是怎样的,"后现代主义高度关注空间尺度,为综合提供更多更好的片段象征性秩序的概念化。这不是一个由理性实践和中心权力组织的、有次序的、本质化的空间,而是一个分散化空间,是他物和差异性的片段化空间,是一个万事万物在其间没有普遍性,但都有区域性和特殊性的空间。类似地,理论中空间的地位由社会镜子转向差异的场所"③。通过上述观点,我们可以看出,空间由同质性走向了差异。与此同时,当今资本主义世界的发展,从现实性上也在对这种同质化的否定和批判。阿帕杜莱在《民主的疲劳》一文中提到几个例子,一是2014年12月,普京签署了一项法令,以"俄罗斯不是欧洲"为核心原则,制定国家文化政策。这一举措反映了俄罗斯对西方文化和欧洲多元文化明显的敌意。该政策要求在整个俄罗斯建立一个"统一的文化空间",并清楚地表明,俄罗斯文化的独特性和统一性是反对国内文化少数派和国外政治敌人的重要工具。二是土耳其在雷杰普·塔伊人普·埃尔多安的领导下也将文化变成了国家主权的战场。他主要的战略手段是倡导重回奥斯曼土耳其帝国的传统、语言形式和帝国盛况。还包括纳伦德拉·莫迪自2014年当选印度总理以来将极端的文化民族主义与鲜明的新自由主义政策结合在一起。还包括美国前总统特朗普上台后的政策。"他们都想将净化民族文化作为获取全球政治权力的途径。"④阿帕杜莱还指出,这是当前的一种趋势,还发

① [美]阿尔君·阿帕杜莱:《消散的现代性》,刘冉译,上海三联书店2012版,第2—3页。

② [美]迈克·迪尔:《后现代血统:从列斐伏尔到詹姆逊》,季桂保译,载包亚明主编:《现代性与空间的生产》,上海教育出版社2003年版,第84页。

③ [美]理查德·皮特:《现代地理学思想》,周尚意等译,商务印书馆2007年版,第336页。

④ [德]海因里希·盖瑟尔伯格编:《我们时代的精神状况》,孙柏等译,上海人民出版社2018年版,第20页。

生在欧洲。“这一趋势的导火索是对最新一波移民潮的恐惧,对一些主要城市遭遇恐怖袭击的愤怒与震惊,当然还有英国脱欧的冲击。”①可以看到,这种趋势体现出利用文化上的差异重新确立空间上的分割,对全球化试图所做的同质化进行否定。今天,“文化之争”的逻辑取代了冷战年代的敌友划分。

其二是文化多元包容性产生的新空间。这是对未来社会的一种展望,在这里已经具备了马克思主义未来社会的色彩。今天,文化空间成为了一个更为宽泛的概念,包含了精神产品、语言符号、文化产业等内容。这与之前都市研究领域中“文化空间”有很大的不同。在之前的都市研究领域,“文化空间”主要指“城市公共文化场所”,属于狭义的文化空间范畴。主要的载体包括:城市中的书店、博物馆、艺术馆等建筑场所,着重探讨都市文化、现代性、全球化等问题。例如一座艺术馆的建设自含着对一种文化的认识和理解,尤其是那种以专属文化特征为内容的艺术馆。今天,情况发生了很大变化。一是各种精神产品爆炸式的生产。为什么会出现这种现象,这与技术的发展和进步密切相关。新的媒体形式出现。“电子媒体正无可置疑地改变着更为广泛的大众媒体以及其他传统媒体。这并非崇拜电子媒体而认为它能解释一切现象。电子媒体之所以能改变大众媒体,是因为它们提供了崭新的资源和规划来建构想象中的自我和世界。”②尤其像推特、TikTok 等短视频电子媒体的出现,让更多的大众参与到文化生产中,而且这种生产的体量是巨大的,这必然会不断扩充着文化空间的规模。二是疫情的持续影响,线上消费的持续下沉,线上活动替代线下活动,从而出现新的文化空间。三是人们开始主动或被动接受越来越多的信息,人类思维空间的开放性和包容性超越了以往任何时代,虚拟的赛博空间和人类的思维空间已经交融在一起,这也改变了文化空间所承载的内容。

---

① [德]海因里希·盖瑟尔伯格编:《我们时代的精神状况》,孙柏等译,上海人民出版社 2018 年版,第 20 页。

② [美]阿尔君·阿帕杜莱:《消散的现代性》,刘冉译,上海三联书店 2012 版,第 4 页。

三、政治视角中的空间批判

列斐伏尔在《空间与政治》一书中明确提出,“空间是政治性的。空间不是一个被意识形态或者政治扭曲了的科学的对象;它一直都是政治性的、战略性的”①。在他看来,空间可以划分为多个层次来理解,有一类“空间”,接近于数学学科的、理性的抽象化的“纯粹”形式。但无论如何,空间都不是单纯的“容器”,因为既是“容器”,它也被占据、被管理,那么这种过程就是政治性的加工和塑造,它实际上是“某个政治集团造成的空间,就像我们所观察到的那样,是一个社会的产物”②。因此,空间是政治性的,意识形态的。它是一种完全充斥着意识形态的表现。他还注意到,自然作为诗性符号的空间,“在某种意识形态中,自然被当成了认识的材料,被当成了技术的对象。它被统治、被征服了。因为被统治、被征服了,它也就远离了我们。然而,人们突然发现,在被征服的过程中,它被破坏了,面临着毁灭的危险,而同时这又危及到了人类的空间。人类的空间已经和自然联系在一起”③。于是,人、自然、空间三者紧密地结合在一起。人对自然的感受,更广泛意义上是人对空间的感受。尤其是对稀有物的可怕争夺,最为极端的例子当属对空间的激烈争夺。这种认识充分继承了马克思主义的思想。马克思恩格斯在对资本主义的批判中,着重阐述了英国资本主义原始积累阶段对空间的掠夺,对爱尔兰、印度和其他英国殖民地的掠夺性殖民政策,对阿富汗、中国和其他东方国家的扩张计划。这些就是占有空间、重组空间、强制空间的体现,从而改变了这些国家的社会结构和发展状况。“他们破坏了本地的公社,摧毁了本地的工业,夷平了本地社会中伟大和崇高的一切,从而毁灭了印度的文明。”④列宁也进一步指出:“因为英国从 19 世纪中叶起,就具备了帝国主义的两大特点:拥有广大的殖民地;

① [法]亨利·勒菲弗:《空间与政治》,李春译,上海人民出版社 2008 年版,第 46 页。

② [法]亨利·勒菲弗:《空间与政治》,李春译,上海人民出版社 2008 年版,第 47 页。

③ [法]亨利·勒菲弗:《空间与政治》,李春译,上海人民出版社 2008 年版,第 50 页。

④ 《马克思恩格斯文集》第 2 卷,人民出版社 2009 年版,第 686 页。

在世界市场上占垄断地位。”①可以说,最初关于空间的政治性视角的讨论主要集中在资本主义早期的空间争夺的残酷行径上。当然这种空间争夺还出现了副产品:全球化。交通、科技、通信方式的发展,加速了全球化的进程。

之后,伴随着资本主义的不断调试,政治视角中的空间批判视角也从之前赤裸裸的空间争夺转移到了更为广阔的领域。“资本主义的扩张性动力尽管极为重要,但全球民族国家体系、联系工业和管理的手段、军事权力也不能置之不顾。”②于是,城市化进程中的非正义问题就逐步成为学者们关注的焦点。殖民、世界历史等空间问题导致的是宏观层面的不平衡,那么,在城市化的发展进程中,商业中心以及决策中心的出现导致了城市内部的不平衡问题,这是中观层面的不平衡问题。城市化与资本主义相伴而生,它是资本主义的“人造空间”。马克思恩格斯在《共产党宣言》中也有过类似的论述。聚焦城市化问题使空间批判也从宏观层面转向了中观层面。这其中,城乡之间形态的演变是学者尤其重视的问题。列斐伏尔继承了马克思恩格斯城市与乡村的论述,“资产阶级使农村屈服于城市的统治”,城市通过剩余劳动来压榨乡村,城市与乡村之间的区别主要由社会内部的生产关系和劳动分工决定。他甚至还有了“内部的新殖民主义”这样的表述来表达城市对乡村的盘剥,“在巴黎周围,分布着一些从属性的、被等级化的空间,这些空间同时被巴黎统治着、剥削着”③。大卫·哈维则通过资本积累和阶级斗争两条主线来分析城市进程,展现了资本对劳动的统治。苏贾聚焦城市化进程中的变化。他描述了这种空间变动趋势:第一,对资本所有制进行与日俱增的中心化和集中化。第二,以技术为基础整合的工业活动、研究活动和服务活动。第三,具有生产能力的金融资本的国际化。第四,流动的资本的地方控制和国家调节已促成工业生产的一种异乎寻常的全球性重构。第五,在美国及其他地方,工业的以及与工业相关的资本在加速流动,病区有了地域性竞争。第六,各个国家中区域劳动分工正发生着巨大的变化。第七,城市劳动市场结构的重要变化。第八,就业率的

---

① 《列宁专题文集　论资本主义》,人民出版社 2009 年版,第 192—193 页。

② ［英］安东尼·吉登斯:《历史唯物主义的当代批判:权力、财产与国家》,郭忠华译,上海译文出版社 2010 年版,第 1 页。

③ ［法］亨利·勒菲弗:《空间与政治》,李春译,上海人民出版社 2008 年版,第 129 页。

增长集中在那些相对廉价、组织松散并容易操纵的劳工群体部门。这些空间上的变动,必然会导致城市内部发展上的不平衡,而且这种不平衡是以多种方面呈现的,居住环境、受教育状况、饮食、品味等,于是,空间非正义出现。如何解决这种城市空间的非正义,很多学者给出了可行性方案。例如霍德华提出了田园城市,借此来打破城乡二元对立模式;卡斯特尔则提出了草根参与的重要性,这是改变城市空间布局和社会内在关系的有效方法。

当然,这种空间不平衡所导致的非正义并没有消解,相反还出现了很多新的形式,贫民窟的蔓延、对待移民态度、种族之间的冲突等。尤其是2008年后世界政治状况发生了很大变化,巴黎恐袭、右翼势力兴起、新冠肺炎疫情蔓延、俄乌战争等一系列事件,使得空间问题变得波谲云诡,从空间角度的研究也从中观领域进入了微观领域。尤其是这种微观视角与"逆全球化"相融合,就使得情况更加复杂。自20世纪末弗朗西斯·福山提出"历史的终结"这一口号以来,一夜之间西方民主模式被认为是唯一的、最完满的政治商品。一时间人们对世界的开放,"消除资本、商品、思想等的边界"等观点欢欣雀跃,而今天,假想的"历史终结"没有到来,相反"逆全球化""反全球化"的观点开始大行其道。盖瑟尔伯格在《我们时代的精神状况》一书的前言中提及:"针对恐怖袭击和移民大潮的许多政治反应都在尝试重新适应一个模式,人们可以用'证券化'和后民主的符号政治称之:对兴建围墙甚至在边界下令开枪的呼声日益高涨;法国总统宣布实施紧急状态,并声明国家已处于战争之中。"①我们正在见证一场场针对"后八九"进步自由秩序的世界性暴乱。人们开始反思"消除边界"(全球化)带来的功劳和恶果。针对这一问题,吉登斯早在《历史唯物主义的当代批判:权力、财产与国家》一书中就曾经预言:"随着资本主义的到来,城市不再成为主要的时空集装器或者'权力的熔炉',这一功能为民族国家清晰的领土边界所取代"②。的确,在资本主义大扩张时期,人们都在奔走呼号,边界的消失让资本更加自由、便捷。然而进入"衰退"期,新一轮对

---

① [德]海因里希·盖瑟尔伯格编:《我们时代的精神状况》,孙柏等译,上海人民出版社2018年版,第4页。

② [英]安东尼·吉登斯:《历史唯物主义的当代批判:权力、财产与国家》,郭忠华译,上海译文出版社2010年版,第151页。

全球化的反思开始。盖瑟尔伯格指出,今天的“大衰退”是全球化危机和新自由主义危机共同作用的结果。具体表现为个体生活的不稳定,以及全球经济深刻依赖之下,国家无力应对全球性危机的挑战:既缺乏政治上的调节,也缺乏制度和文化上的准备。从全球化的空间延展到树立边界空间限制,成为了当前全球政治的一个重要概念,当然包括近些年受新冠肺炎疫情影响出现的航班熔断制,这些非主观因素。但更重要的是阿帕杜莱在《民主的疲劳》一文中所言的:“世界范围内对自由民主的抵制及其被某种民粹专制主义所替代的趋势”①成为了一种主流思想。美国近些年的政策,“收紧美国边界,驱逐非法移民,大范围加强移民管控等”就能充分说明问题。归根到底,这是全球性空间不均衡的衍生品。因此,如何在经济陷入严重危机和深度衰退之际,寻求消除空间不均衡的具有策略性的方案,从而消除各种剥削、压迫的基础,就成为未来要深度思考的核心问题。

从空间视角来对资本主义政治秩序的批判经历了从宏观视角到中观视角再到微观视角,释放出富有创造性的解释力。概言之,空间的政治性批判呈现出两个方面的特征:一是伴随资本主义的发展,展示出新的空间主题。最开始更多的是对资本主义殖民过程中的空间掠夺进行批判与反思,之后则是对资本主义社会发展进程中的城市化现象中产生的不平衡问题,再到种族问题、民族冲突、战争等更加微观的视角。二是空间的均衡占有是解决社会不公平的主要突破口。可以说工业社会的出现加剧了这种空间不平衡现象。因为资产阶级一方面高举博爱、自由、平等的口号,另一方面却通过资本的渗透占据有力的地理空间,在空间生产和分配中获取最大额利润。

自 2008 年全球性金融危机爆发以降,世界经济、政治、文化正遭遇着自上一次经济大萧条以来最糟糕的状况。一触而发的领土争端、地方冲突,并升级为战争;持续不断的无休止的地方性政治动荡,并随之演化而来的街头游行;肆虐全球的新冠肺炎病毒,并不断变异可能与人类长期共存……可以说资本主义遭遇了前所未有的秩序冲突,这也使得学者们不得不关注,并提出具有

① ［德］海因里希·盖瑟尔伯格编:《我们时代的精神状况》,孙柏等译,上海人民出版社 2018 年版,第 15 页。

“战略性”的建议,在这其中空间理论具有很强的解释力和批判力,更重要的一个原因是空间理论与马克思主义的结合,使得这种批判具有很强的实践价值。理查德·皮特曾经在《现代地理学思想》一书中论述道,唯物主义尤其是马克思主义哲学与地理学的结合使地理学整合为批判性的社会理论,“唯物主义理解渗入地理学,这门学科专门研究关系——与自然的关系、空间中的社会和经济关系、地方和景观的关系,这些都整合为关系的总体系统,组成人类存在”,“马克思主义给地理学带来空间生产的观点,甚至极端意义上的自然‘生产’”①。他的观点一语中地道出了空间批判理论的内涵。“空间和环境作为实践(政治的、文化的再现)的系统的标记而被理论化,最后才由经济学组织起来。”②

可以说,资本主义工业化进程要求对都市空间不断进行重构,以及城市问题与生态、性别、种族、阶级、国家等政治主题密切相关,空间问题还关系到如何更好地承载人们的需求。因此,如何合理地解答空间问题就变得十分棘手。空间正义问题也就伴随着社会历史的发展成为当前必须面对和解决的重要问题。

概言之,实践的发展推动了理论的创新。伴随着时代的发展,空间正义问题是当代人文社会科学必须认真对待的重大问题。空间性、社会性、历史性的思考应该同时成为人文社会科学的内在理论视角和重要方法论。空间越来越成为我们生活的焦点,它是当代社会进程的逻辑演绎。大卫·哈维聚焦到空间正义这一维度来研究问题恰恰契合了时代的发展和理论的发展,因此,在当代才愈发凸显出其研究的意义和价值。空间正义理论拓展了马克思恩格斯以降对资本主义批判的维度,而且这种批判是具有反思和建设性意义的。“任何一种理论批判视角的目的都是带来知识,并理解知识拥有把世界越变越好的潜力。”③

---

① [美]理查德·皮特:《现代地理学思想》,周尚意等译,商务印书馆2007年版,第334页。

② [美]理查德·皮特:《现代地理学思想》,周尚意等译,商务印书馆2007年版,第334页。

③ [美]爱德华·W.苏贾:《寻求空间正义》,高春花、强乃社等译,社会科学文献出版社2016年版,第186页。

第二章　空间与正义

正如我们无人能越过地理，我们也无人能完全独立于围绕地理而进行的斗争。这种斗争是复杂和有趣的，因为它不仅仅与战士和加农炮有关，也与理念、形式、印象和想象有关。

——爱德华·赛义德《文化和帝国主义》

20世纪80年代，新自由主义思潮占据西方意识形态主流阵地。在这种背景下，大卫·哈维1984年发表的文章《地理学的历史与现状：历史唯物主义宣言》提出，根据当前的状况，我们必须创造一种"人民地理学"(peoples'geography)，它"不是基于难以实现的普遍主义、理想和善良意图，而是更平凡的事业，反映俗世的利益和权益，对抗真实的意识形态偏见，忠实反映出20世纪变动的社会与自然景观中的竞争、斗争和合作的复杂交织状态"①。这些观点显得那么不合时宜。一年之后，他又在《意识与城市经验》一书中提出："历史唯物主义必须升级为历史—地理唯物主义"②。大卫·哈维借助空间这一独特形式来诠释当代人的政治危机。空间也不再仅仅是一种背景性的存在，而成为了他寻求政治解放可能性的有力媒介和工具，这也是其最终理论旨趣所在。他借助于马克思主义的理论资源，结合当代资本主义发展状况，以空间为视角，为我们勾画了一种新型乌托邦模式。

---

① David Harvey, *Spaces of Capital*: *Towards a Critical Geography*, Edinburgh: Edinburgh University Press and New Yorl: Routledge, 2001, p.116.

② David Harvey, *Consciousness and The Urban Experience*, Oxford, Basil Blackwell and New York: Johns Hopkins University Press, 1985, p.xiv.

第一节　空间正义成为一种新的批判形式

大卫·哈维曾经说过:“空间与时间的地理学,促使我们批判地反省我们是谁,以及我们为之奋斗的是什么?我们试图建立的空间和时间概念是什么?这些如何与资本主义条件下变化多端的时空的历史地理发生关联?一个社会主义的或对生态负责的社会的空间和时间,看起来像什么样子?”①把空间与政治学联系在一起是大卫·哈维研究问题的主旨,也是他实践马克思主义的路径。的确,把空间与政治学密切勾连起来是因为当今世界从没有像今天这样被限制在一个空间里。互联网、通信设施、交通工具的发展,使人们瞬间可以知道大洋彼岸的其他人在做什么。世界性战争更是把人们对空间的掠夺和占有淋漓尽致地表现出来。

长久以来,与“时间”范畴相比,在社会科学研究中,“空间”并不是作为“主词”出现的。提及空间,人们往往把它与物理学、几何学、数学、地理学等自然学科联系在一起,较少论及它的哲学意蕴和社会价值,即使在讨论它的哲学和社会价值时,也仅仅是作为哲学家关注的一个问题或依据的手段和工具,正是因为此空间被遮蔽起来,失去了自身的属性,而仅仅作为社会关系演变的“容器”,一种背景性存在。在哲学家们看来,空间似乎并不是“社会现象”,与社会无关。这种观点很长时间一直统治着西方思想史。尤其是对待“时间”与“空间”二者之间的关系问题上,一直存在着孰优孰劣的问题。

直到20世纪中叶,伴随着第三次浪潮的兴起,“带来了崭新的生活方式,采用多样化、可以再生的能源,新生产方式淘汰了大多数工厂的装配线,新式非核心家庭出现,被称为‘电子住宅’的新结构,以及未来完全不同的学校和企业。新文明为我们制订新的生活规范,带领我们超越标准化、同步化、集中化,超越密集的能源、金钱和权力”②,地点、方位、方位性、景观、环境、家园、城

---

① David Harvey,“Between Space and Time:Reflection on the Geographical Imagination”, *Annals of Association of American Geographers*,80(3),1999,p.432.

② [美]阿尔文·托夫勒:《第三次浪潮》,黄明坚译,中信出版社2006年版,第4页。

市、地域、领土以及地理这些概念开始成为当下人们生活的核心概念。福柯前瞻性地观察到空间时代开始崛起。这一转向对当代西方社会生活、文化政治和学术思想产生重大影响。大卫·哈维曾在《正义、自然和差异地理学》一书中，评论过阿尔文·托夫勒的《第三次浪潮》这本著作，托夫勒所主张的“第三次浪潮”正在形成一种“新文明，它具有与众不同的世界观，具有独特的处理时间、空间、逻辑和因果关系的方式”。“人类面临一个量子式的跃进，面对的是有史以来最强烈的社会变动和创造性的重组。”①它“拆散了我们的家庭，动摇了我们的经济，瘫痪了我们的政治制度，粉碎了我们的价值观，每一个人都受到影响。所有旧的权力关系、今日处境危险的领导阶层的特权都遭到挑战。明日的权力争夺必须以此为背景”②，如果托夫勒预言准确，“塑造历史地理差异的过程和规则也就要经历一场变革”，从而重塑国家的政治和经济图景。③

在社会理论中，“空间转向”思潮兴起，具体而言即改变传统左派历史叙事之“时间优先于空间的偏好”(prioritization of time over space)。列斐伏尔《空间的生产》(1974)的出版标志着空间理论正式出现。他试图矫正传统社会理论对空间的简单和错误看法。在他看来，我们的时代是多样性的时代，空间已不仅仅是社会关系演变的静止的“容器”，更多的是以一种多样性的表现形式。我们面临的不仅仅是一个空间，当代的众多社会空间往往互相重叠，彼此渗透。列斐伏尔认为，整个20世纪的世界历史实际上是一部以区域国家作为社会生活基本“容器”的历史，而空间的重组则是战后资本主义发展以及全球化进程中的一个核心问题。他把空间作为当代资本主义条件下社会关系的重要一环，空间是在历史发展中产生，并随历史演变而重新构建和转化。总之，列斐伏尔开拓了我们对空间的社会视野，将历史性、社会性和空间性联系在一个均衡的“三元辩证法”之中。

之后，经由福柯、吉登斯、布迪厄、詹姆逊、爱德华·苏贾等人的不断深入研究，尤其是伴随着后现代主义的兴起和发展，空间以强势的姿态占据着社

① ［美］阿尔文·托夫勒：《第三次浪潮》，黄明坚译，中信出版社2006年版，第3页。

② ［美］阿尔文·托夫勒：《第三次浪潮》，黄明坚译，中信出版社2006年版，第4页。

③ 参见［美］大卫·哈维：《正义、自然和差异地理学》，胡大平译，上海人民出版社2010年版，第14—15页。

会、文化、经济、政治领域，在西方理论界逐渐形成了一种关注空间的氛围。福柯从政治的角度阐述空间。他深受巴舍拉的影响，强调空间的非均质性。他透过空间的视角来解读欧洲城市史，提出空间权利的思想，他认为现代国家通过规划空间赋予空间一种强制性，达到制约人的目的。鲍德里亚则从文化的角度来阐述空间。他通过对巴特的符号学来解构大众文化，他认为在后现代社会中，形象与真实之间的界限已被打破，出现“超现实”存在。“城市不再像19世纪那样是政治—工业的场所，而是‘符号’、传媒和‘符码’的场所。”①詹姆逊的空间理论深受鲍德里亚的影响。他提出了空间迷向，认为在后现代那里是不存在着真实空间（原始空间）的，而是再生和复制的空间，超空间的主要特征就是引起人的迷向感。总之，这种空间转向已经“深刻地改变当代世界的自然地理景观和批判理论的阐释性疆域”②，成为20世纪70年代后影响深远的一股学术、理论思潮。

在撰写《地理学中的解释》一书时，大卫·哈维还是一个典型的实证主义地理学家，但之后，随着人文地理学的兴起，他逐渐认识到，地理学绝不应仅仅是中立的实证分析，相反，而应朝着社会生活，思考更为宽泛的内容，应具有价值倾向。这一思想在他随后的著作中得到了充分体现。

对于正义概念，虽然大卫·哈维认为不同的社会应当有不同的正义理论，但是却应该寻求一种统一的说法。

他从两个角度来理解这个概念：一是正义概念应被设置在特定的语言游戏中，属于一种相对主义的观点；二是在坚持正义话语相对性的基础上，坚持从社会权利的角度来表达正义。在此基础上，他提出应“采用资本主义的社会合理性或社会正义的观念，将它们作为普遍的价值观念用于社会主义体制之下”③。在大卫·哈维看来，从空间角度思考正义的原因是因为地理差异的存在。空间和生态差异不仅被当作社会-生态和政治-经济的过程所构造，而

① ［法］鲍德里亚：《类像与仿真》，转引自季保桂：《后现代境域中的鲍德里亚》，载包亚明主编：《后现代与地理学的政治》，上海教育出版社2001年版，第98页。

② ［美］爱德华·W.苏贾：《后现代地理学——重申批判社会理论中的空间》，王文斌译，商务印书馆2004年版，第18页。

③ ［美］戴维·哈维：《社会正义、后现代主义和城市》，载《帝国、都市与现代性》，罗岗主编，江苏人民出版社2006年版，第210页。

且由它们所构成的。大卫·哈维认为正是因为差异的存在，要实现“公正的地理差异的公正生产”，空间作为一种新的批判形式与正义密不可分。他试图把道德哲学的观点与地理问题联系在一起，《社会公正与城市》这本著作开启了此种思考。对于此，他找到了马克思主义，认为马克思主义的辩证法对分析和解决地理学的社会意义具有重要作用。在这个过程中，大卫·哈维从城市发展的角度思考了城市边缘地区、城市内部的土地利用、地租等问题，以及由此引发的人的存在状况。

空间把人分成了不同的等级。有居住在城市的，也有居住在乡村的，即使居住在城市里的人，也存在着居住在高档社区和生活在恶劣环境中的人。为了争夺空间频频引发暴力事件。在《社会正义、后现代主义和城市》一文中，大卫·哈维借助约翰·基夫纳的一篇关于纽约汤普金斯广场公园中对空间的激烈争夺文章讨论了当前城市中差异性问题。在这个公园广场上聚集了各色人等，但是当局为了保持统一性，采取了把所有人都驱逐出公园，最终引发了关于空间争夺的暴力问题。的确，当前的城市是一个充满差异的城市，尤其是一些大规模的城市，是各种文化的汇集。因此，所要做的就是在这种差异中，确立制度，从而实现对各种差异的认同和尊重，这也构成了大卫·哈维正义观的主要内容。

这与罗尔斯的正义观有很大不同。在《正义论》一书中，罗尔斯充分展示了其所建构的乌托邦理论。这一理论是建立在“无知之幕”的前提预设基础上的。他认为，要想实现社会的正义，就必须在制定正义理论时，首先提出无知之幕，这样一个前提预设，即制定原则的各方处在无知之幕之后，他们不知道他们自身的社会地位、阶级出身、禀赋，以及他们所处的时代和社会的经济状况、政治状况和文明水平等知识。“无知之幕”于是被转化为“知识的限制”问题，即在制定正义原则时，知识应该被限制在一个范围内进行讨论，从而不会带来不公平和不正义的结果。“知识要被限制”则意味着知识在某种程度上具有道德含义，具有善恶之分。在《正义论》这部著作中，罗尔斯试图说明知识具有不公平和不正义的内涵，因此，在制定原则之前必须排除这种恶知识。

罗尔斯强调的是没有差异的统一，强调的规则是在无差异下的，而大卫·

哈维则是深深地扎根于当下资本主义生活，这也许与其深受马克思主义思想影响有关，他认为首先应该肯定社会差异，只有肯定了这种差异才能够寻求解决问题的办法。可以说，罗尔斯是元理论者，更多的是设想如何构建一个没有瑕疵的理论方法，而大卫·哈维则是从实践生活出发试图解决生活中的种种难题，比如如何解决城市中无家可归者的居住问题、如何规划好城市的功能等问题。大卫·哈维之所以能够把空间与正义结合起来论述，归根结底是因为空间所包含的政治属性。

最早提出空间是政治性的当属列斐伏尔。在《对空间政治的反思》一文中，他明确提出，“空间是政治性的。空间不是一个被意识形态或者政治扭曲了的科学的对象；它一直都是政治性的、战略性的”①。在他看来，空间是政治性的，意识形态的。它是一种完全充斥着意识形态的表达。这是因为空间是社会的产物。他还强调了空间、自然与人的生存之间的关系。他不仅仅把空间当作是政治性的，而更为重要的是在人的存在层面上谈论空间。的确，伴随着高科技的发展，人们的生活越来越便捷，舒适，我们可以躺在沙发上，桌上的CD机播放着莫扎特的音乐，厨房的烤箱里正烹饪着香喷喷的佳肴。然而，事实并不是这样，科学技术在改变我们生活的同时也改变了我们的生活方式，我们正面临着可怕的灭绝。

极端的例子当属对空间的争夺。资本主义早期的殖民掠夺就充分体现了空间的重要性和政治性。可以说，资本主义从建立之初，就把对空间的掠夺纳入其重要的议程中。在中世纪，奥地利公主凯瑟琳嫁给葡萄牙国王约翰三世，从而联合起16世纪欧洲最强大的两个皇室集团。在公主的嫁妆中一组豪华的壁毯备受皇族的青睐，这组壁毯名为“球体”。壁毯的第三幅是《朱庇特与朱诺荫护下的地球》，描绘了人类生活着的地球，画的两侧分别站立着不朽的朱庇特和朱诺。在作品中的地球上，展示了非洲全境，向东直达印度和“香料岛屿”摩鹿加群岛，其中，非洲和印度海峡、东印度群岛被精确地分隔开，分别插上了属于葡萄牙势力范围的旗子，宣布这些地区归他们所有。可以说，这幅

---

① [法]亨利·列斐伏尔：《对空间政治的反思》，《西方都市文化研究读本》第三卷，广西师范大学出版社2008年版，第52页。

作品，体现了西方资本主义原始积累时期对世界空间的掠夺。在马克思和恩格斯的著作中，也有关于空间和政治的论述，尤其是关于殖民地的掠夺，如他们对美洲大陆的描述，以及印度、中国市场的描述。对于马克思来说，资本主义兴起和发展过程，实际上也就是其占有空间、重组空间、强制空间的过程。空间代表着权力，在题为《空间、知识、权力》的访谈中，福柯曾这样强调空间的重要性："空间是任何公共生活形式的基础。空间是任何权力运作的基础。"①

在大卫·哈维看来，空间是社会的空间，内含着政治性，透过空间实现对资本主义世界的政治批判，尤其在其关于不平衡地理发展的论述中。他把不平衡地理发展与资本的流动性倾向和受固定资本制约两个因素密切联系在一起，从空间规模的生产与地理差异的生产两个方面进行分析。正是空间的差异性造成了各种各样的形态，从而引发了各种社会问题，于是空间内含着政治性。

总之，"坚持某种时空观是一个政治决定，而时空的历史地理学揭示了这一点。"②空间是政治的，是包含着阶级性的。

第二节　"人民地理学"：空间的阶级性

在 1984 年发表的《地理学的历史与现状：历史唯物主义宣言》一文中，大卫·哈维认为，根据当前的状况，我们必须创造一种"人民地理学"，它并不是基于虔诚的普世主义、观念和好的意图，而是为了反映人民的利益、声音及他们所面临的意识形态和偏见。它忠实地反映了 20 世纪变动的社会和物理景观中的竞争、斗争和合作的复杂性。世界并不是按照我们希望的那样描绘、分析和理解，而是真实地反映了社会再生产的强烈冲突过程，以及在其中人类的

① ［法］福柯：《空间、知识、权力》，包亚明主编：《后现代性与地理学的政治》，上海教育出版社 2001 年版，第 13—14 页。

② ［美］大卫·哈维：《时空之间：关于地理学想象的反思》，孙逊、杨剑龙主编：《都市空间与文化想象》，上海三联书店 2008 年版，第 23 页。

希望和恐惧。

这样的人民地理学必须有群众基础，这就为地理学提出了更高要求和任务。地理学的任务是建构一种常识性语言，为理解理论提供常识性框架，在其中，相冲突的权利和宣言都能被恰当表达。大卫·哈维认为，我们必须：

1. 建立一种大众的地理学，远离偏见，反思真实的冲突和矛盾，同时可以打开交流和共同理解的新通道。

2. 建立一个应用的人民地理学，并不把它归于狭隘的和有势力的特殊利益，而是建立在其概念的广泛的民主性之上。

3. 接受科学的真实性和非中立性二元方法论观点。

4. 把地理学的敏感性与历史唯物主义传统中的一般社会理论结合起来。

5. 定义一个政治计划，它可以以历史地理的眼光观察从资本主义到社会主义的转变。①

大卫·哈维所提出的"人民地理学"主张高举马克思主义旗帜，把其政治理想深深地蕴含在对马克思主义的辩护和发展中，使其空间理论打上了深深的阶级烙印。在接下来论述中，他从微观角度向我们一一展现了他的政治理想和抱负。他曾说道："政治重组的形成过程中，不断变化的空间关系确实发挥了必不可少的作用。"②

在《正义、自然和差异地理学》中，大卫·哈维曾说过这样一段话：

"资本主义积累也许定义了一个时空实践和评价的霸权体系，并且神不知鬼不觉地对身体、想象和自我动了手脚。但它并没有耗尽全部的其他选择的可能性。揭示一个表现高度差异的世界内部（要素）在地图上的密切关系和统一性，这似乎越来越成为当代的关键问题。这是任何一种辩证的历史地理唯物主义所必须完成的政治任务。但是，任务本身如资本那样必须依赖于建构一个协同/共存的空间性的总体，它同社会的和物质的实践、制度和权力关系世界高度相关。一种唯物主义的时空关系理论承担着一种关键性政治和

---

① 参见 David Harvey, *Spaces of Capital: Towards a Critical Geography*, Edinburgh: Edinburgh University Press Ltd., 2001, p.120。

② ［英］大卫·哈维：《新帝国主义》，初立忠、沈晓雷译，社会科学文献出版社 2009 年版，第 82 页。

科学角色。它不仅允许我们彻底挑战传统分析和叙事中非历史地对待时空做法所包含的绝对主义假设和主张，如果你愿意，可以将之称为总体化的视野（从此时此地出发的观点），而且它允许我们抵制‘面面俱到的观点’，以及探询（协同和共存）关系是如何建立的，例如货币的、神圣的和其他身体之间的关系。”①

这样空间就与政治密切地结合在一起。接下来，大卫·哈维从“身体”入手来阐释其是如何展示空间的政治性。

第三节　身体：最小的政治学单位

“身体”是一个历久而弥新的问题。笛卡尔是西方较早关注“身体”的哲学家，他提出身心二分的观点，在他那里，身体处于相对弱势的地位，是“我思”的附属条件。当代，身体成为人们研究的焦点，首先是因为“当代对先前早已确立的范畴缺乏信心，这导致了向身体的回归，把它作为不可还原的理解基础”②，其次是源于对身体的研究为分析问题提供了多种可能性。

在大卫·哈维看来，“身体”是重构政治学图景的最小单位，对于重塑我们的生活世界具有重要意义。因而，他积极地对这一问题进行回应和研究。他以全球化发展为背景，以马克思主义理论为支撑，展示了全球化背景下，身体是如何在空间中实现其政治理念。他的努力是：“把‘全球化’与‘身体’彼此更紧密地联系在一起，并探讨由此产生的政治—知识后果。”③

1. 马克思的身体主体理论

时空生产不可避免地与身体联系在一起。大卫·哈维首先从马克思的角度理解身体。依据马克思的观点，身体是作为积累策略存在的。他通过四个方面来分析马克思的身体主体理论：生产性消费、可变资本的交换、消费环节、

① David Harvey, *Justice, Nature and Geography of Difference*, Oxford: Blackwell Publishers Inc., 1996, p.290.

② ［美］大卫·哈维：《希望的空间》，胡大平译，南京大学出版社2006年版，第93页。

③ ［美］大卫·哈维：《希望的空间》，胡大平译，南京大学出版社2006年版，第15页。

可变资本的循环。

第一方面,他认为,马克思所说的身体是"一种悲观主义基调,描述了身体是如何被资本循环和积累的外部力量所塑造,认为身体是承担某种特定述行经济角色的被动实体"①。但大卫·哈维也不否认,正是这种悲观主义基调,激起了马克思对"人类抵抗、渴求改革、反抗和革命"②的考虑。在马克思那里,身体是一个经济活动的再现。

大卫·哈维认为,"马克思非常清楚地意识到,身体是根据历史、地理、文化和传统而由不同的物质生产能力和性质来区分和标记的。他还意识到,种族特征、种族划分、年龄和性别这些符号被当作外在标准用来衡量某一类劳动者能够或者被允许去做什么。"③

第二方面,"马克思对资本主义批判的主要观点在于,它是如此频繁地违背、损害、抑制、残害并消灭劳动身体的完整性"④。身体是通过价值与外界发生关系的。"价值是一个与众不同的时空结构,它依赖一大批时空实践的发展(包括通过财产权和国家形成而发生的地球表面的领土化,及地理网络的发展、货币及包括劳动力本身在内的全部商品的交换制度的发展)。对资本家来说,劳动力的价值本身视这些价值在社会构成的时空政治经济行为世界中的实现而定。"⑤

大卫·哈维依据马克思的论述,把身体放在"可变资本循环"中论述。"为了获得可以用货币工资购买的商品的使用价值,工人用劳动力的使用价值来交换。这类交换通常具有高度的地域性和地方差异。"⑥劳动力在这里就是身体,它卷入到货币—商品—货币的循环中。

大卫·哈维还论述了两种时空体系共存的现象。"在不同地方实现的不同的身体特性和价值模式(包括对身体完整性和劳动者尊严所保持的尊重程

---

① [美]大卫·哈维:《希望的空间》,胡大平译,南京大学出版社 2006 年版,第 98 页。
② [美]大卫·哈维:《希望的空间》,胡大平译,南京大学出版社 2006 年版,第 98 页。
③ [美]大卫·哈维:《希望的空间》,胡大平译,南京大学出版社 2006 年版,第 101 页。
④ [美]大卫·哈维:《希望的空间》,胡大平译,南京大学出版社 2006 年版,第 104 页。
⑤ [美]大卫·哈维:《希望的空间》,胡大平译,南京大学出版社 2006 年版,第 104 页。
⑥ [美]大卫·哈维:《希望的空间》,胡大平译,南京大学出版社 2006 年版,第 104 页。

度)通过资本循环被带入了空间上竞争的环境之中。"①具体说,"消减规模而产生的失业,对技能及技能报酬的再定义、劳动过程和专制性监督系统的强化、精细分工愈益专制化,移民的卷入(或者,换句话说,资本向替代性劳动资源的转移)以及在不同的历史和文化条件下实现的不同身体实践和价值模式之间的强制的竞争性斗争,所有这些都促成了作为个人的劳动者的不平衡地理价值,对生活在可变资本循环之中的劳动者的身体所造成的影响明显的确实非常强大"②。

第三方面:消费环节。在这里,大卫·哈维认为,生产者同样存在于消费环节中,并发挥作用。这个作用是"劳动者的可支配收入形成了资本主义生产有效需求的一个重要部分"③,也就是,劳动者进行消费的需求可以化解危机。"新需求的产生、确定不同生活方式和消费习惯的全新生产线的开辟被当成避免危机和解决危机的一种重要手段而推行。"④大卫·哈维认为,这是一种"理性消费",是为了资本的积累。

第四方面:在可变资本的总循环中劳动者的形象。在大卫·哈维看来,工人阶级在资本积累中始终处于资本附属品的地位。"资本不断地努力按照它自己的需要来塑造身体,但是同时在其作用方式内使转变结果内在化,并且不断地展开劳动者身体欲望、需要、需求和社会关系(有时公开表现为集体阶级、共同体或以身份为基础的斗争)"⑤,"人体是一个战场,冲突的社会生态评估和再现力量永远都运行在这个战场的内部和周围"⑥。

最后,在论述了马克思的身体主体理论之后,大卫·哈维在当代资本主义发展的语境中,提出了身体政治学。在他看来,身体是重要的。因为"资本只有通过劳动能力的'塑形之火'才得以生产"⑦,身体是动态的、具有生命力和创造性的。在他看来,身体是与世界密切相连的。身体包含着丰富的政治内

① [美]大卫·哈维:《希望的空间》,胡大平译,南京大学出版社 2006 年版,第 105 页。
② [美]大卫·哈维:《希望的空间》,胡大平译,南京大学出版社 2006 年版,第 105 页。
③ [美]大卫·哈维:《希望的空间》,胡大平译,南京大学出版社 2006 年版,第 107 页。
④ [美]大卫·哈维:《希望的空间》,胡大平译,南京大学出版社 2006 年版,第 107 页。
⑤ [美]大卫·哈维:《希望的空间》,胡大平译,南京大学出版社 2006 年版,第 110 页。
⑥ [美]大卫·哈维:《希望的空间》,胡大平译,南京大学出版社 2006 年版,第 111 页。
⑦ [美]大卫·哈维:《希望的空间》,胡大平译,南京大学出版社 2006 年版,第 112 页。

涵,比如个体、全体、自我、他者、居住、正义等。

2. 身体政治学

然而把政治身体阐述为身体政治学却是困难的。大卫·哈维阐述了身体的政治性,他借助马克思所说的“卷入可变资本循环之中的身体”。“从作为积累的‘肉’的身体领域转换到作为政治行动者的劳动者概念,实现这一转换需要其他一些东西。”①在他看来,如何能够实现从实体身体到政治身体的转换,首先必须理解“个人”“人”或社会活动这样的概念在这个世界上想要做什么或者能够做什么。马克思所做的正是把这些概念放置在资本积累的历史和地理条件中,并回答劳动中的人如何实现抱负和理想,并获得尊严等问题。

人首先是集体中的人。他不是孤立的原子,他既是社会的动物又是政治的动物。大卫·哈维认同马克思的观点,“积极的政治学的任务就是要寻求社会关系的变革,充分承认政治行动的出发点依赖于实际的历史地理条件”②。

大卫·哈维批判了两种错误的观念:“身体还原论”和“自由主义幻想”。“身体还原论”认为,身体是我们找寻替代政治学过程中唯一可以信赖的基本概念。“自由主义幻想”认为,在找寻关键概念时,“个人”这个概念被赋予了“道德自主权”,它是政治理论和政治行动的基础。究竟什么是基础概念,他接受了马克思的观点。他认为,只有存在于与其他身体的关系之中的身体才是唯一可以信赖的基础。通过资本循环中的劳动者,可以看到政治学已经深深地根植到他(她)所处的位置和附带的潜力之中。这是因为他(她)有着革命冲动,同时还希望在其中获得平等待遇。通过这两点,可以清晰地看到,在资本空间中存在的劳动者只有在劳动中才能体现他们的政治性,也只有这样的身体才是可以信赖的。

如何才能体现他们的身体价值,托马斯·霍布斯强调“人的价值就是他的价格”,然而在劳动价值与价格之间存在鸿沟,按照马克思的表述就是:作为价值实体的劳动与作为商品被劳动者出卖给资本家的劳动力之间存在着差

① [美]大卫·哈维:《希望的空间》,胡大平译,南京大学出版社2006年版,第113页。

② [美]大卫·哈维:《希望的空间》,胡大平译,南京大学出版社2006年版,第114页。

异。这一论述蕴含着政治寓意,劳动力是一个复杂的概念,它包含着道德、社会、历史和地理情景。

大卫·哈维借助"争取最低工资的斗争"来说明这个问题。他以巴尔的摩这个城市为例,资产阶级通过吸纳更多的外来人员降低工资标准,而他们的工资又低于当地的官方最低工资。为了生活,他们不得不增加劳动量,他们的身体常常处于疲惫状态。除此之外,他们在社会中无法受到尊重,身体健康每况愈下,孩子的教育也成问题。因此,由身体问题就会引发政治冲突,从而形成一种新型的劳动组织。它包括两个策略:第一,一支强有力的工人骨干,他们能够发挥自身的潜能;第二,全力以赴创造一个强大的各种力量的联盟以改变可变资本循环的基线。

正如大卫·哈维所说:"'最低生活工资'问题从根本上说是一个阶级问题,贯穿于生产、交换和消费各个环节。"①身体问题是一个政治问题,对它的研究必须基于"对物质实践、再现、想象、制度、社会关系和政治经济力量主要结构之间的真正时空关系的理解",只有这样,"身体就可以被看作是一个连结点,解放政治学的可能性藉此得以研究"②,对未来的期许才有转变成现实的可能性。

---

① [美]大卫·哈维:《希望的空间》,胡大平译,南京大学出版社 2006 年版,第 122 页。

② [美]大卫·哈维:《希望的空间》,胡大平译,南京大学出版社 2006 年版,第 125 页。

第三章　空间正义理论总纲

地理学的政治任务是使人们能用欣赏而非破坏的方式去理解它们之间的相似性和差异性。地理学要对环境直接探索，阻止对自然的破坏，这给我们学科增添了沉重的责任。

——理查德·皮特《现代地理学思想》

从1969年出版《地理学中的解释》一书开始，大卫·哈维的研究主题密切地围绕"空间"展开，当然这与他地理学家的知识背景相关，但更为重要的是，在当代，没有一个词如"空间"这样复杂而充满挑战。Eric Sheppard曾经这样评价大卫·哈维的空间理论："他关于空间和时间的思考是连续性的而不是变幻不定的：包含了对空间和时间的关注；对时空的建构性和相关性解读；思考如何被经验、认识及想象时空；对西方古典哲学的继承。"①笔者非常赞同Eric Sheppard的分析和理解。通过他的分析我们可以简单对大卫·哈维的观点进行概括：空间强调了时空性，以及对西方哲学的继承和实践的关注。总之，大卫·哈维提出空间正义理论并不是偶然的，而是基于深刻的理论和社会现实因素的。

① 参见Noel Castee, Derek Gregory (eds.), *David Harvey: a Critical Reader*, Malden, MA: Blackwell Publishing Ltd., 2006, pp.121-122。

第一节　“空间”范畴的逻辑演绎：绝对空间、相对空间、关系空间

大卫·哈维依据自身的学术背景，选择从地理学角度来论述“空间”概念，这并不是说地理学对于空间具有某种特权，而是在他看来，从哲学角度对空间的思考是混乱的，其次，他谦虚地认为自己并没有资格从哲学内部来思考空间。笔者认为，从时间逻辑和理论视角看，大卫·哈维的空间理论分为两个时期：前空间理论时期和后空间理论时期。自 1973 年开始，大卫·哈维的空间理论进入前空间理论时期。什么是“前空间理论时期”？对这一概念的定义可以理解为他从一个实证主义地理学家走向马克思主义者，并推动激进地理学向马克思主义地理学转变这样一个过程。这一时期的开端是《社会公正与城市》一书的出版，这本著作已经脱离了实证主义地理学的影响，成为马克思主义地理学的杰出代表作，他对马克思主义的研究也从无意识走向了自觉。在书中，大卫·哈维分析了三种不同的空间：绝对空间（absolute space）、相对空间（relative space）、关系空间（relational space）：

如果我们认为空间是绝对的，它就成为一个“物自身”，是独立于物质之外的存在。于是，空间拥有一种结构，我们可以用来代替现象分类归位或是赋予个性。相对空间观则认为，空间应被理解为物体之间的关系，其存在只是因为物体存在且彼此相关。有另一种意义的相对空间观，而大卫·哈维决定称之为关系空间——依据莱布尼茨的观点，空间被认为包含在物体之中，亦即一个物体只有在它自身之中包含且呈现了与其他物体的关系时，这个物体才存在。①

当然，不同的学者对空间的分类不同，比如卡西尔把空间分为有机的、感知的以及象征的空间；列斐伏尔则分为物质空间、空间的再现和再现的空

① 参见 David Harvey, *Social Justice and the City*, Edward Arnold and Baltimore, MD: Johns Hopkins University Press, 1973, p.13。

间。大卫·哈维的三分是通过三种不同的空间展现了"空间范畴"的三种表现形态。

绝对空间观念，这一观点主要是根据牛顿和笛卡尔的空间得出的。空间是"预先存在而且不会移动的格网"①。按照牛顿的观点，整个自然界像一架机器一样，按照力学规则运动着。人们之所以能够认识自然界，是因为有绝对空间作为参照系，因此，空间是独立于人的意识而存在的，是抽象的空间，只有这样的空间才具有真理性。在大卫·哈维看来，这种空间适用于一切分离且有界限的现象，比如国家、行政单位等空间。绝对空间的最大特征就是消除一切模糊性，实现确定性。

相对空间观念，主要与爱因斯坦和非欧几里得几何有关。在这一观念中，无法脱离于时间来理解空间，空间是相对的，于是，术语上转变为时空或者空间—时间性。在爱因斯坦看来，时间是固定的，空间随着一些条件的变化而发生变化。与绝对空间相比，相对空间附加了一些量度和条件。从社会层面讲，绝对空间主要指那些具有明显疆域、范围的区位特征，而相对空间则是那些分别以成本、时间、运输模式来衡量的空间范围，会创造出完全不同的空间来，再比如说，观察者的角度不同也会创造出不同的空间来。当然，通过分析发现，相对空间在解释和表达上存在着难以统一的缺点。

关系空间观，这主要与莱布尼茨针对牛顿的绝对空间观所进行的反驳有关。在莱布尼茨看来，牛顿的绝对空间观充满矛盾，上帝也只能存在于空间之中，而不能主宰空间。"关系空间观认为，在界定空间或时间的过程中，没有空间或时间这样的东西存在（如果上帝创造了世界，那么也是在许多可能性之中，选择要创造特殊类型的空间和时间）。"②大卫·哈维认为，关系空间主要包括内在关系的观念，也就是说，理解一个事物时，不可能仅仅依靠事物本身来理解，还取决于环绕着那个点而进行的一切其他事物。关系空间没有办法测量，但却可以表达多种主题和内涵，比如一些政治主题。

---

① David Harvey, *Spaces of Neoliberalization*: *Towards a Theory of Uneven Geographical Development*, Weisbaden: Franz Steiner Verlag, 2005, p.94.

② David Harvey, *Spaces of Neoliberalization*: *Towards a Theory of Uneven Geographical Development*, Weisbaden: Franz Steiner Verlag, 2005, p.96.

大卫·哈维认为,这三种空间形态的精确度(可测量度)是不同的,绝对空间的精确度最高,相对空间次之,关系空间最差。他还对这三个空间预设了一个前提,即关系空间可能包含了相对空间和绝对空间,相对空间可能包含了绝对空间,绝对空间就只是绝对空间。但是,他对于这三种形态没有绝对的偏好:

“空间本身既不是绝对的、相对的或者是关系性的,它可以视情境而定,成为其中一种,或者是全部。空间适当概念化的问题,是透过与空间有关的人类实践而解决的。换言之,有关空间性质的哲学问题,没有哲学上的解答——解答在于人的实践。因此,‘空间是什么’这个问题,必然代之以‘不同的人类实践,如何创造和使用不同的空间概念’。”①

在这里,大卫·哈维明确表达了,使用哪个空间形态,主要依据人类实践需要,这三者之间存在着一定的张力。不过,在他看来,关系空间可以表达更多的含义,可以驾驭更为丰富的内容,在他的研究中,更多的是使用关系空间,“唯有在最后这一种架构里,我们才能掌握当代政治的许多方面,因为那是政治主体性和政治意识的世界”②。

通过从地理学、自然科学的角度对空间范畴进行划分,有助于从本质、内涵等原点理解空间,有助于借此分析其后的经济、文化、政治含义,这也是大卫·哈维空间理论的出发点。当然,仅仅分析空间范畴的自然意义是不够的,更为重要的是借助这些分析来透析空间在资本主义社会的批判力量和现实意义,或者说,空间有助于更加透彻地理解当下的社会和现实问题。正如他所说:“掌握空间作为一个关键词的要点,是要辨认出这个概念如何可能更好地整合到既有的社会、文学和文化理论中,以及效果是什么样的。”③

大卫·哈维是如何实现这一目标的呢?这也是他后空间理论时期的主要工作内容。《后现代的状况》是这一阶段的开创性著作,这本著作与美国社会

① David Harvey, *Social Justice and the City*, Edward Arnold and Baltimore, MD: Johns Hopkins University Press, 1973, pp.13-14.

② David Harvey, *Spaces of Neoliberalization: Towards a Theory of Uneven Geographical Development*, Weisbaden: Franz Steiner Verlag, 2005, p.99.

③ David Harvey, *Spaces of Neoliberalization: Towards a Theory of Uneven Geographical Development*, Weisbaden: Franz Steiner Verlag, 2005, p.100.

中的批判思潮、激进思潮相呼应,超越人文地理学的界限。之后,他还出版了《资本的空间》《希望的空间》《新帝国主义》等著作。这一时期,相较前空间理论时期,他对空间的理解更加游刃有余,以一种更加开阔的视野和深刻的历史底蕴把地理学想象植入社会理论之中,从而为现代化事业提供了一种可靠的方案。

在后空间理论阶段,大卫·哈维把空间范畴的三种形态与列斐伏尔的三元空间(物质空间、空间的再现和再现的空间)结合起来。在列斐伏尔那里,物质的空间就是经验到的空间,比如高楼、大厦等;空间的再现是指人类构想出来的空间形式,如地图、图表等;再现的空间是指纳入我们每日生活方式中的感官、想象等的社会空间。大卫·哈维结合列斐伏尔的理论,建构了一个三乘以三的矩阵,他认为这样才能更好地通过空间理解社会现象,实现从自然空间到社会空间的转变。这是因为没有办法使用一种空间形式来理解社会事物和现象,因为社会远比我们想象的要复杂得多。在他看来,这个矩阵实现了对空间隐喻的完美展现,运用空间表达了社会生活,这就可以弥补马克思主义理论欠缺的内容,即"缺乏对空间与时间问题意识的广泛认识"①。他把马克思的使用价值范畴放在绝对时空中来理解,交换价值范畴放在相对时空中来理解,价值是一个关系性的概念,指涉对象是关系性的时空。"价值是内化了世界市场具体劳动的整个历史和地理的社会关系。它展现了世界舞台上所建立的资本主义(主要是但不只是阶级)的社会关系。"②

总而言之,大卫·哈维的空间理论是为了克服传统空间理论的二元论倾向,试图把科学精神和人文特征有机地融合在一起,既强调空间的科学特征,也突出空间的社会意义和价值,实现了空间理论的多维图景。

① David Harvey, *Spaces of Neoliberalization: Towards a Theory of Uneven Geographical Development*, Weisbaden: Franz Steiner Verlag, 2005, p.109.

② David Harvey, *Spaces of Neoliberalization: Towards a Theory of Uneven Geographical Development*, Weisbaden: Franz Steiner Verlag, 2005, p.110.

第二节　历史—地理唯物主义：空间正义的元理论

20世纪后半期，随着自然科学技术的革新，自由市场经济蓬勃发展，与此同时，自由民主的政治观念在全球范围内大行其道，尤其是苏联的解体以及西方社会蓬勃发展的各种运动，资产阶级充分意识到工人阶级的强大力量，并认为如不适时调整策略，改变剥削和压迫手段，资本主义制度就存在着被推翻的危险。于是，他们开始采取改善工作环境、增加工资、减少工作时间等手段，来缓解对工人阶级的压迫。在这样的背景下，工人阶级的要求部分得到满足，于是，他们的革命热情开始下降，不再积极反抗资产阶级的压迫。资本主义社会出现了工人阶级被整合的趋势以及“超稳定”局面，资本主义进入了“后资本主义时期”。针对这些情况，以美国学者弗朗西斯·福山为代表的一些西方学者们认为，马克思所预言的资本主义灭亡前的种种征兆在“后资本主义”社会已不复存在，而相反共产主义社会出现重大危机，这些共产主义（社会主义）国家要么成为自由民主国家，要么改换门面成为另外一种独裁制度。资本主义社会并没有如马克思恩格斯等人所预言的那样走向灭亡，相反正蓬勃发展。因此，他们认为，马克思主义理论已不再适应当前的社会发展状况，“马克思主义过时了”。

另外，伴随着后现代主义思潮的兴起，越来越多的学者认为，马克思主义所强调的是一种线性发展观，过分强调总体性这种宏大叙事，这并不符合当代社会发展的需要，在这个意义上，马克思主义也已经过时了，历史唯物主义已经失去了可能的市场。“‘后马克思主义’已经让位于后现代主义的崇拜，让位于后现代主义的偶然性、破碎性和异质性，让位于对所有整体性、系统、结构、过程和‘宏大叙事’的敌意。”①在《民主反对资本主义——重建历史唯物

① ［加］艾伦·梅克森斯·伍德主编：《民主反对资本主义——重建历史唯物主义》，吕薇洲等译，重庆出版社2007年版，第1页。

主义》一书的导言中,艾伦·伍德指出,在马克思主义的发展史中,一直存在着两种关于历史的理论和对这两种理论的争论。一种观点认为,历史唯物主义根植于对政治经济学的批判,并在马克思主义史学研究成果中达到了高峰。另一种则相反,它汲取那些在马克思主义理论之外,最能与资本主义意识形态兼容的东西。他们"偏好技术决定论和生产方式机械替代的单线发展理论。在这种理论下,按照某种普遍的自然规律,生产力较低的生产方式总是不可避免地会被生产力更高的生产方式来替代。这种马克思主义的观点很难将自己与传统的社会进化论和进步论区分开来"①。第二种观点在苏联时期占据着重要地位。这主要与当时苏联所面临的特殊环境以及在经济上的紧迫性有很大关系。这种认识也因为苏联的影响力很长一段时间处于主流,占据统治地位,从而忽视了对马克思主义的第一种理解。当然,虽然之后斯大林主义结束了,但并没有使历史唯物主义重新兴盛起来。西方很多学者对历史唯物主义的批判是站在后一种观点上展开的。

面对这些言论,哈维注意到了历史唯物主义的第一层含义:"历史唯物主义根植于对政治经济学的批判,并在马克思主义史学研究成果中达到了高峰。"。他始终认为,在当代西方资本主义社会的语境之中,马克思主义理论的批判武器依然具有重要的时代价值,历史唯物主义依然可以面对各种变化了的现象和问题。更具体地说,资本主义并没有放弃它掠夺的本性,只是以隐形的方式,实施着它的掠夺,它以全球化的方式展开着它对全球的殖民扩张,"全球化成为帝国主义的同义词"②。

与此同时,伴随着空间问题的崛起,引起人们越来越多的关注。空间不再简单的以地理学、自然科学的方式存在着,而是包含着更为广阔的理论视野。空间从来没有像今天这样深深地牵连着经济、政治和文化领域的实践活动。然而,在哈维看来,马克思等人"把时间排在空间之前,而且如果他们有处理空间的话,都倾向于不加质疑地将空间视为历史行动的位置或脉络。每当不

① 参见[加]艾伦·梅克森斯·伍德主编:《民主反对资本主义——重建历史唯物主义》,吕薇洲等译,重庆出版社2007年版,第4—5页。

② [美]萨米尔·阿明:《资本主义、帝国主义、全球主义》,见罗纳德·H.奇尔科特编:《帝国主义政治经济学:批判的范式》,社会科学文献出版社2007年版,第217页。

论哪个流派的社会理论家积极探问地理范畴和关系的意义，他们不是被迫要提出许多配合其理论的特别调整，以致造成内部不一致，就是要抛弃他们的理论，采取某种来自纯粹几何学的语言。将空间概念纳入社会理论，迄今尚未圆满成功。但是，忽略了真实地理形态、关系和过程之物质性的社会理论，肯定缺乏效度”①。

面对这样的现实和理论背景，历史唯物主义存在着明显不足。对此，哈维指出，“历史唯物主义必须升级为历史地理唯物主义，资本主义的历史地理应该成为我们理论化的目标。”②他最初是一个地理学者，他的出发点是实现对地理学的改造。早在1984年，大卫·哈维在一篇题为《论地理学的历史和现状：一个历史唯物主义纲领》的文章中对地理学的历史和现状进行了分析。他认为，要想理解地理学的现状和未来就必须知道它的历史。地理学并不是一门独立于社会科学的学科，它深深地根植于社会历史的转变和发展中。在资产阶级时期，地理实践具有六大特征。第一，关注航海方位和领土权，这意味着测绘和测量成为地理学家的工具。第二，世界市场的出现意味着“全球探险”，是为了发现“新的，有用的事物”，并且推进“产品的普遍流通。”第三，根据生活、经济形势和社会再生产引起的地理变化进入地理学家的视野。第四，在19世纪，由于受资本主义力量的影响，世界被分成了几个部分，这引起了严重的地理政治问题。第五，对“自然和人类资源”的利用及空间分配的关注使地理学家思考这两者之间的理性结构。第六，资本主义时代的地理思考总是有强烈的意识形态色彩。③

在19世纪末，学院地理学家试图把从不同实践中获得的经验与一个具有严格分工的学科结合在一起，但是这种尝试并不成功。因此，很长一段时间，在地理学内部，实证主义大行其道。然而，实证主义与地理学的结合存在着致命的问题。这是因为实证主义追求价值中立的做法违反了社会科学本来的特

① David Harvey, *Spaces of Capital: Towards a Critical Geography*, Edinburgh: Edinburgh University Press and New Yorl: Routledge, 2001, p.118.

② ［英］大卫·哈维：《资本的城市化》，董慧译，苏州大学出版社2017年版，第vi页。

③ 参见 David Harvey, *Spaces of Capital: Towards a Critical Geography*, Edinburgh: Edinburgh University Press and New Yorl: Routledge, 2001, pp.109-111。

质,正如大卫·哈维所认为的,严格的科学绝不中立于人类事物,试图将自己置身于历史之外最多带来严格的和善意的伪科学,实证主义便是最好的例子。正因此,20 世纪 60 年代,实证主义的地理学失去了往日的地位。于是,他开始尝试创造一种更为激进的或马克思主义传统的地理学。哈维适时提出了“历史—地理唯物主义”,他不仅要反驳“马克思主义过时论”的主张,而且通过恰当地运用马克思的方法,根据马克思全部著作中关于“空间”的零星含义,使它适合于当今时代的发展。他认为,“地理学和社会理论的交叉点,正是新的世界概念及新的积极干预可能性得以结晶成形的关键爆发点。”①

第三节　空间的四个基本特征

通过大卫·哈维对历史—地理唯物主义的目标旨趣,可以清晰地看到他所希望表达的空间理论的基本轮廓,贯穿于其中的基本特征是:

一、空间是社会的空间

涂尔干在《宗教生活的基本形式》中指出,空间和时间都是社会构造,“空间本没有左右、上下、南北之分。很显然,所有这些区别都来源于这个事实:即各个地区具有不同的情感价值。既然单一文明中的所有人都以同样的方式来表现空间,那么显而易见的是,这种划分形式及其所依据的情感价值也必然是同样普遍的,这在很大程度上意味着,它们起源于社会”②。他指出了空间划分的差异性。列斐伏尔更加明确地提出,“空间是社会性的;它牵涉到再生产的社会关系,亦即性别、年龄与特定家庭组织之间的生物—生理关系,也

① David Harvey, *Spaces of Capital: Towards a Critical Geography*, Edinburgh: Edinburgh University Press and New Yorl: Routledge, 2001, p.118.

② [法]涂尔干·爱弥尔:《宗教生活的基本形式》,渠东、汲喆译,上海人民出版社 1999 年版,第 12 页。

牵涉到生产关系，亦即劳动及其组织的分化。"[①]大卫·哈维继承了这些观点，强调空间是一个社会构造物而不是一个笛卡尔式的格网，时间、空间概念是在社会中形成，并在社会再生产过程中起关键作用，"不同的社会创造了性质有所差别的空间和时间概念"[②]。空间形式并不是社会过程在其中展开的无生命对象，而是"社会过程就是空间"这种方式包含了社会过程，"空间是社会力量作用下从自然环境向人文景观转变的地表延展"[③]。他十分看重空间所传达出的社会价值，这种价值包含了人类的感情，凝结了人类实践。因此，他所讨论的空间绝不是自然意义上的空间范畴。对空间范畴进行分类也是依据其社会特性实现的。在他看来，社会生活的空间和时间具有四大特征：

第一，时空的社会构造并非无缘无故产生的，而是由各式各样的时空形式所塑造的，在这些时空形式中，人类遭遇到他们的生产斗争。

第二，时间和空间概念等同地依附于文化的、比喻的和知识的技能。

第三，时空的社会构造的运行伴随着客观事实的全部力量，所有的个体和制度都必须对这种力量做出反应。

第四，客观的时空的社会定义，深深地扎根于社会再生产的过程之中。[④]

可以归结为两点：第一，时空的社会性定义是根据客观事物的全部力量来运转的，无论是个人还是公共机构都必须对此有所回应。第二，客观空间的定义深刻地蕴含在社会再生产的过程中。

时间、空间与社会是一个双重作用的过程。即时空独特的表现方式会引导时空实践，而时空实践反过来又会维护社会秩序。与此同时，社会过程还在时空的客观化中扮演角色。这里所说的时空实践包含：时间和空间一直是个性化和社会差异的基本手段。"每个社会形态都会根据它自身的需要和物质再生产、社会再生产的目标，来建构关于时空的客观概念，根据那些概念来组

---

① 薛毅编：《西方都市文化研究读本》第三卷，广西师范大学出版社2008年版，第25页。

② 薛毅编：《西方都市文化研究读本》第三卷，广西师范大学出版社2008年版，第92页。

③ [美]理查德·皮特：《现代地理学思想》，周尚意等译，商务印书馆2007年版，第337页。

④ 参见 David Harvey, *Justice, Nature and Geography of Difference*, Oxford: Blackwell Publishing Ltd., 1996, pp.210-212。

织物质实践。"资本主义的时空概念主要力量通过征伐、帝国扩张和新殖民主义统治强加人们。时空概念的社会建构根源于生产方式和具体生产。在当代社会生活中,"自然空间(natural space)已经无可挽回地消逝了。……自然现在已经被降贬为社会的生产力在其上操弄的物质了"①。

大卫·哈维主要针对资本主义生产方式变革的过程,把时空概念与社会重大变革密切地联系在一起。

"空间和时间实践在社会事务中从来都不是中立的。它们始终都表现了某种阶级的或者其他的社会内容,并且往往成为剧烈的社会斗争的焦点。"②

质言之,从社会性上去规定空间理论的原则,这种理解拓宽了空间理论的视角和适用范围,凸显了空间的本体论内涵,更能够借助空间游刃有余地彰显社会生活的全貌。同时,也只有把空间理解为社会的空间,才能为讨论空间的经济性、文化性、政治性提供逻辑前提和必要的理论准备。

二、空间是辨证的

大卫·哈维把空间理解为辩证的主要是吸收了莱布尼茨和怀特海等人的观点。他始终认为,人们所理解的空间不仅包括个人经验和体验的空间,更为重要地包含了想象的和社会文化衍生的空间。后一种空间也是他思考的中心。他认为,我们应该放弃绝对的空间观念,专注于辩证的、相关的空间,挑战空间的复杂性和多样性。他强调空间是社会的构造物,不同的社会产生不同的空间观念,这本身就是强调空间的辩证性。

在大卫·哈维看来,空间的辩证性主要是指:第一,时间和空间是不可分离的(接下来论述)。第二,多样的空间。这主要指不同状态的作用者在相同的"宇宙"中发展了不同的空间和时间的观念,或时空性。这两者对于他最近关于如何实现商品化的空间想象与资本主义密切相连的可能性是十分重要的。第三,总体性的空间。这是一种包含差异的总体。大卫·哈维

① 薛毅编:《西方都市文化研究读本》第三卷,广西师范大学出版社 2008 年版,第 25 页。

② [美]戴维·哈维:《后现代的状况》,阎嘉译,商务印书馆 2004 年版,第 299 页。

赞同列斐伏尔所说的,"研究对象应该存在于一种预设的总体性中"①,这主要是针对资本主义社会的状况而言的。资本主义社会是一个系统,一个整体,而不是孤立的事实,"空间在建立某种总体性、某种逻辑、某种系统的过程中可能扮演着决定性的角色,起着决定性的作用"②,必须以一种总体性的空间观念才能准确、全面地理解当前的基本情况和存在问题。总之,空间是辩证的,是重视差异和他者的。差异与他者,应被视为无所不在的和基本的社会的辩证法变化,而不是单一的,这为空间分析的多种可能性提供了理论前提。

三、空间是包含时间的空间

大卫·哈维虽然强调空间的重要性,但这不意味着就放弃时间,虽然在思想史上,一种存在着时空二分的思想。要么重视时间来忽视空间,要么重视空间而忽视时间。他们认为,"线性时间"是令人生厌的技术的、理性的、科学的。现代性注重时间,这就从某种程度上剥夺了人类生存的欢乐。他们还认为,时间是人们的一种发明创造,是语言的一项功能,因此它是随意的和不确定的。只有空间,才能更好地表达时代的特征和意蕴。当然,在这之中也产生了一种折中态度,"这种态度就是更富有弹性和更折中的批判理论"③。哈维对这两种态度都是否定,他坚持认为,时间和空间是两个不可分割的范畴。"重新将历史的构建与社会空间的生产紧密地结合在一起,也将历史的创造与人文地理的构筑和构形结合在一起。从这种富有创造性的结合中正生成出各种新的可能性"④。他认为,时间和空间"这两个维度是不可分割地系缚在一起的。空间经验的变化总是涉及时间经验的变化,反之亦然"⑤。尤其是在

① 薛毅编:《西方都市文化研究读本》第三卷,广西师范大学出版社 2008 年版,第 35 页。

② 薛毅编:《西方都市文化研究读本》第三卷,广西师范大学出版社 2008 年版,第 36 页。

③ [美]爱德华·W.苏贾:《后现代地理学——重申批判社会理论中的空间》,王文斌译,商务印书馆 2004 年版,第 17 页。

④ [美]爱德华·W.苏贾:《后现代地理学——重申批判社会理论中的空间》,王文斌译,商务印书馆 2004 年版,第 17 页。

⑤ [英]彼得·奥斯本:《时间的政治》,王志宏译,商务印书馆 2004 年版,第 33 页。

解释相对空间时,他说道:“无法独立于时间之外来解释空间”①。这一观点也贯穿其学术研究始末。在《地理学中的解释》一书中,他思考如何使时间和空间平衡。在《后现代的状况》一书中,他思考资本主义是如何重塑空间和时间的。更为重要的是,从《地理学中的解释》开始到《正义、自然和地理学的差异》,他试图以空间-时间取代时空二分法。Noel Castree 在仔细阅读大卫·哈维的著作后说道:“资本主义的空间无法从资本主义的时间强权中抽象出来,马克思早在一个世纪前就已经表明,空间-时间作为一个具体抽象的功能内化于整个矛盾之中”②,他还提出了针对经济危机的“时空修复”,特定地点因为过度积累产生了劳动盈余和资本盈余,需要通过时间和空间两种方式来解决这种过度积累的危机。因此,大卫·哈维所说的空间是包含了时间的空间,是更为广泛意义上讲的空间。

四、空间是政治的空间

空间的政治维度是无法回避的。③ 对此,在理论家那里,逐渐达成共识。列斐伏尔明确指出,“空间是政治性的。空间不是一个被意识形态或者政治扭曲了的科学的对象;它一直都是政治性的、战略性的,”④爱德华·苏贾也说:“在这种意义上,空间思维不仅仅丰富我们对于任何一种对象的理解,而且增加我们扩展实践知识的潜力,以便更加有效而成功地改变世界,使世界更美好。增加理论经验和发现创新的潜力,并且在实践中成功应用之,这些确定了寻求空间正义的特定允诺和前提。”⑤在这个层面上空间被赋予了政治的意义。当然,更为重要的是社会生活的变革让我们不得不这样思考。今天,社会的飞速发展把人类带到了一个从未经历过的新世界,急剧的新变化令人们目

---

① David Harvey, *Spaces of Neoliberalization: Towards a Theory of Uneven Geographical Development*, Weisbaden: Franz Steiner Verlag, 2005, p.95.

② Noel Castree, “The Spatial-temporality of Capitalism”, *Time Society*, 2009, 18, p.26.

③ 参见[法]亨利·勒菲弗:《空间与政治》,李春译,上海人民出版社 2008 年版,第 1 页。

④ 薛毅编:《西方都市文化研究读本》第三卷,广西师范大学出版社 2008 年版,第 52 页。

⑤ [美]爱德华·W.苏贾:《寻求空间正义》,高春花、强乃社等译,社会科学文献出版社 2016 年版,第 2 页。

不暇接。再加上，在工业化、现代化伴随而来的城市化过程中，城市繁华的背后引发出诸多社会问题，围绕“地域权”的争斗从未停止。空间中充满了政治与特权、意识形态与文化冲突、乌托邦的理想与异托邦的压抑、正义与不正义、压抑的力量与解放的可能性。对此，哈维高度认同，“空间与时间的地理学，促使我们批判地反省我们是谁，以及我们为之奋斗的是什么？我们试图建立的空间和时间概念是什么？”①空间是政治的空间，使得空间也不再仅仅是一种背景性的存在，而成为了他寻求政治解放可能性的有力媒介和工具，这也是其最终理论旨趣所在。

概言之，空间是社会性、辩证的和包含时间的、政治的，这四个特征构成了大卫·哈维历史-地理唯物主义的总原则，是其分析事物、问题的出发点和逻辑前提，也是正确把握其空间正义理论的关键所在。

第四节　空间正义理论旨趣所在

大卫·哈维提出的空间正义理论是把空间作为一种新的范式，将历史叙事空间化，实现了思维范式的革命，从空间角度推动了历史唯物主义的进一步发展，实现了对资本主义的现实关注，具有深刻的解放旨趣和政治意识，回答了马克思所说的“哲学家们只是用不同的方式解释世界，而问题在于改变世界”。

一、空间成为一种新的思维方式

思维方式是人们大脑活动的内在程式，它对人们的言行起决定性作用。思维方式表面上具非物质性特征。每一个科学、社会发展阶段都有它关注的问题和讨论的主题。受列斐伏尔等人的影响，再加之当代社会的独特语境，大

① David Harvey，“Between Space and Time：Reflection on the Geographical Imagination”，*Annals of Association of American Geographers*，80(3)，1999，p.432.

卫·哈维认为,在当代社会科学发展中最为重要的就是一种空间的思维方式。空间不再是一种“自然的常态、一种外生变量”,一种外在性的存在,而成为了“我们理解社会结构和历史变迁的关键所在”①,成为了本体性的存在。大卫·哈维赞成和继承了列斐伏尔所说的,不是在空间中生产,而是空间生产。在这个基础上,空间具有了本体论和方法论双重意蕴。

空间成为了一种新的话语方式和思维方式,大卫·哈维设计和构造了空间的一种语义学。无论是分析资本主义经济学,还是寻找替代性方案,他莫不是从空间出发,运用社会-空间方法,透彻地展现了当代资本主义社会运行的图景。

把空间作为一种新的思维方式是时代的要求。从没有一个时代像当今时代一样强调社会的格局和时空变换,也从没有一个时代如当今时代一样被充分置于时空之中,全球化、城市化的浪潮席卷而来,这是一个空间的时代。正如大卫·哈维所说:“我反复地陷入那种困境——设计一种令人满意的语言或概念工具来把握我们似乎遭遇的自然难题”②,这种“自然难题”就是当下的社会问题和时代要求。

把空间作为一种新的思维方式是理论选择。受进化论影响,以往社会理论总是把社会当作一个“过程”,强调其线性发展和对规律的把握,忘记了社会区别于自然的空间的复杂性,这种局限性无法解释社会生活中所面临的一些新问题。这就需要从理论上引入“空间”,重新把握社会的复杂性。

二、马克思主义哲学的一场革命

今天的时代较之马克思生活的时代,发生了很大变化。对马克思主义哲学的理解,也应随之发生变化。这是因为马克思主义不是僵化的、封闭的体系,而是开放的、丰富的理论学说。马克思主义为了实现自身的使命,必须调整政治策略和理论结构。因此,发生在20世纪中期的这场“空间转向”也深

① [英]约翰·哈萨德编:《时间社会学》,朱红文、李捷译,北京师范大学出版社2009年版,第1页。

② 薛毅编:《西方都市文化研究读本》第三卷,广西师范大学出版社2008年版,第364页。

深地影响着马克思主义哲学的发展，成为了其内部的一场革命。

最为重要的就是将历史唯物主义升级为历史地理唯物主义。在历史唯物主义的传统中，空间的地位长久被忽视。但是在第二次世界大战后，这种状况发生了改变，许多唯物主义者开始关注空间的价值。大卫·哈维对历史唯物主义进行了革新，认为资本主义历史地理学必须是我们理论的客体。法国理论家列斐伏尔对于历史地理唯物主义的出现给予了强有力的理论支撑。列斐伏尔最著名的作品是《空间生产》，他的一生，主要是反对结构主义的马克思主义者阿尔都塞。列斐伏尔把空间当作动态的物质力量来促进社会的发展和生活的改善。大卫·哈维很好地发扬了这种思想，并将其发展到资本主义社会的方方面面，体现了理论对实践的指导意义。

总之，无论大卫·哈维具有怎样的哲学抱负，他的研究主题都在经验层面上具有指导意义，体现着跨学科研究的特色，也体现了马克思主义哲学的主旨所在。空间思维范式的进展是哲学自身发展的一场深刻变革，它以时空为出发点，全方位地思考当今社会。

三、以空间为视角，实现对资本主义社会的关注

在西方马克思主义庞大复杂的理论体系中内含着一个不变的主题，即对资本主义社会的批判，批判性是蕴藏其中的逻辑线索。今天，我们不得不接受资本主义全球化所带来的世界范围内的时空变革。如何面对这种变革，就成为理论家们必须面对的问题。在 Noel Castree 看来，大卫·哈维对于我们理解资本主义是有贡献的，而且这种贡献也是十分明显的，具有理论化倾向：他呈献给我们一系列概念来定义为什么资本主义把它自身的历史和地理连接在一起。

大卫·哈维的主要观点是资本主义并不是简单的一个历史和地理的变化，相反，在他看来，资本主义是一个“所有都坠入其中（all the way down）”的空间性—时间性。他解读资本主义是完全以马克思的方法为依据的，对于非马克思主义者而言，他的历史地理唯物主义至少是对资本主义面貌的理解性解读的建议。在他这里，空间不再仅仅是一个物质存在，相应地它还具备了文

化、政治、心理等诸多意象。空间的构造、体验极大地重塑了个体生活和社会关系。

大卫·哈维主要借助空间从三个方面实现了对资本主义的解读。

第一,经济性。“我在这里只是要声明,关于空间和时间的新心理概念和物质实践的结构,是资本主义作为一种特殊的社会经济学体系兴起的基础。”①他还认为,“空间关系和全球空间经济的建构和再建构,正如亨利·列斐伏尔(Henri Lefebvre,1974)敏锐地指出的那样,是资本主义能够存活到20世纪的主要手段之一。”②

第二,文化性。文化是人类生活的反映,活动的记录,历史的沉淀,是人们对生活的需要和要求、理想和愿望,是人们的高级精神生活。关于文化较为确切的定义是人类学之父英国人类学家E.B.泰勒给出,他在《原始文化》一书“关于文化的科学”一章中说:“文化或文明,就其广泛的民族学意义来讲,是一复合整体,包括知识、信仰、艺术、道德、法律、习俗以及作为一个社会成员的人所习得的其他一切能力和习惯。”现代文化地理学认为,“自然景观的变化体现在文化产品中”③。空间可以很好地表现当代资本主义文化的主要特征,尤其是“时空压缩”对后现代主义所言说的碎片化、差异、毁灭的深入诠释。大卫·哈维认为,有必要认真清算一下这种文化形态的历史状况。与其他人对后现代主义的理解方式不同,他选取了地理学想象的视角,把这种资本主义的文化模式纳入一种空间和社会运作中去。他把这种历史状况称为“一种剧烈变化”,“与我们体验空间和时间新的主导方式的出现有着密切关系”④。

第三,政治性。全球化把世界压缩在一个村子里,我们的身份也因此发生了根本变化,我们究竟是谁?我们属于哪个空间/地方?我们是世界的公民还是国家的或地方的公民。因此,“坚持某种时空观是一个政治决定”⑤。正是基于以上,对当下的资本主义的历史地理学达成一致看法才格外重要。

① 孙逊、杨剑龙主编:《都市空间与文化想象》,上海三联书店2008年版,第12页。
② 孙逊、杨剑龙主编:《都市空间与文化想象》,上海三联书店2008年版,第13页。
③ [美]理查德·皮特:《现代地理学思想》,周尚意等译,商务印书馆2007年版,第19页。
④ [美]戴维·哈维:《后现代的状况》,阎嘉译,商务印书馆2004年版,第1页。
⑤ 孙逊、杨剑龙主编:《都市空间与文化想象》,上海三联书店2008年版,第23页。

总之，大卫・哈维以其独特的“历史地理唯物主义”视角，为分析当代资本主义作出了重要的理论贡献，他不仅成为马克思主义空间研究最杰出的代表，而且为“现代性”“全球化”“后现代主义”“文化研究”等多个论域提供了重要的理论资源，并成为占据这些论域的重要左派旗手。同时，他全面地发展了马克思思想中暗含的部分，这是对马克思主义哲学在新形势下的重新解读，与此同时，借助空间理论深入分析资本主义世界中人的生存境遇，明暗两条线索共同交织构成了异常丰富的空间正义理论。

质言之，大卫・哈维的空间正义理论充分考量了空间的本体论、方法论意义，将其作为一种新的思维范式，实现对马克思主义哲学的重建和对资本主义社会的再认识，这也是他空间正义理论的一体两翼。

第四章　经济纬度中空间正义问题

在新自由主义指导下的金融自由化，驱使巨额的金融资本流向投机性的虚拟交易，给所有国家带来难以承受的系统性金融风险。也正因为这些投机交易导致的剧烈价格波动与不时制造的金融危机，实体经济受到巨大的扭曲与干扰，各国的弱势经济群体更是最大的受害者。

——朱汉云《全球化的裂解与再融合》

当代社会空间中充满了政治与特权、意识形态与文化冲突、乌托邦的理想与异托邦的压抑、正义与不正义、压抑的力量与解放的可能性。由此开启的"空间转向"，不仅挑战了历史想象对地理想象的持续特权，而且对正义和资本等概念进行了重新界定。本章节主要讨论资本与空间正义的关系。

大卫·哈维在完成《社会正义与城市》这部关键性的著作之后漫长的十年里把全部精力都投入到《资本的限度》一书的创作中。他认为，要想真正地理解马克思就必须认真阅读《资本论》。包括阿尔都塞也这样说过：马克思的哲学主要体现在《资本论》中，只有在《资本论》中，才可以读到马克思真正的哲学。① 然而，在西方马克思主义内部，自卢卡奇以来，包括萨特、阿尔都塞等人，都不把经济作为其理论关注的核心，而是更多地关注哲学、文化、美学、意识形态等问题。不可否认，西方马克思主义这种"主题的创新"对于理解马克

① 参见[法]路易·阿尔都塞、艾蒂安·巴里巴尔：《读〈资本论〉》，李其庆、冯文光译，中央编译出版社 2008 年版，第 19 页。

思主义的多种可能性是具有积极意义的，但是，忽视经济、忽视资本也就泯灭了马克思对资本主义社会的透彻分析。

大卫·哈维在《资本的限度》里，回应了西方马克思主义内部对资本、经济问题的误解；同时，这部著作“也构成了其后来研究的基础”①。2010年前后，他出版了《资本之谜》、《跟大卫·哈维读〈资本论〉》（第一卷）、《跟大卫·哈维读〈资本论〉》（第二卷）、《十七条矛盾与资本主义的终结》等著作，对发生在当下的经济危机，资本运行背后的规律进行了深入分析和研究。尤其是在《资本之谜》中，他通过对资本主义的本质及其运作方式，以及周期性失灵的原因进行探讨，指出经济危机是资本主义不可避免的，也是不可或缺的，同时研究应如何尽量避免经济危机，呼吁建立一个公平、负责任、人性化和可持续的新的社会秩序。也正是透过对资本问题的分析，才能真正看到哈维他所想要表达的一种人类解放的情结。

第一节 “资本”发展史中的正义问题

经济学维度是马克思哲学的核心内容。无论是《1844年经济学哲学手稿》《哲学的贫困》，还是《1857~1858年经济学手稿》《资本论》都体现了马克思把经济纳入哲学的一种倾向，这也从另一个侧面说明了经济在资本主义生活中的重要地位。

最早的“资本”具体指“资金”“存款”“款项”等含义，但它真正具有了社会属性是与资本主义社会的发展密不可分的。具体而言，资本是人类创造物质和精神财富的各种社会经济资源的总称，包含一切投入再生产过程的有形资本、无形资本、金融资本和人力资本等。资本主义社会的诞生意味着资本的诞生。资本的生成是在资本主义自身发展中进行的，“资本”本身没有属性，但是“资本”在运行的过程中，具备了社会属性，因此它存在着正义与非正义

① David Harvey, *Spaces of Capital: Towards to Critical Geography*, Edinburgh: Edinburgh University Press and New Yorl: Routledge, 2001, p.10.

的问题。

一、资本的原初状态

“资本”最早出现在古典经济学这里。古典经济学是由亚当·斯密在1776年开创的，主要追随者包括大卫·李嘉图、托马斯·马尔萨斯和约翰·穆勒。一般说来，该学派相信经济规律（特别如个人利益、竞争）决定着价格和要素报酬，并且相信价格体系是最好的资源配置办法。

在古典经济学中，对资本的理解主要停留在资本“生物性”上，当然这与当时的生产力状况、阶级状况、社会环境相关。马克思称这一时期的理论为庸俗经济学，也是针对这种“生物性”而言的。这一时期，对“资本”的理解是直观的、直接的，通过分析资本的流通形式，认为资本的增值、财富的增加是由资本的流通实现的，忽视了资本的生产过程，忽视资本在生产过程中的财富创造。例如李嘉图对资本的分析过程。他首先将资本理解为生产资料。“即使是在亚当·斯密所说的那种早期状态中，虽然资本可能是由猎人自己制造和积累的，但他总是要有一些资本才能捕猎鸟兽。没有某种武器，就不能捕猎海狸和野鹿。”①不可否认，生产资料属于资本，它是资本的物质属性，但并不能把资本等同于生产资料。资本虽然是物，但其本质上是一种社会关系。只有在资本主义的社会关系中，生产资料用作剥削时，才能成为资本。其次，他重新理解了资本在劳动价值过程的作用，认为只有工人的直接劳动才能创造新的价值，生产资料不能直接创造价值，只是把附着在其上的原有价值转移到新的产品上。这一观念深深地影响了之后的大多数理论家，包括马克思和大卫·哈维。他们都对资本的转移进行了详细的论述。再次，资本的构成。李嘉图根据资本的耐久程度，或者说资本的使用时间的长度把资本分为固定资本和流动资本两个部分。固定资本主要是由劳动手段和劳动工具构成，流动资本则由工资构成。他的这种划分并没有考虑到可变资本和不变资本，只是

① ［英］李嘉图：《政治经济学及赋税原理》，郭大力、王亚南译，商务印书馆1962年版，第17—18页。

从一个角度分析资本的划分问题。

古典经济学时期关于资本的分析从经验和直观角度出发，充分论述了资本在运行中的表现形式，展示了资本作为物的属性，对之后的资本分析产生了深远影响，尤其是马克思，他的资本理论是建立在古典经济学的论述和表达上的。然而，这一时期的资本理论并没有表明资本的真正属性，也就是资本的社会属性。马克思曾经指出："英国古典政治经济学是属于阶级斗争不发展的时期的。它的最后的伟大的代表李嘉图，终于有意识地把阶级利益的对立、工资和利润的对立、利润和地租的对立当做他的研究的出发点，因为他天真地把这种对立看做社会的自然规律。这样，资产阶级的经济科学也就达到了它的不可逾越的界限。"①

因此，这一时期，在古典经济学这里，对资本的理解，还属于直观阶段，还没有上升到价值层面，还没有与空间完全结合起来。

二、马克思政治经济学中的"资本"

大工业发展时期，资本主义国家为满足自身掠夺原料、加速资本增值的贪婪欲望，通过打开外部市场来缓解国内频发的经济危机，在竞争和逐利心态驱动下，资本空间逐步向外扩张，企图"以时间消灭空间"，建立起自己的殖民地。

一是资本主义经济危机频发成为资本空间扩张的现实必然性。"资本按其本性来说，力求超越一切空间界限。"②资本追逐利润的无限性与资本主义生产空间本身的有限性相矛盾，资本主义生产过剩与国内市场消费不足相矛盾，资本主义弹性扩张但必定是有限度的，当这一弹性达到在本国空间能够容纳的极限值时就引发了资本主义经济危机，譬如1847年的工商业危机等。诚然资本增殖作为资本主义的永恒追求，通过向外空间扩张以扩大市场成为了缓解国内经济危机的必然举措，每一次危机的出现都是资本空间扩张的展现，

① 《马克思恩格斯文集》第5卷，人民出版社2009年版，第16页。

② 《马克思恩格斯全集》第30卷，人民出版社1995年版，第521页。

它渐渐将全球作为自己的市场以实现生产产品的输出,缓解国内生产过剩与消费不足、存储空间不足的症候。正如马克思恩格斯在《共产党宣言》(以下简称"《宣言》")中所讲,"不断扩大产品销路的需要,驱使资产阶级奔走于全球各地。它必须到处落户,到处开发,到处建立联系。资产阶级,由于开拓了世界市场,使一切国家的生产和消费都成为世界性的了。"①

资本主义生产力的发展为资本空间扩张提供了扎实物质基础。生产力的高度发展推动着机器大工业和交通运输业的发展,为资本空间扩张提供了器物基础。正如马克思所言:"机器产品的便宜和交通运输业的变革是夺取国外市场的武器。机器生产摧毁国外市场的手工业产品,迫使这些市场变成它的原料产地"②,而大规模的铁路建设和远洋航运事业的发展成为资本扩张、世界市场、机器制造的原生动力,"它们事实上创造了以前只是潜在的世界市场"③;同时生产力的发展驱使资本主义大工业开拓更多、更大的新市场,因为"现代大工业只有在经常扩大,经常夺取新市场的条件下才能存在。大量生产的无限可能性、机器的不断发展和完善以及由此而引起的资本和劳动力的不断挤压,迫使现代大工业非这样不可。在这里,任何停滞都只是破产的开始"④,必须持续扩大是资本主义生产存在的基础,因此,资本从降临之际就内蕴着扩张性。

资本主义竞争与逐利的特性为资本空间扩张提供了精神驱动。对于财富利益的极限追求和剩余价值的无限渴求,驱使着资产阶级社会建立起世界市场,以使资本主义空间生产攫取更为便宜的原材料,于是,资本主义空间扩张变得"理所当然"。对此,马克思恩格斯以加利福尼亚发现了丰富的金矿为例,"从发现加利福尼亚金矿到现在,仅仅过了18个月,美国佬就已经着手修建铁路、宽阔的国家公路,开凿以墨西哥湾为起点的运河;从纽约到查格雷斯,从巴拿马到圣弗朗西斯科已经有轮船定期航班;太平洋的贸易已经集中在巴

① 《马克思恩格斯文集》第2卷,人民出版社2009年版,第35页。

② 《马克思恩格斯文集》第5卷,人民出版社2009年版,第519页。

③ 《马克思恩格斯文集》第1卷,人民出版社2009年版,第367页。

④ 《马克思恩格斯全集》第10卷,人民出版社1998年版,第304页。

拿马,绕道合恩角的航线已经过时”①;加利福尼亚丰富的矿藏引发了欧洲与美洲的移民热潮,“一条跨越30个纬度的海岸是世界上最美丽最富饶的海岸之一,以前几乎荒无人迹,现在正迅速地变成一个富足的文明区域,这里稠密地居住着一切种族的人;从美国佬到华人,从黑人到印第安人和马来人,从克里奥尔人和梅斯蒂索人到欧洲人”②;加利福尼亚丰富的矿藏促使资本世界市场的扩大化。“加利福尼亚丰富的矿藏对世界市场上的资本起了推动作用,使整个美国西海岸和亚洲东海岸都活跃起来,使加利福尼亚和所有受加利福尼亚影响的国家形成新的销售市场。”③

二是“资本主义愈发达,原料愈感缺乏,竞争和追逐全世界原料产地的斗争愈尖锐,抢占殖民地的斗争也就愈激烈”④,为了满足资本增殖的需要,资本空间扩张不断推进,然这一推进不是采用和平交往的方式,而是采用更为粗暴的方式,诸如战争、殖民扩张、强制贸易的霸权主义手段。

资本主义国家采用战争的方式以拓宽攫取利益的手段。一方面,资本主义国家内部的斗争扩大化。“斗争不仅爆发于地方的各个生产者之间;地方性的斗争又发展为全国性的,发展为17世纪和18世纪的商业战争”⑤,以争取同印度和美洲通商的霸权和殖民地市场,从英荷战争到英法战争再到18世纪末英国在世界市场的“一枝独秀”都是经过一系列资本国家内部战争实现空间扩张。另一方面,资本主义国家对外实行的斗争扩大化,特别是在工业革命中脱颖而出的英国。“英国的战舰割断英国在工业上的竞争者同他们各自的殖民市场之间的联系达20多年之久,同时又用武力为英国贸易打开了这些市场。南美各殖民地脱离了它们的欧洲宗主国,英国侵占了法国和荷兰的所有重要的殖民地,印度被逐渐征服——这就把所有这些广大地区的居民变成了英国商品的消费者。”⑥在当时,武力征服的方式成为了资本空间扩张的基

① 《马克思恩格斯全集》第10卷,人民出版社1998年版,第275页。

② 《马克思恩格斯全集》第10卷,人民出版社1998年版,第275—276页。

③ 《马克思恩格斯全集》第10卷,人民出版社1998年版,第590页。

④ 《列宁选集》第2卷,人民出版社2012年版,第645页。

⑤ 《马克思恩格斯文集》第3卷,人民出版社2009年版,第553页。

⑥ 《马克思恩格斯文集》第4卷,人民出版社2009年版,第334页。

本手段，侵占外国领土以实现更多的资本增殖亦成为了资本主义的牟利方式，“殖民地为迅速产生的工场手工业保证了销售市场以及由市场垄断所引起的成倍积累。在欧洲以外直接靠掠夺、奴役和杀人越货而夺得的财宝，源源流入宗主国，在这里转化为资本”①。

资本主义试图构建系统的殖民体系，从经济和“文明重建”层面实现资本空间扩张，还通过殖民扩张进行劳动力移民，建立自己的劳动力市场。资本主义机器大工业的发展出现了工人过剩的现象，资本主义对于这一问题的解决是通过殖民扩张实现的。马克思指出，工人过剩“大大促进了国外移民和外国的殖民地化，而这些外国变成宗主国的原料产地，例如澳大利亚就变成羊毛产地。一种与机器生产中心相适应的新的国际分工产生了，它使地球的一部分转变为主要从事农业的生产地区，以服务于另一部分主要从事工业的生产地区”②，这一新的分工出现加剧了两极分化与区域发展不平衡现象，同时如马克思所言，他们试图“从欧洲把穷人输入到殖民地来，为资本家老爷充实雇佣劳动市场”③。资本主义将过剩工人向殖民地迁移，当作是建立全球性的劳动力市场的主要方式；资本主义在殖民地试图重建“文明”，将欧洲式文明强制嫁接到他国，实现资本主义的同质化。“当我们把目光从资产阶级文明的故乡转向殖民地的时候，资产阶级文明的极端伪善和它的野蛮本性就赤裸裸地呈现在我们面前，它在故乡还装出一副体面的样子，而在殖民地它就丝毫不加掩饰了。”④在中国，诚然英国资产阶级的坚船利炮使得“天朝帝国万世长存的迷信破了产，野蛮的、闭关自守的、与文明世界隔绝的状态被打破”⑤，但鸦片的输入使得中国千万民众迷了心智、精神堕落；在印度，英国资产阶级“破坏了本地的公社，摧毁了本地的工业，夷平了本地社会中伟大和崇高的一切，从而毁灭了印度的文明”⑥。伴随着资本空间扩张的不断深化，就“连刚果河沿岸的黑人也要被迫接受曼彻斯特的印花布、斯塔福德郡的陶器和伯明翰的

① 《马克思恩格斯文集》第5卷，人民出版社2009年版，第864页。
② 《马克思恩格斯文集》第5卷，人民出版社2009年版，第519—520页。
③ 《马克思恩格斯文集》第5卷，人民出版社2009年版，第885页。
④ 《马克思恩格斯文集》第2卷，人民出版社2009年版，第690页。
⑤ 《马克思恩格斯文集》第2卷，人民出版社2009年版，第608页。
⑥ 《马克思恩格斯文集》第2卷，人民出版社2009年版，第686页。

金属制品这种形式的文明了”①。

三是在马克思所处的时代，世界市场虽未被资本主义完全侵占，但已日趋狭窄，这种日趋狭窄的空间扩张使资本主义处于一种危机四伏的现实境遇中，马克思看到了其中激化的矛盾、潜在的危机，以及未来理想空间的曙光。

世界市场日趋狭窄使得资本主义生产力无限扩张与空间有限的矛盾激化，资本主义经济危机相较于扩张之前更频发，“因为随着产品总量的增加，亦即随着对扩大市场需要的增长，世界市场变得日益狭窄了，剩下可供榨取的新市场日益减少了，因为先前发生的每一次危机都把一些迄今未被占领的市场或只是在很小的程度上被商业榨取过的市场卷入了世界贸易”②，依靠不断扩大为基础的资本主义生产因缺乏市场的扩大而贸易骤减，“生产力按几何级数增长，而市场最多也只是按算术级数扩大”③。于是，整个资本主义工业体系的运转或将趋于缓慢甚至停滞。

世界历史体系的建立使得资本空间扩张遭受到了反噬。这或将证明黑格尔所提出的“两极相联”的规律，“中国革命将火星抛到现今工业体系这个火药装得足而又足的地雷上，把酝酿已久的普遍危机引爆，这个普遍危机一扩展到国外，紧接而来的将是欧洲大陆的政治革命。这将是一个奇观：当西方列强用英、法、美等国的军舰把‘秩序’送到上海、南京和运河口的时候，中国却把动乱送往西方世界。”④各国列强对于他国加紧干涉和资本输出的扩张只会适得其反，使得本国的商业趋于停滞，商业危机和金融危机日益浮现，出现了这样一种社会现象：“英国工厂空前扩充，而官方政党都已完全衰朽瓦解；法国的全部国家机器已经变成一个巨大的从事诈骗活动和证券交易的商行；奥地利则处于破产前夕；到处都积怨累累，行将引起人民的报复；反动的列强本身利益互相冲突。”⑤在这种不断加深的危机中，阶级和社会矛盾愈益激化，资本空间动荡不安。

---

① 《马克思恩格斯文集》第1卷，人民出版社2009年版，第376页。

② 《马克思恩格斯文集》第1卷，人民出版社2009年版，第742页。

③ 《马克思恩格斯文集》第5卷，人民出版社2009年版，第34页。

④ 《马克思恩格斯文集》第2卷，人民出版社2009年版，第612页。

⑤ 《马克思恩格斯文集》第2卷，人民出版社2009年版，第614页。

未来空间的美好曙光即共产主义在资本空间危机四伏的境遇之中萌生。"共产主义的产生是由于大工业以及由大工业带来的后果,是由于世界市场的形成,是由于随之而来的不可遏止的竞争,是由于目前已经完全成为世界市场危机的那种日趋严重和日益普遍的商业危机,是由于无产阶级的形成和资本的积聚,是由于由此产生的无产阶级和资产阶级之间的阶级斗争。"①资本主义生产力的高度发展锻造了现代革命者:无产阶级;世界市场的形成使得交往扩大化,地域性的共产主义被取代,随之而建立起的是世界性的共产主义联合;资本主义经济危机不断重演,加剧了资产者和无产者的阶级对立,加剧了殖民地与宗主国的矛盾对立,在"全世界无产者联合起来"的号召之下,无产者反对资产者,殖民地反抗殖民者势必会成为世界历史之大趋势,资本空间扩张势必会日趋衰落,在伟大的社会革命实现后,"人类的进步才会不再像可怕的异教神怪那样,只有用被杀害者的头颅做酒杯才能喝下甜美的酒浆"②的状况也就是资本空间扩张的野蛮行径亦会趋于没落。

可以说,马克思对资本理论的分析是一种历史的分析,他强调资本主义经济危机是一个周期性的过程,虽包含了通过空间转移的方式暂时缓解经济危机的方法,但诚如大卫·哈维所言,马克思的积累理论告诉了我们地理性扩张和集中的必要性,但他并没有告诉我们何时、何地、如何实现地理性扩张和集中③,历史唯物主义更重视对历史变革的研究而忽略了资本主义是如何生产自己的地理学。总之,"马克思经常在自己的作品里接受空间和位置的重要性……【但是】地理的变化被视为具有'不必要的复杂性'而被排除在外。我的结论是,他未能在自己的思想里建立起一种具有系统性和明显地具有地理和空间的观点,这因此破坏了他的政治视野和理论"④。

---

① 《马克思恩格斯文集》第1卷,人民出版社2009年版,第672页。

② 《马克思恩格斯文集》第2卷,人民出版社2009年版,第691页。

③ 参见 David Harvey,"The geography of capitalist accumulation: a reconstruction of the Marxian theory",*Antipode* 7,1975,pp.9-21。

④ [美]爱德华·W.苏贾:《后现代地理学——重申批判社会理论中的空间》,王文斌译,商务印书馆2004年版,第100页。

三、马克思之后的资本理论

在马克思之后，马克思主义理论家对马克思的资本理论都有所发挥。如列宁分析了资本的盘剥，“在资本主义各国的殖民政策下，我们这个行星上无主的土地都被霸占完了”①，资本主义对于世界地理版图的空间扩张已经基本结束，建立现代化的都市空间关系成为资本主义空间占有的新视野。这种以资本和权力为核心的空间关系，展现了空间扩张的资本逻辑，“城市化在吸收剩余资本上发挥了关键作用，而且在不断地扩大其地理范围”②。

列宁将“帝国主义”与资本积累结合在一起。他认为，帝国主义是资本主义发展的最高阶段，具有五大特征：

“（1）生产和资本的集中发展到这样高的程度，以致造成了在经济生活中起决定作用的垄断组织；（2）银行资本和工业资本已经融合起来，在这个‘金融资本的’基础上形成了金融寡头；（3）和商品输出不同的资本输出具有特别重要的意义；（4）瓜分世界的资本家国际垄断同盟已经形成；（5）最大资本主义大国已把世界上的领土瓜分完毕。”③

可以看到，帝国主义就是为划分世界，为了争夺殖民地、争夺经济领土。把世界囊括到资本主义经济体系是资本主义的本质追求，在帝国主义那里，地理扩张是必然发生的。比如，在资本的原始积累阶段，英法两国曾制定了“无主财产”原则，即：未被占有和开发使用的土地可以由那些使它产生丰厚的收益的人合法夺取，这条原则极大地鼓舞了一些英国人、法国人漂洋过海去占有土地。

卢森堡提出了“第三市场”的观点。她认为，随着资本主义市场中需求的饱和，积累无法继续下去，必须找到资本积累的出口，也就是要在市场中寻找有效需求。她认为，有效需求源于非资本主义的经济模式，即“第三市场”，只

① 《列宁选集》第2卷，人民出版社2012年版，第640页。

② ［美］大卫·哈维：《叛逆的城市——从城市权利到城市革命》，叶齐茂、倪晓晖译，商务印书馆2014年版，第23页。

③ ［俄］列宁：《帝国主义是资本主义的最高阶段》，人民出版社2014年版，第87页。

有在这里,才能够实现资本积累的继续。但这也存在着一个问题,即非资本主义市场都变成资本主义市场之后,该如何转移资本。在这里,我们可以看到,卢森堡把空间与资本主义生产方式、危机等结合起来,论证了空间对资本主义扩张的意义。

可以说,这是列宁、卢森堡关于资本主义如何克服经济危机的一种尝试。“尽管列宁和卢森堡出于完全不同的原因,并利用了完全不同的论述形式,但他们都认为帝国主义——一种特定的全球空间生产和利用的方式——是这一谜语的答案。”①他们的这些观点中已经包含了空间的含义,但是他们关于资本主义地理扩张的问题仅是一种简单认识。这是因为长久以来,空间被认为是从属于时间的,不是主词,是次级意义上的,但这并不是说空间不重要,而是重要性被忽视了。

直到20世纪60年代,空间才被理论家们重新提及,并在社会科学理论中引发了一场“空间转向”。当然,转移到空间上并不是偶然的现象,而是现实和理论发展的必然。的确,在马克思所处的时代,资本主义的发展仍处在以自由竞争为特征的资本主义时期,马克思分析了“自由竞争产生生产集中,而生产集中发展到一定阶段就导致垄断”的发展趋势,而现今垄断已然成为了现实,资本主义也俨然成为垄断资本主义。在新自由主义思潮影响下,借助于全球化和科技的发展,当代资本主义实现了新的空间扩张,相较于马克思分析的资本空间扩张,这一扩张披上了“文明”的外衣,在权力的遮盖之下更具隐蔽性。在列斐伏尔看来,政治化的空间已然成为资本主义权力的角逐场域,新资本主义社会是一个“抽象的空间”,一个“矛盾的空间”。② 以此为基点出发,西方马克思主义者分析了当代资本空间扩张的新转向。其中大卫·哈维的观点是极具独特性的,他把马克思主义与空间在资本的逻辑中巧妙地结合在一起,实现了对马克思主义的重新阐释和再发展。像列斐伏尔一样,大卫·哈维

① [英]大卫·哈维:《新帝国主义》,初立忠、沈晓雷译,社会科学文献出版社2009年版,第72页。

② 刘怀玉:《现代性的平庸与神奇——列斐伏尔日常生活批判哲学的文本学解读》,中央编译出版社2006年版,第242页。

因把空间整合到马克思主义政治经济学中而备受赞誉。①

第二节　“资本”运行过程中的空间正义问题

20世纪70年代，伴随着马克思主义地理学的兴起，大卫·哈维的影响力也越来越大，逐渐跨越了地理学范围，延伸至整个人文社会科学。自1971年起，大卫·哈维开始了对马克思《资本论》的深度研读，并得出结论：一是马克思对资本主义生产方式的分析是一种空间分析（当然，马克思本人并没有意识到）。他揭示出资本、阶级等都是一个过程、一种构造，因此，必须从资本积累的动力机制来理解资本主义的空间过程。他借助空间来研究财富、劳动、货币和价值问题。二是必须把物质生产本身当作一般范畴来考察。在这一点上，大卫·哈维认为，恩格斯把物质当作马克思主义哲学的中心范畴失之偏颇，它是一定的历史形式，只有根据生产关系的一定的历史结构才能够理解。相反，必须把资本积累作为核心范畴加以考察，因为，资本主义的逻辑是资本运作的逻辑，全部资本主义的历史是资本的历史。

具体来说，在信息和资本全球化的时代背景下，资本在全球扩张的样态已经由最初的“时间压缩”为主导而逐步转向以“空间扩张”为主导。因此，在对资本主义进行分析时，大卫·哈维把焦点对准了空间和资本，把空间这个缺失的环节镶嵌到马克思的理论中去。当然，这里还需要指出一个概念就是“资本”，可以说，哈维理解的“资本”是通过“空间”展开的，他看到了资本所具有的价值属性和社会属性。

一、剥削从未停止

1975年，大卫·哈维发表了题为《资本主义积累的地理学：马克思理论的重建》的文章。在此文中，他明确指出，在资本主义生产方式中，马克思的积

① 参见 Noel Castree，“The Spatial-temporality of Capitalism”，*Time Society*，18，2009，p.28。

累理论的空间维度一直被人们所忽视,这主要是因为马克思对于这一问题的思考是零星的和粗略的,但是仔细阅读马克思的著作会发现,马克思认为资本积累是在地域中发生的,并随之产生了特定的地理结构。马克思进而提出了区位理论,证明了经济增长过程与空间结构结合在一起的可能性。[①] 大卫·哈维从积累理论、运输关系和空间一体化、对外贸易、帝国主义理论、资本积累五个层面阐释了积累理论与空间结构之间的关系,阐述了资本主义只是借助空间进行了变形,但剥削从未停止。

1. 积累理论。提出资本积累的问题就在于透过此,他看到了资本主义系统里各种危机——长期的失业和低就业率、资本剩余和缺乏投资机会、利润率下降、市场上缺乏有效需求等——都可以归结为过度积累。在他看来,马克思的资本积累理论的核心是资本的积累,这是经济增长的动力,不断地、持续地重塑着我们的生活世界。“积累是推动资本主义生产方式成长的引擎。”[②]但是资本积累却与资本主义的生产方式矛盾重重,频繁爆发的经济危机就是最好的证明。在哈维看来正是因为剩余劳动力的存在,市场上有必要数量的生产资料,有市场可以吸收生产出来的数量渐增的商品,这些因素可能会阻碍积累的进展,可能会导致经济危机。但这并不是说,经济危机就是资本主义的灾难,恰恰相反,经济危机具有一个重要功能——使资本主义经济发展朝着有序化和合理化运行,它是资本进一步积累的可能。每一次的经济危机,都伴随着经济的重组、技术的革新、财富的集中,这把积累过程转移到了一个更高的平台上。“第一,资本渗透到了新的领域;第二,创造了新的社会需要;第三,使人口增长速度与长期积累相协调;第四,从地理学视角,扩大了新的领域,增加了对外贸易,扩大了出口,朝着世界市场发展”[③]。在这四项中,最后一项强调资本积累必然使空间有序化和集中化,这也是资本积累最为重要的一个后果。

2. 运输关系和空间一体化。大卫·哈维考察了在资本流通中,资本积累

① 参见 David Harvey, *Spaces of Capital*: *Towards a Critical Geography*, Edinburgh: Edinburgh University Press and New Yorl: Routledge, 2001, p.237。

② David Harvey, *Spaces of Capital*: *Towards a Critical Geography*, Edinburgh: Edinburgh University Press and New Yorl: Routledge, 2001, p.237.

③ David Harvey, *Spaces of Capital*: *Towards a Critical Geography*, Edinburgh: Edinburgh University Press and New Yorl: Routledge, 2001, pp.241-242.

与空间结构之间的关系。承载流通的重要环节是运输和通信，在资本积累中，运输和通信是必不可少的，资本积累蕴含着克服空间障碍的需要。如何能够克服空间障碍，最直接的方式就是通过运输和通信。"工农业生产方式的革命，尤其使社会生产过程的一般条件即交通运输工具的革命成为必要。"因此，它们"逐渐地靠内河轮船、铁路、远洋轮船和电报的体系而适应了大工业的生产方式"①。资本的特性是这样的，这也是资本积累的本质，"资本一方面要力求摧毁交往即交换的一切地方限制，征服整个地球作为它的市场，另一方面它又力求用时间去消灭空间……资本越发展，从而资本借以流通的市场，构成资本流通空间道路的市场越扩大，资本同时也就越是力求在空间上更加扩大市场，力求用时间去更多地消灭空间"②。于是，资本积累被限制在了空间范围内来讨论，生产过程依赖于交通工具和通信手段。生产可以更自由地在地域中展开，不再过度依赖于特殊环境和位置。但是，大卫・哈维认为，这却最终阻碍了资本积累的进一步进行。具体说，运输和通信属于固定资本，它们的建立不仅需要大量的资金，同时还需要一定的空间，并会形成特殊的地理景观，来促进资本的不断积累，但这恰恰也变成了资本积累的牢笼，从另一个层面限制了积累。资本主义的发展不得不在保存过去资本所创造的景观和摧毁这些建筑来创造新的空间之间做出艰难的抉择。

3. 对外贸易。在大卫・哈维看来，在马克思那里，对外贸易是一个历史性概念，它被描述成资本主义生产方式的一个属性和资本主义社会形态研究的历史现象。对外贸易是资本积累的前提和市场扩张的结果。他在阅读马克思的著作中注意到，对外贸易所带来地理位置、空间的变动。资本积累的实现必须通过扩张才能逃脱自身的矛盾。这种扩张既包含自身的强化（社会需求、人口总量等），也包含地域扩张。

4. 帝国主义理论。如果资本主义要继续存在，就必须产生和创造新的空间。最为极端的方式就是殖民扩张，政治上的表现形式就是帝国主义，当然对于这一问题，在大卫・哈维那里也是通过空间角度考察的。他认为，帝国主义

---

① 《马克思恩格斯文集》第 5 卷，人民出版社 2009 年版，第 441 页。

② 《马克思恩格斯文集》第 8 卷，人民出版社 2009 年版，第 169 页。

是历史的产物,马克思的资本主义生产方式理论显然并没有产生一个历史的、具体的帝国主义理论,但通过前面的分析,资本积累理论和地理规模的重组构成了马克思的帝国主义理论。

5. 资本积累。如果说《资本主义积累的地理学》是浅尝辄止,零星地论述了资本积累与空间之间的关系,论述了"资本积累的分子化过程"①,那么《资本的限度》(*The Limits of Capital*)则是全面而深入地从空间角度重建了马克思主义的资本积累理论。书中,大卫·哈维对马克思主义资本理论的重建是建立在对马克思经济危机理论分析的基础上的,他把经济危机分为三个阶段(three cuts):

第一阶段(the first cut)说明了过度积累如何成为资本主义无法克服的顽疾。资本家通过支付给工人少于他劳动价值的工资获得利润,同时,资本家还通过研发节约劳动力的技术来提高生产率,从而减少劳动力。这些手段加速了资本的积累,使市场上出现越来越多的商品,但是因为工人工资的减少,无力购买这些商品,于是,市场上出现了大量剩余商品,产生过度积累。迟早这种过度积累的趋势会导致现实的危机(商品卖不出去,意味着投资无法收回)。资本创造了更多的资本,但却不创造利润。"一方面,资本不断要求降低劳动力成本,而另一方面则需要不断扩大消费,这就要求人们有足够的购买能力,这两者之间存在着不可克服的矛盾。这也是资本主义不能解决的众多矛盾之一。但总的来说,全球资本从不平衡的发展中获益,至少,在短期内如此"②。

第二阶段(the second cut)是一个补救阶段,可以暂时性地消解过度积累,即通过金融、信贷,投资等手段来缓解积累中断所带来的崩溃。因为金融和信贷是积累必要资源实现大规模购买的重要机构,并且投资与收益之间存在一个缓慢过程,这就成功通过剩余资本在信用系统中寻找到一个修复方式来缓解第一阶段的情况。但大卫·哈维认为这种方式是潜在的和虚假的,并不能

---

① [英]大卫·哈维:《新帝国主义》,初立忠、沈晓雷译,社会科学文献出版社2009年版,第74页。

② [加]埃伦·M.伍德:《资本的帝国》,王恒杰、宋兴无译,上海译文出版社2006年版,第102页。

从根本上改变危机状况，比如一些旧厂房实际上成为了进一步发展的空间障碍。

第三阶段(the third cut)是通过空间修复的方式缓解危机，即使资本从获利较少的地区流向获利较多的地区，这就从空间上缓解了过度积累和货币贬值。这一阶段真正延缓了危机，因为只有通过空间的方式才能从根本上来延缓危机的发生。“通过入侵新领土的地理扩张和空间关系的全新建构，来吸收剩余资本(有时是劳动力)。”①在大卫·哈维看来，真正解决经济危机的是第三阶段。具体说，通过从空间上转移实现对危机的解决。在这里，他提出了四种空间方法：第一种，土地市场。它有助于改造建筑环境并使它变得具有灵活性，通过直接投资土地达到“最好和最高”的使用。对固定资产的投资和建筑环境的投资源于经济危机。这种类型的投资是劳动力密集型的，需要大量资金和较长的周转时间，这能够极大程度上缓解过度积累的产生。第二种，地理学角度划分生产位置和消费位置。生产位置是资本用来投资的位置，消费位置则是产生投资利润创造不确定性并且减缓资本积累的位置，这种空间对利润的阻碍可以通过发展通信技术来加速商品和资本的运动来缓解。第三种，资本主义全球化，也就是通过寻找新的投资市场来缓解过度积累的问题。第四种，领土管理组织。这有利于缓解当地资本积累，这是从空间角度延长资本的运行。

某种程度上说，经济危机时期是一个“时空修复的时期”。“时空修复”，简单的解释就是：特定地点因为过度积累产生了劳动盈余和资本盈余，需要通过时间和空间两种方式来解决这种过度积累的危机。总之，过度积累诱使资本家通过“时空修复”来销毁过时的固定资本和超额资本，来投资建成未来生产的新环境。《资本的限度》是要表达资本主义生产条件下存在着一个界限，“这不是一般生产的限制，而是以资本为基础的生产界限”，或者更直接地说，“资本生产的真正限制是资本本身”。大卫·哈维的总体含义是指整个资本主义的生产、交换、分配、消费是一个整体，构成了一个完整的空间构型，它包

① David Harvey, “Between Space and Time: Reflections on the Geographical Imagination”, *Annals of the Associate of American Geography*, 80(3), 1990, p.425.

含着一个内在的矛盾。正如在《新帝国主义》一书中,大卫·哈维指出:"空间关系的生产和重新配置即使没有为资本主义危机提供一种潜在的解决方法的话,至少也推迟了危机的产生"①。

大卫·哈维肯定了经济危机的作用,认为这是使资本主义世界从非理性状态走向理性的轨道,"它们引导资本主义经济体重新进行自我定位,找到新的发展模式、新的投资领域和阶级权力的新形态"②。这里他再一次肯定地认为,正是经济危机引起了空间的变动。资本要想实现资本积累,就必须回应资本主义的经济危机,具体来说就是克服六个方面的障碍:原始资本不足、劳动力供给不足、生产资料包括所谓的"自然资源"的稀缺、不合时宜的生产和组织形式、生产过程的无效率、市场上资金支持的有效需求不足。这六个方面任何一个出现问题都会导致经济危机。来举一个例子,比如劳动力供给不足,通常都会选择鼓励移民和研制劳动节约型的技术。还有一种方法就是资本移向劳动力发达和劳动力成本低廉的国家,这些都意味着资本的积累必须仰仗空间上的变化。再比如信贷市场的发展也是回应资本危机的表现。这些某种意义上正在影响着世界格局的变化。因此,空间与资本的发展密切相关。我们可以看到,后期尤其是在《资本之谜》一书中,哈维对空间与资本积累的关系处理上、分析上已经从纯粹的理论研究走向实践层面,这样他就创造性地重建了马克思主义理论,实现了对马克思主义的当代解释。

二、差异从未消除

在《资本论》中,马克思把商品看作是价值、使用价值、交换价值的物质体现。对于这三种商品的表现形式,他更为注重价值,认为价值是社会关系的产物,使用价值是自然之物,具体体现为物的有用性。"商品的神秘性不是来源于商品的使用价值",而是源于价值。

大卫·哈维则更为看重使用价值,在《资本的限度》一书中,他指出,空间

① [英]大卫·哈维:《新帝国主义》,初立忠、沈晓雷译,社会科学文献出版社 2009 年版,第 73 页。

② [美]大卫·哈维:《资本之谜》,陈静译,电子工业出版社 2011 年版,第 12 页。

是全部使用价值的属性。“使用价值对于资本主义条件下社会再生产的必要性在于，它在根本上被作为资本循环过程中的商品，而资本循环则把交换价值的增值作为自己的最初目标”，他强调道：“使用价值是由现代生产关系塑造的，并反过来改变这些关系”。按照他的理解，使用价值是被生产出来的，这是为何？可以说，这是大卫·哈维空间理论的内在需求。他的分析首先要面对的是场所等物的东西，它们属于马克思所说的固定资本。当然，对于固定资本，马克思说：“固定资本，本来意义的被固定起来的资本，它固定在各种规定性中的某一种规定性上，固定在它必须通过的各个阶段中的某一阶段上。”①

大卫·哈维从价值转向使用价值最重要的原因是由空间本身的生产决定的，这一观点深受列斐伏尔的影响。列斐伏尔认为，当代资本主义社会正在从物的生产转变为“空间的生产”，重视空间生产对当代社会的作用。他在《空间：社会产物与使用价值》一文中指出，空间的生产主要表现在“具有一定历史性的城市的急速扩张、社会的普遍都市化，以及空间性组织的问题等方面”，这是由“生产力自身的成长，以及知识在物质生产中的直接介入”②造成的。资本主义快速和高度发展的最后一个状态就是“空间本身”的生产，每一个社会，每一种生产模式，每一种特定的生产关系都会生产出自身独特的空间，“现代经济的规划倾向于成为空间的规划”③。在这里我们可以看到，空间是社会的产物，尝试一种时间-空间-社会的三元辩证法。

总之，在新的全球化时代背景下，资本的扩张采取了一种空间生产的方式。资本的空间化造成了空间生产过程中正义的缺失，而“空间正义”问题也是在研究“空间生产”理论过程中的必然追求。

马克思恩格斯在《德意志意识形态》《共产党宣言》等著作中提出了世界历史的思想，认为随着资本主义生产技术的不断发展，各民族狭隘的民族主义必将汇入世界历史进程。自此，西方马克思主义者运用马克思的世界历史思想，从不同视角、方式、层面展开了对全球化问题的探讨，并提出了独特而新颖的理论。列斐伏尔曾认为，空间的不平等是资本主义积累所必需的；爱德华·

---

① 《马克思恩格斯全集》第31卷，人民出版社1998年版，第7页。

② 薛毅编：《西方都市文化研究读本》第三卷，广西师范大学出版社2008年版，第24页。

③ 薛毅编：《西方都市文化研究读本》第三卷，广西师范大学出版社2008年版，第24页。

苏贾也曾经说过:“资本主义存在本身就是以地理上的不平衡发展的支撑性存在和极其重要的工具性为先决条件的。”①曼德尔则在《晚期资本主义》一书中,分析了地理不平衡发展的重要性。在大卫·哈维看来,不均衡地理发展是非常值得大力研究和关注的概念,它是当今资本主义社会,尤其是全球化以来,各种社会问题产生的根源,同时,不均衡地理发展理论也是他从空间角度构建其政治学的核心内容。

哈维对不均衡地理发展理论的论述集中体现在其著作《全球资本主义的空间:走向一个不均衡地理发展理论》中,主要是针对当今全球空间呈现出的多样化发展而提出的,他旨在回答两个方面的问题:

一方面主要回答:为什么资本主义在马克思之后获得了长足的发展。第二次世界大战后,伴随着科学技术的发展,资本主义并没有按着马克思所预言的那样走向灭亡,相反,其社会出现了“超稳定”的局面。一些理论家,开始叫嚣着“马克思主义过时论”。“在20世纪的大部分时间里,资本主义的未来一直遭到严重质疑。今天的情形完全不同了,因为来自社会主义的挑战已经土崩瓦解。在全世界任何一个做过尝试的地方,社会主义都遭遇了失败并被迅速抛弃。资本主义俨然成为一种真正全球性的现象。”②在这种情况下,哈维认为,有必要从空间角度,通过阐释资本主义社会的不均衡地理发展来回应马克思主义是否已经丧失了生命力这一问题。

在他看来,差异性和多样性在今天的理论中具有重要作用,它承载着打开人类未来可能性的重任。

“公正的地理差异的公正生产”问题是全部争论的焦点。“需要批判地理解生态、文化、经济和社会条件上的差异是如何生产出来的(特别地,通过那些我们大体上能够改变和控制的人类活动),也需要批判地评价这样生产出来的差异之正义或非正义性质。像多数社会主义者那样,我也会依赖平等原则,但这并非简单地意味着抹去各种地理差异(甚至假设在一个包含尼泊尔、

① [美]爱德华·W.苏贾:《后现代地理学——重申批判社会理论中的空间》,王文斌译,商务印书馆2004年版,第162页。

② [英]彼得·桑德斯:《资本主义——一项社会审视》,张浩译,吉林人民出版社2005年版,第1页。

尼加拉瓜、芬兰、意大利、沙特阿拉伯和美国的世界上想抹去那种差异也是可能的)。实际上,平等原则很可能必然包容某种有益的地理差异的增殖(这直接导致解释怎样才算'有益'的问题)。不平衡的地理发展是最值得大力研究和关注的概念。进一步说,任何称职的历史地理唯物主义者都必定承认,在研究'什么是/不是正义'这个问题时,完全不同的社会生态环境暗示着完全不同的回答方法。因此,我采纳的基本论点(我认为在今天多数人将愉快地接受的论点)是,空间和生态差异不仅被'社会-生态和政治-经济的过程'所构造,而且由它们构成。这带来了进一步难题,这种过程由可能用来评价和改变它本身的各种不同的社会正义标准所构成。我的基本目标是提供一套稳定的概念工具,来探究这些关系的公正性,并且探明正义的含义如何反过来得以历史地和地理地建构。同时,我也认为这项工作是沿着马克思主义传统为一种令人信服的历史地理唯物主义寻求基本原则。"①

这是正义问题的核心。这里可以看出,大卫·哈维为何研究正义问题,最根本的是形而上学问题不能解释全部,关键要让理论研究产生价值。他所追求的目的就是如何在差异中实现公正。在阐述这个问题时,我们遇上了马克思本人为我们设定的障碍。众所周知,马克思描述的历史客观规律是一种有差异的个人联合体,在已经同质化的资本主义世界废墟上诞生。然而,这种同质化的资本主义世界并没有出现,相反我们看到的却是资本主义不平衡发展中差异性和多样性的体现。"一方面,空间障碍和地区差异必须被打破。然而,完成这个最终目标的手段却是必须生产出新的地理差异,这些地理差异成为将要被克服的新型空间障碍。资本主义的地理的组织化使这些矛盾内化进价值。"②哈维认为,这是因为马克思对资本潜在力量的低估,对资本三种空间能力评价的不足。一是通过雇佣劳动和市场交换而实现的全面同质化中粉碎、分割及区分的能力;二是吸收、改造过去文化划分的能力;三是制造空间差异从地理政治学上动员的能力。

---

① ［美］大卫·哈维:《正义、自然和差异地理学》,胡大平译,上海人民出版社2010年版,第6—7页。

② David Harvey, *The Limit to Capital*, Oxford: Blackwell and Chicago, IL: University of Chicago Press, 1982, p.417.

他认为,正是资本的这三种空间能力,造成了资本主义世界的不均衡地理发展,并形成了世界市场,在时间和空间上延长了资本积累的过程,缓解了因过度积累而引发的经济危机问题,从而使资本主义继续向前发展。但这并不是说,马克思的预言失败了。在哈维看来,资本主义通过不均衡地理发展只是缓解了经济危机,并没有从根本上消除。只要资本存在,只要资本的本性没有发生改变,马克思的预言终将实现。

另一方面主要回答:当代政治经济命运为何极其多变。当今世界政治经济形势多变,“横越世界经济体内部各空间(各种不同尺度)的当代政治经济命运极度多变”①,尤其是冷战后,两极对峙局面被打破,多级格局形成。但是由于打破了原有的力量平衡,民主、宗教、领土等矛盾日益凸显,霸权主义、恐怖主义威胁世界和平。

要回答这个问题就必须深入地研究不均衡地理发展理论,哈维认为当代最为复杂和最为突显的政治特征就是不均衡地理发展的长期性和永久波动性。正是因为全球资本主义发展表现出不均衡地理发展的特质:技术急剧发展,人员、资金、信息等在全球规模上的高度流动,生产、技术、资本在全球空间的重新布局等,带来了国家发展与政治主题的深刻变化。“推动资本主义发展的全球性和国家性动力、劳动力的国际化分工、国际权力关系的帝国主义体系、围绕着劳资关系的冲突,都使得地理空间之间和社会阶层之间的经济、社会、政治和文化水平的两极分化达到了前所未有的极端程度。”②也正是由于当代社会中不均衡地理发展的事实是客观存在的,于是,在寻求可能性替代性方案时,又为不均衡地理发展创造了机会,从而造成了现代政治经济命运的多变。

哈维认为,这两个问题的存在,需要我们深入而细致地研究和探讨不均衡发展理论,探讨隐藏于资本主义繁荣之后的本来面貌。

对于不均衡地理发展理论,哈维是将其限定在资本主义的运作中讨论,尤

① [美]戴维·哈维:《新自由主义化的空间》,王志宏译,群学出版有限公司 2008 年版,第 65 页。

② [墨]劳尔·德尔瓦多·怀斯:《移民与劳工问题:帝国主义、不平等发展和劳动力被迫转移》,《国外理论动态》2014 年第 4 期。

其是1970年以来的世界范围内的新自由主义运动地图,这样一个运动地图就勾画出此起彼伏的不均衡地理发展。

对于如何更好地阐释不均衡地理发展理论,哈维认为,应该借助两个理论资源:马克思的辩证法思想和空间概念。早在20世纪60年代,大卫·哈维还是一位地理学家,专注于从实证主义角度解释地理学,试图打开地理学更为开阔的领域,《地理学中的解释》就是这一时期的著作。此时,谁也不会想到,他会成为一名坚定的马克思主义者。但是在之后的研究中,大卫·哈维发现了这样一个问题,即哲学的终极问题:真理与价值、理论与实践之间的关系问题。他认为,无论自然科学多么精确地表达真理,它都无回避价值判断,那么选择怎样的一种价值才能够符合当今资本主义社会的现实状况。关于这一问题,他选择了马克思主义。自1971年组织《资本论》阅读小组以来,大卫·哈维始终坚持高举马克思主义旗帜,以空间理论为核心。因此,他的理论深受马克思主义和空间概念的影响,不均衡地理发展理论也不例外。

在大卫·哈维的学术研究中,尤其是从实证主义地理学向人文主义地理学的转型中,他吸收和借鉴了马克思的思想,他将之称为"马克思回归"。在不均衡地理发展理论中,则是对马克思的辩证法的吸收和借鉴。"辩证法,尤其是强调内部关系的那种辩证法,持续不断协商特殊与普遍、抽象与具体之间的关系。"①哈维运用辩证法的方法将抽象与具体,特殊与一般有机结合起来,为其把握问题提供了一个开放与流动的平台。不均衡地理发展理论必须被看作是一个进化的论证结构,具有应对社会日常生活中复杂问题的能力。

对"空间"的重视,与他地理学家的身份有很大的关系。他认为,"大部分社会理论的倾向,不是完全将空间性排除在视野之外,视为不必要的复杂化,就是把它当成只是社会过程发生其中的单纯而不变的容器。"②但他所使用的空间已经不再仅仅是地理学意义上的,而是"掌握空间作为一个关键词的要点,是要辨认出这个概念如何可能更好地整合到既有的社会、文学和文化理论

---

① [美]戴维·哈维:《新自由主义化的空间》,王志宏译,群学出版有限公司2008年版,第71页。

② [美]戴维·哈维:《新自由主义化的空间》,王志宏译,群学出版有限公司2008年版,第71页。

中,以及效果为何"①,以一种更加开阔的视野和深刻的历史底蕴把地理学想象植入到社会理论之中,从而为现代化事业提供一种可靠的方案。空间在哈维看来则是建构不均衡地理发展理论的基础性概念,也是把握资本积累方式的核心概念。他倡导一种研究,即重视空间概念的研究,把空间看作是相关性的和相对性的,而不是社会运动的绝对框架。

因此,不均衡地理发展理论是运用马克思的辩证法,通过空间范畴,阐释资本积累如何实现的过程,具体来说,就是 1970 年以来的,世界范围内的新自由主义的运动地图。

关于不均衡地理发展理论,哈维从四种彼此重叠的解释中,概括出"统一场"理论("unified"field theory)。这四种关于"不均衡地理发展"的解释分别是:历史主义的解释、建构主义的解释、环境主义的解释和地缘政治的解释②。历史主义的观点也就是一种进步主义的观点。它认为,先进社会形态的出现造成不均衡地理发展,如资本主义的出现让其所在的领土、文化通往经济、政治、制度与认知进步之列。落后则源于抗拒或无力赶上以西方为中心的资本主义,这无形中就产生了差异。建构主义认为,剥削行为造成了不均衡地理发展。"由势力最强,投身于对整片疆域与人口及文化的帝国主义、殖民或新殖民剥削的国族国家,凭其政治、军事和地缘政治活动来支持的资本主义剥削性作为,乃是不均地理发展的根源。"③环境主义则把自身环境的差异当作不均衡地理发展的原因,这十分像环境决定论的观点。地缘政治的解释则认为政治和阶级斗争造成了不均衡地理发展。哈维认为,这四种解释都有可取之处,他的不均衡地理发展理论就是在此基础上,通过综合概括形成的"统一"场理论。

对于用"统一"场理论概括的不均衡地理发展理论,哈维提出了四个约束条件。为什么提出这四个约束条件,是希望以简洁的方式便于理解,同时又能

① [美]戴维·哈维:《新自由主义化的空间》,王志宏译,群学出版有限公司 2008 年版,第 124 页。

② 参见:[美]戴维·哈维:《新自由主义化的空间》,王志宏译,群学出版有限公司 2008 年版,第 66—68 页。

③ [美]戴维·哈维:《新自由主义化的空间》,王志宏译,群学出版有限公司 2008 年版,第 66 页。

够涵盖全部内容。这四个约束条件是:资本积累过程中社会-生态生活中的物质嵌入、剥夺性积累、时空中资本积累的特性以及各种地理尺度上的政治、社会与"阶级"斗争。通俗地讲,就是社会系统中的物质、掠夺性积累、时空中资本积累和资本主义地缘政治的影响造成了资本主义的不均衡地理发展。我们可以看到,这四个方面深受历史主义的解释、建构主义的解释、环境主义的解释和地缘政治的解释的影响。

哈维把不均衡地理发展与资本积累过程密切相连,通过资本的积累过程,论述了上述四个条件对不均衡地理发展的影响。第一,资本积累是资本主义活动的核心,其各种物质过程必须配合资本积累的目的,相应地,资本积累也必须适应它的物质条件。不同社会群体会有不同的物质形式,也就产生了不同的资本积累形式,最终塑造着资本主义的不均衡地理发展。第二,掠夺式积累。不难想象,资本总是倾向于向获得最多利润和好的环境流动。资本家阶级的崛起最初并不是仰仗于产生剩余价值,相反而是通过掠夺剩余价值而产生。掠夺式积累是资本主义存活的必要条件。资本主义体系要想实现长久的发展,就必须维持规模庞大的掠夺式积累。于是,通过掠夺而造成的不均衡地理发展,乃是资本主义稳定的必然结果。第三,时空中的资本积累。这一影响因素主要是针对如何解决经济危机的问题,哈维提出了两个办法:时间转移,即把资本和剩余劳动吸收到长期的计划中,比如大型公共工程;第二个是空间修复,也就是将资本和劳动剩余分散或出口到比较有利可图的新空间中去。这两种方法通过市场交换、空间竞争、劳动的地理分工、垄断性的竞争、"时间消灭空间"等过程造成了资本主义的不均衡地理发展。第四,资本主义的地缘政治。这对不均衡地理发展的影响主要体现在处理资本主义的疆域逻辑与资本主义逻辑之间的矛盾。也就是,政治因素和资本的自由地理循环之间的矛盾。所谓疆域逻辑是指疆域上的实体,比如国家为了在自身权利范围内确保利益,所诉诸和运用的政治、外交与军事策略。资本主义逻辑则是指经济势力跨越连续空间,经由生产、贸易、商业、资本流动、货币转移、劳动迁移、技术转移、通信、文化等日常实践,远离疆域实体的方式。这两者之间的矛盾造成了不均衡地理发展。

综上所述,哈维认为,资本主义尤其是新自由主义的扩张版图就是通过不均衡地理发展而存在的，不均衡地理发展理论旨在从空间视角切入，以马克思主义理论为指导分析资本主义发展的不平衡本质，并且将其与空间和地点之间的动态关系联系起来，克服历史唯物主义忽视空间维度的弱点，弥补马克思主义理论的不足，解释资本主义社会的本质。哈维的独特之处在于，洞悉到历史地理学对于全球资本主义经济发展的决定性意义和重要作用，并且在理论实践中将这一理论与现代国际政治形势变化相结合。不能说哈维在此努力建构的不均衡地理发展的“统一场”论以及对空间的理解是毫无瑕疵的，但至少可以说，哈维为我们深入理解今天这个新时代新特点作出了自己的贡献。

正是因为资本的流动性造成了不平衡地理发展，必然会导致地缘政治冲突，甚至有可能破坏国家的统治，因此，发达资本主义国家需要采取行动来控制这种资本的流动性，从而产生了帝国主义行为，在新的时代背景下，被称为“新帝国主义”。

三、“新帝国主义”只是换了名字

对当代资本主义社会问题进行研究和探讨构成了西方马克思主义“资本主义观”的主要内容。的确，与马克思恩格斯生活的时代相比，当代资本主义社会已发生了很大的变化，但有一点没有变，就是掠夺、压迫的本性没有变，但却是以一种更为隐秘的形式追逐着利润，实现着最大化的发展。以美国对伊拉克的军事行动为例，从表面看，是为了维护世界和平，然而实际上，却是打着“反恐”的旗号，实现对中东的控制。在大卫·哈维看来，这些变化带来了一系列的威胁，有必要对其进行深入的研究，他使用“新帝国主义”这一术语来描述当代资本主义社会。

在《新帝国主义》的开篇，大卫·哈维就表明这本书的写作目的是“研究全球资本主义的现状，以及一个‘新生的’帝国主义在其中可能将发挥的作用。我力求从长时段的视角和通过我称之为历史地理唯物主义的镜头来实现上述目的”①。“新帝国主义”是相对于“帝国主义”而言的。早在1902年，英

① ［英］大卫·哈维：《新帝国主义》，初立忠、沈晓雷译，社会科学文献出版社2009年版，第1页。

国经济学家霍布森在其出版的著作《帝国主义》阐述了帝国主义的观点。在1917年，列宁出版的《帝国主义是资本主义的最高阶段》一书中，批判、继承和发展了前人的思想，第一次对作为资本主义特殊阶段的帝国主义展开了系统的马克思主义的理论分析。列宁认为，"如果必须给帝国主义下一个尽量简短的定义，那就应当说，帝国主义是资本主义的垄断阶段。"①在大卫·哈维看来，列宁的帝国主义理论"是历史性的，而列宁使用'帝国主义'一词，是描述资本主义在发展的特定阶段，明确的说是19世纪后期和20世纪初期所呈现的现象形式的一般特征"②。列宁的分析是从历史唯物主义观点出发，"混合了历史分析和来自马克思理论的某些根本洞见"③，总之，帝国主义是"用于解释资本主义社会形态在世界舞台上的历史发展"④。

大卫·哈维提出新帝国主义是基于帝国主义的历史分析，从空间角度再现了当代资本主义政治社会的根本面貌。新帝国主义的最大特征就是运用历史地理唯物主义的分析方法（社会-空间批判方法），以全新的视角回答了当代资本主义社会政治生活所展示出的新趋势、新变化及新特征。

新帝国主义与传统的帝国主义不同，不再是显而易见的殖民压迫，而是以资本的形式实现着其隐性剥削的目的，在大卫·哈维看来本质上就是资本帝国主义。它指"国家和帝国的政治"和"资本积累在空间中的分子化"这两种要素矛盾的融合。因此，可以看到，新帝国主义的两个主要特征分别是国家权利和经济权利。这两者是有机联系在一起的，相互影响、相互作用。新帝国主义理论主要包含两个内容：

第一，权利的政治/领土逻辑与资本逻辑。对于这一观念，大卫·哈维先提出了必须思考的问题："固定在空间内的权力的领土逻辑如何能够应对资本无休止的对外扩张的动力？资本的无限积累对于权力的领土逻辑而言，又

① 《列宁选集》第2卷，人民出版社2012年版，第650页。

② David Harvey, *Spaces of Capital: Towards a Critical Geography*, Edinburgh: Edinburgh University Press and New Yorl: Routledge, 2001, p.261.

③ David Harvey, *Spaces of Capital: Towards a Critical Geography*, Edinburgh: Edinburgh University Press and New York: Routledge, 2001, p.263.

④ David Harvey, *Spaces of Capital: Towards a Critical Geography*, Edinburgh: Edinburgh University Press and New York: Routledge, 2001, p.258.

意味着什么?”①当然,可以肯定的是,这两者之间存在着天然的矛盾,政治家是要在一个相对封闭的体系内,制定政策、维护主权、实施统治,而资本追逐利润的本性却要突破这种限制,调动起一切可以调动的力量。因此,资本为了实现这个目的,甚至不惜采取各种措施。资本主义的政治也当然要符合资本主义的经济模式,领土权力的积累伴随着资本的积累不断扩张和膨胀,随之形成霸权,无论是最早的英帝国主义的“日不落帝国”,还是之后美国的霸权地位,在帝国主义那里,领土的逻辑最终要服从资本的逻辑。

第二,由扩大再生产向剥夺性积累转变。马克思在论述资本原始积累时,揭示了资本主义发展史上血淋淋的一页。在15世纪末的英国,大地主和农场经营主这些最早的资产阶级为了在毛纺织业获得高额利润,不惜用暴力掠夺公有地和份地,拆毁和焚烧农舍和村庄,用栅栏和篱笆把大片土地圈起来变为牧场。同时,还以法律的形式禁止农民流浪,强迫他们成为雇佣劳动者,强迫他们接受雇佣劳动制度。帝国主义时期的资本主义更是充分暴露其剥削的本性,比如,推行殖民制度、贩卖黑奴、进行商业战争、发行国家公债、建立现代税收制度和保护关税制度等。资产阶级是用侵略、征服、残杀、掠夺和奴役书写资本主义发展史的。

当然,这也导致了被压迫阶级的反抗,两次世界大战就说明了这一问题。在第二次世界大战后,很长一段时间,资本主义貌似放弃了这种赤裸裸的剥削形式,转而发展技术,通过扩大再生产实现经济的增长。但是,只要资本主义存在就不可能改变它剥削的本质。

在此基础上,大卫·哈维提出了一种新型的社会形态:新帝国主义,用它来描述资本主义当下的状况。新帝国主义最大的特征之一就是采取剥夺性积累的方式实现资本积累。但是这种积累又有了新的内容和含义,就是对空间的占用和掠夺。

对于剥夺性积累,大卫·哈维通过阅读马克思所提及的原始积累,发现在当代这种积累依然强烈地存在着,这就是剥夺性积累,是对马克思原始积累理

---

① [英]大卫·哈维:《新帝国主义》,初立忠、沈晓雷译,社会科学文献出版社2009年版,第29页。

论的一种修复,这种修复包含对原始积累文化和社会成就的掠夺,而且也需要对抗这种文化和社会成就。在这里,大卫·哈维借助汤普森的工人阶级"自己创造自己"理论说明了,任何一种行为都是需要考虑不同的地理学、历史学和人类学差异。因此,原始积累在今天发挥着更为重要的作用和手段,比如信贷体系、金融资本、全球浪潮把世界融为一个体系,这些形式成为了当前投机性和掠夺性的特征。在大卫·哈维看来,剥夺性积累主要包括三个方面:第一,新一轮的圈地运动:私有化。"对迄今公共资产(比如大学)的公司化和私有化,更不用说横扫整个世界的私有化浪潮(水以及所有种类的公用事业),显示了新一波的'圈地运动'"①。可以发现,随着资本主义不断发展,国家资本正在向私人资本转变,公有制向私有制转变,这是由资本的本性决定的,也为过度积累的资本打开了盈利的新空间,但是随之带来了新的社会问题,人们对政治、经济的热忱降低,更为严重的是产生了大量的失业人口,并成为社会中最不稳定的因素。第二,采取非常手段,操纵和制造危机。在现有的资本主义体系中存在着一种职能就是精心地安排贬值,实现剥夺性积累,但又不会被发现。"对现有资本资产和劳动力进行贬值",还有"国家实施的经济紧缩方案……有限危机可以通过外力被强加于资本主义活动的某个部分或某个区域"②,从而实现资本主义的掠夺。"区域性危机和高度本土化的货币贬值成为资本主义为了生存下去而不断创造其自身的'他者'的一种初级手段。"③这样就会造成"他者"的反抗行为。第三,金融化手段。比如股票、信贷、通货膨胀等金融手段对资产的占有、剥夺等。举一个简单的例子,美国房地产市场就是通过信贷实现对购房者的掠夺。售楼者通过一些欺骗手段让低收入者依靠信贷手段购入房产,但实际上他们并不能完成按揭或者对房屋的维护等问题,最后房屋就会被银行收回,这样低收入者少得可怜的存款也被资本家所掠夺了。当然,剥夺性积累通过寻找新的空间,缓解了资本主义危机频发压力。

① [英]大卫·哈维:《新帝国主义》,初立忠、沈晓雷译,社会科学文献出版社 2009 年版,第 120 页。

② [英]大卫·哈维:《新帝国主义》,初立忠、沈晓雷译,社会科学文献出版社 2009 年版,第 121—122 页。

③ [英]大卫·哈维:《新帝国主义》,初立忠、沈晓雷译,社会科学文献出版社 2009 年版,第 122 页。

在大卫·哈维看来，“剥夺性积累在此可以被解释为资本主义发展在国家权力强力支持下取得成功突破的必要代价”①。剥夺性积累是我们必须面对的问题，尤其对于发展中国家，因为这使得新兴的工业化在面对剥夺性积累浪潮时更加脆弱和无助，它表明了世界的不公平性。因此产生了反抗剥夺性积累的运动，这种运动形式较为多样，有些是反意识形态的，有些则是实际性行为，有些是地方性的，有些则是全球性的，甚至这些运动内部之间存在着矛盾。因此，如何打破这种混乱，寻找一种替代性的政治愿望就显得十分重要。

第三节　重塑正义世界

大卫·哈维把马克思所说的资本特性从“为了生产而生产，为了积累而积累”，延伸至“为了空间而空间”的资本主义积累的分子化过程。在他那里，通过在空间中拆分资本积累的过程实现了对当代世界的分析和解读，对于这一问题，他是从两方面展开论述的。

一、从“时空压缩”到“时空修复”：当代资本运行图景的方法论

从资本主义开始运行之始，“时空压缩”就存在了，“时空压缩”是伴随着资本主义的发展而进行的。大卫·哈维认为是福特主义造成了这种“压缩”。“时空压缩”是指“资本主义的历史具有在生活步伐方面加速的特征，而同时又克服了空间上的各种障碍，以至世界有时显得是内在地朝着我们崩溃了”②。“时空压缩”包含两个方面：加快生产的周转时间和消减空间的障碍。“对资本主义的现代化来说，与总体效果有很大关系的就是经济过程步伐的加速及加快，以及由此在社会生活方面的加速”。加速的目标是为了加快资

① ［英］大卫·哈维：《新帝国主义》，初立忠、沈晓雷译，社会科学文献出版社2009年版，第125页。

② ［美］戴维·哈维：《后现代的状况》，阎嘉译，商务印书馆2004年版，第300页。

本的周转时间，“生产时间加上交换流通时间，构成了‘资本周转时间’的概念”①。现代化把世界变得越来越小。“资本主义卷入了一个长期大量投资于征服空间的难以置信的阶段。铁路网的扩展，伴随着电报的出现、蒸汽轮船的发展、修建苏伊士运河、无线电通信以及自行车和汽车旅行在那个世纪末的开始，全部都以各种根本的方式挑战时间和空间的意义”②。在现代主义中，空间和时间的最大特征是同时性，比如经济危机越来越以全球性的形式展现。这个时期比以往任何时期都更快的运动，虽然世界被统一在一起，但是其内部暗流涌动。“时空压缩”的两条思路——国际主义和地方化在第一次世界大战中冲突明显，它缺少最佳的表达方式。但不可否认，在现代主义中，时空体验的含义已发生了根本变化，这需要人们重新理解文化生活中关于世界的表达。

正是这种变化的空间和时间，导致了新一轮的“时空压缩”，它不同于现代主义时期的“时空压缩”。大卫·哈维认为，自 1970 年以来，时间和空间的体验发生了某种新的重要变化，这引发了后现代主义的转折。“最近这 20 年我们一直在经历一个时空压缩的紧张阶段，它对政治经济实践、阶级力量的平衡以及文化和社会生活已经具有了一种使人迷惑的和破坏性的影响。”③

在后现代主义那里，灵活积累使“时空压缩”体现出了不同于现代主义的特征，这一时期的变化主要出现在消费领域：第一是调动大众市场的时尚，第二是脱离商业消费、向着服务消费的转变，此时的“时空压缩”使永恒成为了奢侈品。“短暂性使致力于任何长期计划都变得极为困难”④，出现了新的符号系统和意象。于是，人们生活在一个短暂的，创造出来的形象世界中。“正是爱好、时尚及这类东西的组织者们，正是积极地生产这种短暂性，才始终是现代性体验的根本。它成了一种社会手段，制造那种粉碎时间维度的感觉，这种感觉反过来又如此劲头十足地回馈它。”⑤短暂性使空间和时间消失，但是

① ［美］戴维·哈维：《后现代的状况》，阎嘉译，商务印书馆 2004 年版，第 287、286 页。
② ［美］戴维·哈维：《后现代的状况》，阎嘉译，商务印书馆 2004 年版，第 329 页。
③ ［美］戴维·哈维：《后现代的状况》，阎嘉译，商务印书馆 2004 年版，第 355 页。
④ ［美］戴维·哈维：《后现代的状况》，阎嘉译，商务印书馆 2004 年版，第 358 页。
⑤ ［美］戴维·哈维：《后现代的状况》，阎嘉译，商务印书馆 2004 年版，第 363—364 页。

却使场所突显出来。具体指在当代随着空间障碍重要性的锐减,资本对空间内部场所的多样性就越敏感。“结果就是造成了在一个高度一体化的全球资本流动的空间经济内部的分裂、不稳定、短暂而不平衡的发展。”①于是,新一轮的“时空压缩”造成了严重的政治问题,尤其是不平衡地理发展。

如何对“时空压缩”进行回应?大卫·哈维总结了四条路径:第一,撤退到一种患了炮弹休克症的、厌倦了享乐的或精疲力竭的沉默之中去,在压倒性地感受到一切外在于个人控制,甚至外在于集体控制的事物是多么巨大和难以对付之前就屈从。第二,自由旋转式地拒绝相信世界的复杂性,以及偏爱根据极为简单化的修辞学命题来进行表达。第三,为政治生活与知识生活找到一个中间位置,它摈弃宏大叙事,却真的培植出了有限行动的可能性。第四,试图通过建构一种能够反映并希望支配它们的语言和意象而骑上时空压缩的老虎。② 他认为,这只是一厢情愿,事实上,“时空压缩”是资本主义社会的一种必然状态,不可能消除。

资本主义的现代性和后现代性实际上是把空间和时间的客观品质“商品化”了:一方面是我们花费在跨越空间上的时间急剧缩短,以至于我们感到现存就是全部的存在;另一方面是将空间收缩成了一个“地球村”。这两方面相互作用使我们在经济、政治上、文化上相互依赖。由此让我们在感受到时空时面临着各种新的挑战和焦虑,并引发了一系列新的回应。

保罗—巴兰和保罗·斯威齐一致认为,现代资本主义社会的主要问题不是实现剩余价值的问题,而是处理“经济剩余”的问题。对于这一观点,大卫·哈维十分赞同。如何实现资本积累,并不在于获得更多的剩余价值,而在于使“经济剩余”再生产。当然,通过上面的分析发现,大卫·哈维认为,通过“空间修复”可以实现。总之,资本主义能够减轻自己内在矛盾的手段就是占据空间、生产空间。

在这里,不得不重提卢森堡的“第三市场”。按照她的观点,要想实现资本主义的积累,就必须寻找一个“第三市场”,它是非资本主义的经济体,表面

① [美]戴维·哈维:《后现代的状况》,阎嘉译,商务印书馆2004年版,第370页。

② [美]戴维·哈维:《后现代的状况》,阎嘉译,商务印书馆2004年版,第434—435页。

上，这可以说是对马克思主义积累理论的空间修正，但也正如大卫·哈维所认为的，这是对马克思的错误解读。资本主义的发展依赖于其他生产方式，依赖于其他手段来创造积累的新空间。如果这种非资本主义经济体演化成资本主义，那么资本积累就终结了，资本主义也就终结了。事实上，她忽视了资本主义自身可以创造新的空间，这是资本主义本身所具有的内在能力。

很多人认为，大卫·哈维的资本主义积累理论与卢森堡的“第三市场”理论有异曲同工之妙，但事实上，这两者是不同的。在大卫·哈维看来，资本积累理论的根源在于资本主义生产方式的“内在”逻辑，资本主义生产方式“内在”地创造着空间，而不是向外寻找，这才是空间维度的本质含义。

对于“时空修复”，Bob Jessop 曾说过：“显然，大卫·哈维对于时空修复的理解根植于他对土地利用方式和区域动力、空间形式、空间正义、城市规划的兴趣，后期他持续关注马克思的方法和理论以及资本主义的动力学”①。在这句话中，我们可以看出，大卫·哈维关于“时空修复”的理解是一以贯之的，是与其学术兴趣相关的。在此基础上，他开始了用空间重建理论的工作，这是为了超越“以时间来克服空间”的方法论，他用“时空修复”来解决“资本主义内部的长期趋势”②，即经济危机的问题。如何解决这个问题，大卫·哈维提出了三种途径：(a)把资本盈余转移到较长的计划中，推迟资本价值在未来进入流通领域的时间；(b)把盈余转移到新的空间中。对于这个问题，卢森堡认为是转移到非资本主义中。大卫·哈维则认为是新的市场。(c)就是把(a)与(b)结合起来。这样就延长了资本积累过剩的产生。

哈维也曾自己解释过“时空修复”：

> 让我们从这个观念开始——资本主义的动力在于资本的增长，在于资本壮大和吞并的必要性。我的一大问题就是要知道它在何处增长。观察资本主义的历史，似乎它总是用空间扩张回应增长的需要，也就是说投

① Bob Jessop, “Spatial Fixes, Temporal Fixes and Spatio-Temporal Fixes”, in Noel Castee & Derek Gregory(eds.), *David Harvey: a Critical Reade*, Malden, MA: Blackwell Publishing Ltd., 2006, pp. 142-143.

② ［英］大卫·哈维：《新帝国主义》，初立忠、沈晓雷译，社会科学文献出版社 2009 年版，第 73 页。

资新的土地。1970年代危机的解决办法之一(修复之一)就是全球化:全世界,尤其是中国,向资本开放。在此意义上,地理扩张和重组总是成为解决资本吞并问题的办法:这是空间修复(解决)的第一重意义。但是具体而言,似乎资本也"驻扎"在空间里,嵌在空间里,然后重塑空间:人们建高速公路、港口、铁路。我们生活的世界一个越来越明显的特征就是土地上的固定资本。"空间修复"的两种意思明显连起来了。更确切地讲,第一个意义取决于第二个。当中国要向资本积累开放,准备之一就是为集装箱化修建运输、交通线路以及港口基础设施——一切在空间中"就位",也就是固定下来了。大多数时候,如果不对这样的固定资本做初步投资,似乎就找不到解决资本吞并的办法:资本向中国移动曾经是困难的,因为那里没有相应的运输和交通基础设施。这就导致了我所说的"资本主义集装箱崇拜",它就是建设基础设施,与此同时期望产生空间修复的结果。人们在修建新机场的时候下注航空交通的到来;建港口的时候假设随之而至的发展……有时候实现了,有时候没有。①

在理解大卫·哈维的"时空修复"时必须注意以下两点:第一,总体的观念。和马克思一样,大卫·哈维也认为,资本主义生产体系是一个完整的体系,是生产和销售的流通过程,这个过程本身要求积累的扩大。然而,在后工业社会或者说都市社会中,人们日益生活在空间的牢笼中,被空间因素所决定。这不难理解,在网络发达的今天,人们可以足不出户工作、聊天、交友、购物等,传统意义上的空间已经不复存在,取而代之的是全新的生产、生活方式。虽然生活方式发生了变化,但是资本主义生产方式本质上并没有改变,它是一个完整的体系,因而要以一种总体的观念来对待。第二,空间与时间密切结合在一起。他提出空间维度并不是不顾时间。相反,大卫·哈维认为,只有理解资本主义的历史性特征才能理解资本主义的地理学,反之亦然。对于资本积累而言,空间和时间是同等重要的。最为重要的是把空间和时间密切结合起来,而不是用空间来超越时间。他认为,空间和时间是不可分割的,而不是一者优越于另一者。可以用一个术语来表达他的这

---

① http://www.szhgh.com/Article/red-china/redman/2016-06-10/115014.html.

种思想，就是历史地理唯物主义，它是重建资本主义积累理论的思想表达。资本积累是在资本主义历史中存在的，脱离了资本主义的历史背景，根本不存在资本积累。

但是艾伦·伍德也说，“紧随其后的是一个我们称之为‘全球化’的时期，也就是资本的国际化时期，其内容包括资本在全球范围内的自由、快速流动和最具掠夺性的金融投机。这与其他许多事情一样，不是对资本主义成功的反应，而是对其失败的反应。美国动用了自己对金融与商业网络的控制机制从而推迟了它的国内资本的清算日，使其得以将压力转嫁别处，并使到处寻求获利机会，疯狂进行金融投机的剩余资本的流动得以从容。”①这与大卫·哈维的观点很是相似。只是在大卫·哈维那里，是以一种积极的姿态看待资本的这种流动。在伍德观念中，这是帝国主义变相的掠夺。“从商业帝国到领土帝国的转化似乎是与资本主义本身具有以经济剥削形式和经济法则向超经济力量影响范围之外扩张来取代超经济形式趋势的观点唱反调。然而，从另外一个角度着眼，英帝国在印度的充满矛盾的发展进程是对该命题的一种反映，而并非反驳。”②

总而言之，深入理解大卫·哈维从空间角度对马克思资本理论的重建，为思考当代经济发展的新脉络提供了新的思路和方法，尤其是如何以积极的态度、科学的方法、正确的行动，分析当代由资本塑造起来的新世界。

二、资本的动态积累：以差异的方式塑造当代空间世界

马克思曾经指出，资本的界限“这不是一般生产的限制，而是以资本为基础的生产的限制”③，更为确切地说，“资本主义生产的真正限制是资本自身”④。在大卫·哈维看来，正是资本的这种界限展示了差异性，它是内在矛

---

① [加]埃伦·M.伍德：《资本的帝国》，王恒杰、宋兴无译，上海译文出版社2006年版，第100页。

② [加]埃伦·M.伍德：《资本的帝国》，王恒杰、宋兴无译，上海译文出版社2006年版，第86页。

③ 《马克思恩格斯文集》第8卷，人民出版社2009年版，第96页。

④ 《马克思恩格斯文集》第7卷，人民出版社2009年版，第278页。

盾的过程,推动了资本主义世界的不断发展,“越来越多的资本被嵌入到空间中被当作土地资本和固定在土地上的资本,创造出‘第二自然’以及在地理上组织的资源结构”①,因为只有将某些基础设施固定在空间中,才能实现在空间上的自由流动。

不可否认,在马克思主义哲学中,有一股支持总体性的潮流。尤其是在西方马克思主义那里,从卢卡奇开始就把总体性理解为解读马克思主义的钥匙,把它作为克服第二国际错误理论,资本主义物化意识的方法和手段。柯尔施、葛兰西、布洛赫等人都曾指出,黑格尔的总体性十分重要;萨特则提出了用总体化范畴来弥补总体性的不足;阿尔都塞提出了结构主义,他认为,这是对总体性最好的哲学表征等。总之,研究的主题紧密地围绕在总体性上。当然,这与马克思主义强调历史的宏大叙事有关。

面对日益暴露的差异性问题,大卫·哈维从空间角度重构了马克思主义的差异性问题。他提出了不均衡发展理论。“一方面,空间障碍和地区差异必须被打破。然而,完成这个最终目标的手段却是必须生产出新的地理差异,这些地理差异成为将要被克服的新型空间障碍。资本主义地理的组织化使这些矛盾内化进价值。”②与卢森堡等人不同,大卫·哈维的差异是从资本积累角度提出的。

在大卫·哈维看来,资本主义历史地理演化存在两个矛盾,一是“空间只能通过空间生产来克服”;二是“资本主义的内在矛盾能够通过固定资本加以克服,但是这样做的时候,资本主义将其矛盾转移到更广阔的空间中,并使它的范围大大地拓展。”这也表达了大卫·哈维所认为的资本动态积累以差异的方式在重塑当代空间世界,这种方式包括两种:

第一,空间内在的差异性张力。“马克思显而易见地希望使用语言、命名的理论来达到政治目的。他的目标是使我们注意作为一种政治体系的资本主义的矛盾,及其破坏逻辑的深渊,理解资本主义的政治经济权力不仅由

① 薛毅编:《西方都市文化研究读本》第三卷,广西师范大学出版社 2008 年版,第 359—360 页。

② David Harvey, *The Limit to Capital*, Oxford: Blackwell and Chicago, IL: University of Chicago Press, 1982, p.417.

生产—分配—消费之间社会物质实践所复制，而且由意识形态（话语）、制度（国家机器以及学习、法律和宗教制度等）的霸权力量所强化”①。相反，大卫·哈维却借助了空间的力量来表达这种紧张关系，他认为，资本主义活动的地理学景观本身充满了差异、矛盾和紧张。比如当一种固定的地理景观产生之后，这就以一种空间的形式阻碍资本再运行，这种形式被称之为“地理学惰性”，因此，必须打破这种固定的形式。如何打破，就是通过差异的方式，比如一些地方、区域是一个国家的经济中心，而另外一些地方、区域是非中心，但是空间本身的差异力量却会努力采取各种措施实现发展，从而有可能扭转这种差异，某种程度上这就是塑造新空间。可以说，这就是空间自身的生产。

第二，资本本身的突破力：创造性破坏。在大卫·哈维看来，资本有一种能力就是先在一个阶段建立一种空间形式（地理景观）以便于其进行活动，而在另外一段时间则破坏这个景观建立另外一个不同的地理景观。这种能力是资本本身的突破力，或者说是由它的本性所决定的，以此来满足它不断追求资本积累的目的，这种能力也被称为创造性破坏。“竞争与垄断、集中与分布、固定与变动、动力与惰性，以及各种不同范围的经济活动之间的紧张状态，无一例外地都产生于资本的无限积累在时间与空间中的分子化过程之中。”②资本最为杰出的作品就是塑造了城市空间。

总而言之，大卫·哈维通过固定资本、货币、地租、金融和经济危机等问题把空间融合进马克思主义之中，既实现了对马克思主义政治经济学的重新解读，也实现了对当代资本主义世界中，人的生存的现实关照，这与传统的历史唯物主义分析方法形成了鲜明对照，从理论和经验双重层面透彻地分析了资本主义经济生活。同时，从经济学视角出发也奠定了其之后讨论文化问题、政治问题的一个基础。大卫·哈维曾这样说道：“‘全球化’趋势是资本主义生产模式固有的本质，资本主义活动地理学景观的演变正经受着时空压缩一轮

① David Harvey, *Justice, Nature and Geography of Difference*, Oxford: Blackwell Publishers Ltd., 1996, p.94.

② ［英］大卫·哈维：《新帝国主义》，初立忠、沈晓雷译，社会科学文献出版社 2009 年版，第 83 页。

又一轮的无情驱动。”①

不可否认,“空间正义的缺失”必与当代资本扩张的逻辑有深层次的联系。资本逻辑已经渗透到社会政治、经济、生活的方方面面。无疑,在这些领域会产生相应的空间正义匮乏现象。如,全球地理空间的不平衡发展问题,全球化背后潜藏的生态危机问题,资本对落后民族国家和地区的空间剥夺问题以及城市空间发展过程中正义缺失的问题。

三、寻找替代性方案

大卫·哈维试图寻找解决当前资本主义掠夺本性的方法,他将之称为“新政”帝国主义,一种更为仁慈的帝国主义。当然,大卫·哈维分析到,想要从根本上实现消除掠夺是困难的,甚至还会引发一系列问题,这是因为剥夺性积累具有双重任务:“一方面,廉价资产的释放为吸收剩余资本提供了巨大的空间;另一方面,它提供了一种将贬值的剩余资本投入到最薄弱和脆弱的领土和人群中去的手段”②。可以发现,政治图景需要以经济的形式来表达。

对新空间的掠夺使生活在其中的人们产生了一种不安全感,于是,“很多中产阶级者开始将保卫领土、国家和传统作为武装自己,对抗掠夺性的新自由主义的工具”③,于是种族主义、民族主义崛起,反全球化运动已经形成,他们反对剥夺性积累,反对资本主义不加限制地向外输出资本、技术和意识形态,希望“创造一个能够充分发挥国家、地区和地方差异性的空间”④。这些运动大多是一些民间行为,9·11 事件就是这种反抗行为的体现。对于此,美国新保守主义上台,他们希望在全球建立一种普世的秩序,只有这样才能消除掠

① [英]大卫·哈维:《新帝国主义》,初立忠、沈晓雷译,社会科学文献出版社 2009 年版,第 81 页。

② [英]大卫·哈维:《新帝国主义》,初立忠、沈晓雷译,社会科学文献出版社 2009 年版,第 149 页。

③ [英]大卫·哈维:《新帝国主义》,初立忠、沈晓雷译,社会科学文献出版社 2009 年版,第 151 页。

④ [英]大卫·哈维:《新帝国主义》,初立忠、沈晓雷译,社会科学文献出版社 2009 年版,第 152 页。

夺、战争和抗议性行为。这具有乌托邦的性质，在大卫·哈维看来是不可能实现的。

如何找到一种替代性的方案，他把视角投向了中国，他认为，要想在经济上实现掠夺，同时又能不激发大规模性的反抗运动，就应该在内部采取大规模的建设项目，这既能促进经济快速增长，又能吸收大部分的资本剩余，归根结底就是要采取一种“新政”：

“这就意味着要将资本循环和资本积累的逻辑从新自由主义的锁链中解放出来，沿着更具干涉主义和重新分配的路线重新部署国家权力，限制金融资本的投机力量，对寡头和垄断集团（特别是‘军工联合体’的不良影响）所掌握的压倒性力量进行分散化和民主化管理，从而控制从国际贸易条款到我们通过媒体所耳闻目睹的一切。”①

这种新政有能力寻找长期的空间时间积累，这一方式方法较为平和和仁慈，充分考虑了民主、进步、人道主义等因素，但是我们应该看到，它依然没有摆脱掠夺的本性，反帝国主义的道路依然很漫长。正如哈维在最新学术自述中讲到的：“唯一的要求是朝着一个共同的未来努力，在这个未来中，当前的经济体系将被社会形式的组织所取代，而这些组织形式有助于生产和分配足够的使用价值，让所有人都有体面的生活前景。”②

---

① ［英］大卫·哈维：《新帝国主义》，初立忠、沈晓雷译，社会科学文献出版社2009年版，第167—168页。

② David Harvey，“Reflections on an academic life”，*Human Geography*，Vol.15，No.1，2022，pp. 14-24.

第五章　城市化进程中的空间正义

正义问题不能独立于城市条件之外，不仅仅因为大多数人居住在城市，也是因为城市浓缩了浸润于现代社会的多种张力和矛盾。

——埃里克·斯文哥德《分裂的城市》

20世纪，资本主义在世界范围内从工业社会转向都市社会，大卫·哈维在1996年出版的著作《正义、自然和差异地理学》一书中也已预言："到2000年，差不多将有500个人口超过百万的城市……如果目前这种发展趋势继续下去，那么到21世纪早期的某一天，世界人口将有一半多生活在城市而不是乡村中"，"20世纪已经成为城市化的世纪。……在人类历史上，第一次，多数人类的未来主要维系在城市化区域。21世纪城市生活的质量将决定文明自身的质量"①。对于资本主义而言，最大的特征就是城市。"城市是文明的顶峰，是公民权的诞生地，是光明之地。"②因而，大卫·哈维把他的目光对准了城市，正如他在《资本的城市》一书的序言中所说的："自从我写了《社会正义与城市》以来，从马克思主义角度对资本主义制度下有关历史和城市理论进行更明确的解释，一直是我的学术抱负。"③他运用政治经济学理论分析城市化中的空间正义，希望借助此来实现他的乌托邦理想。

---

① 薛毅编：《西方都市文化研究读本》第三卷，广西师范大学出版社2008年版，第349—350页。

② ［英］多琳·马西、［英］约翰·艾伦、［英］史蒂夫·派尔编著：《城市世界》，杨聪婷、朱颖等译，华中科技大学出版社2016年版，第1页。

③ ［美］大卫·哈维：《资本的城市》，董慧译，苏州大学出版社2017年版，第iv页。

第一节　城市与空间

城市是一个空间概念，这是毋庸置疑的。“城市本身是一个建筑形态，更是一个空间形态。”①在城市这个空间中，承载着丰富的内容，如街道、房屋、楼房、酒店、住宅、医院、公园、博物馆等。可以说，城市是这些的集合。更为重要的是，城市不仅仅是空间的存在，城市还因为这些空间，具备了社会意义，因此空间正义的理论价值和现实意义才会被提及。

一、空间正义的理论价值：城市的社会属性

我们不仅仅要关注城市所呈现出来的具象的空间，更要关注在这个空间中生活的人，于是，城市具有了社会属性、价值属性。

“马克思……把城市看成资本主义最清晰地表现自身的空间。”②早在19世纪，马克思恩格斯就讲了，工业发展带来了城市化。生产资料的集聚带来了人员的聚集，于是形成了城市。“大工业企业要求许多工人在一个建筑物里共同劳动；他们必须住得集中，甚至一个中等规模的工厂附近也会形成一个村镇。……为了满足这些需求，还需要其他人，于是手工业者、裁缝、鞋匠、面包师、泥瓦匠、木匠都搬到这里来了。”③工人的聚集更便于资本家盘剥。“马克思、恩格斯就通过一系列的著作，揭示出资本主义城市生活的状况。他们从城市现象入手探索城市的本质，认为城市既是资本主义罪恶最生动的体现，又是社会进步力量最充分发展的空间”④。“马克思不仅仅单纯关注城市本身，而是把城市看成资本主义最清晰地表现自身的空间。这正是马克思超越一般都

---

① ［美］大卫·哈维：《巴黎城记：现代性之都的诞生》，黄煜文译，广西师范大学出版社2010年版，第Ⅲ页。

② 包亚明主编：《现代性与都市文化理论》，上海社会科学院出版社2008年版，第3页。

③ 《马克思恩格斯文集》第1卷，人民出版社2009年版，第406页。

④ 包亚明主编：《现代性与都市文化理论》，上海社会科学院出版社2008年版，第1—2页。

市社会学的深刻之处,因为脱离了资本主义社会的整体进程,并不能真正突现城市问题”①。他们都把城市作为资本主义生活的最为真实的世界。在他们看来这是一个经济世界、政治世界。

齐美尔富有创造性地将都市看成是“货币经济”的根据地,他认为,都市生活既提供也阻碍了个人创造性的实现,在都市中个人虽然变得孤独、冷漠,却也因而提升了个人自由与发展自我意志的能力。

芝加哥学派对城市问题的思考,成为了大卫·哈维城市问题分析的开端。在他们眼里,城市是进行社会研究的基础,他们把城市问题与精神、政治、文化、生活等现实问题密切联系在一起,他们思考了很多都市问题,如失业、贫穷、移民、城市漂泊、社会动荡、城市拥挤等。芝加哥学派代表人物路易斯·沃思 1983 年在《美国社会学》杂志第 44 期发表了《作为一种生活方式的都市主义》一文。他认为,都市生活带给人们丰富的物质享受,精神享受,同时也加剧了人的异化。他非常清晰地揭露了都市生活中人的孤独感和无助感,以及人的漂泊状态。帕克也认为:“城市已同居民们的各种重要活动密切地联系在一起,它是自然的产物,而尤其是人类属性的产物。”②

在当代,卡斯特的城市理论十分具有特色,他受阿尔都塞结构主义的影响,提出了消费主义。他认为,在晚期资本主义中,城市的一个明显作用不是在于它的生产过程,而是在于它作为“集体消费”的中心这一特征上。“集体消费”是指通常由国家集体提供的服务形式,如公共住房、交通、医疗设施等。因为“集体消费”是适应于居住在某一个空间区域中的人,因而它就有了一个空间的所指对象。提供这种服务可以被看作是一种政治动员,因为它会引发旨在通过对“集体消费”的现存模式进行抵抗,来改善都市生存条件的都市社会运动、抗议等。卡斯特认为,因为这些抗议使劳动力在生产中联系在一起,所以如果它们与工人阶级运动联系起来,可能会具有革命性的潜在力量。对空间的征服和整合,已经成为消费主义赖以维持的手段。消费主义也开启了“全球性空间”的生产可能性。

---

① 包亚明主编:《现代性与都市文化理论》,上海社会科学院出版社 2008 年版,第 3 页。

② [美]R.E.帕克等:《城市社会学——芝加哥学派城市研究》,宋俊玲译,商务出版社 2012 年,第 65 页。

他们认为，第二次世界大战之后，世界上主要的大都市区域都经历了戏剧性的变化，城市已经成为一个大变革、大动荡的转化场景，由昔日因危机生成的重建，转向因重建生成的危机。城市的巨大包容性使其自身展示了多元性的特征，它与各种社会现象结合。“在现代城市中，存在着一种名副其实的空间的生产性消费，对交通工具、建筑、道路和公路的消费。其中投入了大量的劳动力，这些劳动力和那些用于维护器械，提供原料的劳动力一样具有生产性。”①

多琳·马西、约翰·艾伦、史蒂夫·派尔在《城市世界》一书的导论中，高度概括了对城市与空间的理解：“通过探寻城市那些未被揭露过的空间关系，《城市世界》会讲一个关于城市的全新的故事。在这个故事中，会有对城市新的理解。其中有两点很重要。第一，城市是充满高强度社会交流及很多社会问题的地方。它是不同社会汇集的地方，是不同故事汇集和互动的地方，而这种汇集和互动又会产生新的故事。第二，我们认为，如果不能了解这些故事相互之间的联系，那么就无法理解任何一个城市的故事。”②这段话表明，城市虽然是一个空间存在，但是它是一个各种信息、各种关系、各种事物交汇在一起的存在。因此，“城市是开放的，它是汇聚的地方，是社会关系的地理焦点。它置身于权力与信息的世界网络，经济和贸易流通的复合体，移民的社会断裂和个人迁移，媒体、文化和通信的中心，以及各种想象的焦点，并成为它们的核心。”③他们还强调：“对德赛尔托来说，城市不仅仅是花巨资建成的高楼堆积起来的，他没有被所看到的建筑物海洋所迷惑。相反，他将目光从世贸中心顶端下移至街道，试图观察地面上人们的行为。但是他看不到，城市仿佛在他的眼前静止了。尽管我们可以轻易想象大街上的喧闹与拥挤、计程车的噪音和它们排放的尾气、在街道耐心等待着过马路的行人和迅速挤满地铁站台的乘客。在街道上，人们无处不在：或行走或接踵摩肩，或站立，或观望，或喊叫，或

---

① ［法］亨利·勒菲弗：《空间与政治》，李春译，上海人民出版社2008年版，第135页。

② ［英］多琳·马西、［英］约翰·艾伦、［英］史蒂夫·派尔编著：《城市世界》，杨聪婷、朱颖等译，华中科技大学出版社2016年版，第1页。

③ ［英］多琳·马西，［英］约翰·艾伦，［英］史蒂夫·派尔编著：《城市世界》，杨聪婷、朱颖等译，华中科技大学出版社2016年版，第1页。

乞讨,或购物……各自做着自己的事。我们可以想象数以万计的人都有他们自己的故事,城市就是包含各种可能性的地方。”①正是因为城市所具有的空间属性和社会属性,才使得有必要去分析城市中的空间正义问题。如果仅是将城市作为空间化存在,这种分析就失去了价值。

在此基础上,哈维也表达了他的观点,“在 1973 出版的《社会正义与城市》(*Social Justice and the City*)里,我主张,如果我们要理解资本主义下的都市过程,思考空间的性质正是关键。”②他还强调要研究城市问题而不是城市中的问题,甚至他用很大的篇幅讨论现代都市理论,在他的著作《正义、自然和差异地理学》《巴黎城记》中都有涉及。

二、空间正义的现实意义:城市危机的出现

城市的社会属性使对其研究变得非常复杂。就城市本身而言,在第二次世界大战中,许多城市惨遭战火毁坏,城市格局被破坏,大量建筑物被炮火夷为平地,重建城市变成了战后重建的首要问题。如何进行城市规划?怎样保证空间的最大利用率?这些问题进入了人们的视野。在重建城市的过程中引发了大量的政治、经济、文化和社会问题,这就迫切需要找寻答案。

此外,伴随着工业化和现代化的发展,城市化的进程不断加快。可以说,城市化是工业化的副产品。具体来说,是由农业(第一产业)为主的传统乡村社会向以工业(第二产业)和服务业(第三产业)、高新技术产业和信息产业(第四产业)为主的现代城市社会逐渐转变的历史过程。具体包括人口职业的转变、产业结构的转变、土地及地域空间的转变。20 世纪,资本主义在世界范围内从工业社会转向都市社会,“据估计,1800 年,世界人口中只有 3%的人生活在城市;1900 年,上升到 14%,到 1975 年,上升到 41%;预计到 2025 年将有 60%的人生活在城市。除了都市人口的急剧增长以外,都市化在资本主义

① [英]多琳·马西、[英]约翰·艾伦、[英]史蒂夫·派尔编著:《城市世界》,杨聪婷、朱颖等译,华中科技大学出版社 2016 年版,第 9—10 页。

② [美]戴维·哈维:《新自由主义化的空间》,王志宏译,群学出版有限公司 2008 年版,第 115 页。

经济体制中所产生的作用也越来越巨大,因为空间及都市社区资源都可以用来产生利润"①。第二次世界大战后,人口大量聚集到城市,超大规模城市形成,这些都表明城市的繁荣。

到了20世纪60年代,出现了城市危机。"20世纪60年代全世界爆发的都市危机是先进工业国家长期战后繁荣将结束的几个信号中的一个。"②可以说,列斐伏尔是最早注意到这一问题的学者之一。他在1968出版的《进入都市的权利》一书,揭示了城市中处处出现的堕落。通过工业化来实现商品扩张给现实中的城市带来了伤害。1968年5月那场运动,让《进入都市的权利》一书在全世界产生了深远影响,越来越多的学者聚集在列斐伏尔周围。他们一起创办了《空间与社会》杂志,研究空间与城市、空间与政治等关系。这本杂志的第一篇文章就是《对空间政治的反思》。曼纽尔·卡斯特也说:"在当今世界,城市问题意味着城市危机、加速的城市化、环境意识形态、越来越多的国家干预、对抗性的城市规划、普遍的骚乱、邻里组织、城市政治等。"③

这种城市危机的表象之一:城市空心化。大批人口从城市向郊区转移,从而造成了城市空心化现象。受工业革命影响,汽车的普及,以及交通网的建立,使得人口移动成为了可能。于是,城市中的一批富人,为了更好的生活条件,从城市转移到了郊区。这种人员转移,也带动了一些产业的转移。"财富、人口和权力从中心城市的大量流失导致许多城市急剧衰退到被遗忘的状态。富豪和权贵迁走了,穷人就被扔在了后面。"④以美国为例,50年代美国郊区人口增加了1900万,增长率高达48.6%,而中心城区只增加了630万,增长率为10.7%。同时,许多大城市还对郊区进行大规模兼并,否则,中心城区的增长率将只有1.5%,而郊区则高达61.6%,郊区的人口增长率将是中心城

① Allan G. Johnson, *The Blackwell Dictionary of Sociology*, Malden, MA: Blackwell Publishers Inc., 1999, p.307.

② [美]爱德华·苏贾:《后大都市:城市和区域的批判性研究》,李钧译,上海教育出版社2006年版,第120页。

③ Manuel Castells, *The Urban Question: A Marxist Approach*, Trans. Alan Sheridan, London: Edward Aronld Ltd., 1977, p.8.

④ [美]大卫·哈维:《正义、自然和差异地理学》,胡大平译,上海人民出版社2010年版,第463页。

区的41倍还多。[①] 可以说,这种转移不仅带来了人口转移,更重要的是产业转移。城市的框架被打开,郊区低廉的房价,便利的交通,以及逐渐成熟的基础设施配套,再加上人口转移,使得一些企业也转移到了郊区,这种产业转移,更是加速了城市中心的空心化现象。

表象之二:种族问题凸显。在城市化发展过程中,必然会吸引大批农村人口涌入城市。第二次世界大战后,全球化加剧,大批发展中国家的人口涌入发达国家,涌入城市。以美国为例,第二次世界大战后,大批黑人和少数族裔涌入城市中心,找寻工作,由于这些黑人和少数民族受教育程度比较低,相对贫穷,带来了一些社会问题,比如抢劫、偷盗、杀人等。这种现象也使得城市居民缺乏安全感。因此,对这些群体存在抵触情绪。再加之原先居住在城市中心的白人对黑人等有色人种的厌恶,甚至采取一些措施阻止这些群体在城市中生存,例如,阻止白人将房屋租售给黑人等少数族裔,不提供给他们就业机会等,这些现象也加剧了白人与黑人等有色人种之间紧张的种族关系。可以说,这也为之后美国种族问题的兴起埋下了隐患。

表象之三:城市中心财政问题的暴露。城市中心财政问题主要包括两个方面:一是城市的收入不足以支撑维持城市正常运行的支出。的确,随着时代的发展,城市也需要更新升级,比如一些基础设施的更替,还有一些城市软件像服务行业的支出等,这些都需要财政的支持,而城市一旦营收不足以覆盖这些费用时,必然会给地方政府财政增加压力。另一方面,一些城市郊区兴起,必然会吸引优质资源向这些地区转移。还有一些靠交通、科技等新技术而发展兴起的城市,也势必会分散原有城市的资源。例如一些优质企业的转移,必然会导致原有城市税收减少。这些都导致了城市中心财政问题。"财政危机是城市经济普遍衰退的征兆。这种模式自二十世纪五十年代以来就显而易见,是大都会去中心化以及人和企业双双向郊区和阳光地带转移的结果。"[②]

可以说,这些情况的出现使得城市的问题变得越严重,中心城区的人口迁

① 参见 Dennis R.Judd, *The Politics of American Cities: Private Power and Public Policy*, Boston: Little, Brown and Company, 1979, p.159。

② [美]马克·戈特迪纳、[英]莱斯利·巴德:《城市研究核心概念》,邵文实译,江苏教育出版社2013年版,第39页。

移,大批低收入人群的涌入,从而造成环境污染、经济衰弱。与此同时,随着时间推移,中心城区的很多基础设施越来越陈旧,道路、街区、照明、水利设施年久失修,而由于中高收入人群以及一些企业迁出,导致中心城区税收降低,因此也无财力解决这些问题。城市陷入恶性循环,无法解决难题。

大卫·哈维在一次接受采访时,也说到了:

> 我喜欢城市里蕴藏着出乎意料的可能性。城市生活里有某种不服从任何“宏观管理”的东西。这就是为什么我对巴尔的摩这样毫不花哨的城市如此钟情的原因。John Waters来自巴尔的摩也不是偶然的:他的电影给我们提供了很好的例子,让我们看到这座城市可能储存着的惊喜。可能有时候看上去很丑陋,但是这也让人不断重新思考自身的状况、自己的趣味,而不把这些看成理所当然。好的城市环境就是其中总是存在这类挑战的环境。没有什么比市民将大把时间用来避免这些遭遇更让我痛心的了,这些遭遇刺激他们的存在、观看和思考方式。我觉得我们越来越不城市化,就是说我们越来越不欢迎城市的意外。美国的城市化恰逢隔离进程的加剧,它导致对世界和世界运作的无知。简言之,在我看来,城市在维持着社会混杂状态时再可爱不过,它允许自我的表演,也允许上演一定的疯狂。①

这些城市化过程中出现的问题,必然会出现非正义现象,这是学者们所关注的。正如大卫·哈维所说:城市性是城市研究的镜子,“通过这面镜子,可以反映和对照社会的其他方面;通过这个论证线索能够将相当重要的但相互分离的话题贯穿起来。”②

第二节　城市化中的非正义现象

对城市进行研究,是非常不容易的,“一方面,城市是新兴事物的检验之

① http://www.szhgh.com/Article/red-china/redman/2016-06-10/115014.html.

② David Harvey, *Social Justice and the City*, London: The University of Georgia, 2019, p.16.

地,是各种事物混杂的场所和创造新的社会身份的地方,是新想法的摇篮。另一方面,聚集而来的不同人群会产生矛盾、不宽容和暴力。这些相对立的城市印象相互重叠,旗鼓相当,也许是因为城市包含了太多的小世界了。把这些矛盾放在一起就会发现,城市处于一种模糊不清的状态。……也许正是由于这种模糊性,城市才会在社会变迁的历史潮流中一直处于风口浪尖的位置。"①对此,大卫·哈维借助政治经济学,从经济角度来分析城市,探讨城市化中非正义现象。

一、城乡差异

在马克思恩格斯看来,生产力大发展必然产生社会化大分工,第三次社会化大分工,引发了城市和乡村的分离与对立,"一个民族内部的分工,首先引起工商业劳动同农业劳动的分离,从而也引起城乡的分离和城乡利益的对立。分工的进一步发展导致商业劳动同工业劳动的分离。"②在马克思恩格斯看来,这种分离是必须的,这是"物质劳动和精神劳动的最大的一次分工,就是城市和乡村的分离。城乡之间的对立是随着野蛮向文明的过渡、部落制度向国家的过渡、地域局限性向民族的过渡而开始的。"③但是这种分离导致了城市统治乡村、乡村从属于城市的二元发展格局,形成了剥削与被剥削、统治与被统治的城乡关系。可以说,工业革命和城市化发展相伴而生。同时,城乡分离也使得城乡差距不断拉大。"大工业通过普遍的竞争迫使所有个人的全部精力处于高度紧张状态。它尽可能地就消灭意识形态、宗教、道德等等,而在它无法做到这一点的地方,它就把它们变成赤裸裸的谎言。它首次开创了世界历史,因为它使每个文明国家以及这些国家中的每一个人的需要的满足都依赖于整个世界,因为它消灭了各国以往自然形成的闭关自守的状态。它使自然科学从属于资本,并使分工丧失了自己自然形成的性质的最后一点假象。

---

① [英]多琳·马西、[英]约翰·艾伦、[英]史蒂夫·派尔编著:《城市世界》,杨聪婷、朱颖等译,华中科技大学出版社 2016 年版,第 1 页。

② 《马克思恩格斯选集》第 1 卷,人民出版社 2012 年版,第 147—148 页。

③ 《马克思恩格斯选集》第 1 卷,人民出版社 2012 年版,第 184 页。

它把自然形成的性质一概消灭掉……它建立了现代的大工业城市——它们的出现如雨后春笋——来代替自然形成的城市。凡是它渗入的地方，它就破坏手工业和工业的一切旧阶段。它使城市最终战胜了乡村。”①

对于马克思恩格斯所提及的城乡对立问题，大卫·哈维是高度认同的。一方面，在他看来，农村工人比城市工人更容易受到剥削。他在讲北卡罗州哈姆列特工厂失火案时说过：“我们应当密切关注美国乡村和小城镇的产业结构发展，因为在于，过去10年左右时间中农业就业率的降低（更不用说一系列农场破产）已经产生了一个相对孤立的产业后备大军（再次强调，这类事情马克思在《资本论》中已经相当彻底地描述过——比如，在第25章第5部分），他们比城市同行更容易受到剥削。”②的确如此，工业革命的到来，现代化的发展，城市化的进程，压缩了乡村的生存空间，大批农民被迫进入城市，由于受教育的局限性和认知的局限，让他们在就业方面与城市的同行存在差距，自然就会受到更多的剥削。

另一方面，城市空间的规划为资本主义社会控制提供了便利。正如列斐伏尔所言，“在工业化时期，建筑学挣脱了宗教和政治的不恰当的限制，但它又跌入了意识形态的圈套中。它的功能贫乏了，它的结构单一化了，它的形式凝固了”③，资产阶级潜移默化的思想灌输与意识宣传使得城市规划者和建筑师只是“话语人”，而不再是传统的设计者，建构出的只是资产阶级所希冀的“控制型”都市空间。在巴黎，“许多盗贼的巢穴与贫民窟，以及容易堆置街垒的狭窄街道都被扫除净尽，代之以容易控制的大道”④，“新大道不仅提供军事控制的机会，也让（点燃煤气灯以及定期巡逻）资产阶级能在商业与娱乐区中来去自如”⑤，都市空间的构造不再具有生产者所赋予它的那些品质和属性，

---

① 《马克思恩格斯文集》第1卷，人民出版社2009年版，第566页。

② ［美］大卫·哈维：《正义、自然和差异地理学》，胡大平译，上海人民出版社2010年版，第388页。

③ ［法］亨利·勒菲弗：《空间与政治》，李春译，上海人民出版社2015年版，第8页。

④ ［美］大卫·哈维：《巴黎城记：现代性之都的诞生》，黄煜文译，广西师范大学出版社2010年版，第159页。

⑤ ［美］大卫·哈维：《巴黎城记：现代性之都的诞生》，黄煜文译，广西师范大学出版社2010年版，第160—161页。

更多的是资本主义空间扩张的彰显,“发达资本主义国家的每一个乡村都在退缩,成为城市化复杂蛛网的一部分”①,都市空间的存在多是以其虚拟性或潜在性席卷全球,突破原有的各种固有的边界而使世界再区域化,出现了所谓的“世界城市”与“世界农村”的对立,出现了新的资本殖民化。②

二、阶级对立

城市空间的变革成为空间区隔与阶层分化的新工具。大卫·哈维指出,19世纪奥斯曼所主导的巴黎城市空间变革“局限在满足富裕阶级或大商人住宅及商业建筑的需求上。这些资本大量投入巴黎的中心与西部,将当地建设成主要由资产阶级居住的区域,并对奥斯曼的新大道产生装饰的作用”③,除了这种建筑设计的资本投入上的倾向性,还包括恩格斯所言的,“把工人区,特别是把我国大城市中心的工人区从中豁开的那种已经普遍实行起来的办法,而不论这是为了公共卫生或美化,还是由于市中心需要大商场,或是由于敷设铁路、修建街道等交通的需要。不论起因如何不同,结果到处总是一样:最不成样子的小街小巷没有了,资产阶级就因为这种巨大成功而大肆自我吹嘘,但是,这种小街小巷立刻又在别处,并且往往就在紧邻的地方出现”④,奥斯曼的城市空间规划戏剧性地将各个阶层区隔开了,现时期的资本主义城市空间同样如此,列斐伏尔分析了法国发展的不平衡性,指出“这座首都把一切都向自身吸纳:人口、智力、财富。这是一个决策和舆论的中心。在巴黎周围,分布着一些从属性的、被等级化的空间,这些空间同时被巴黎统治着、剥削着。帝国主义的法兰西丧失了它的殖民地,却又建立起了一种内部的新殖民主义。现在的法国包含着一些超发达、超工业化、超都市化的地区。而在很多的地

---

① [美]大卫·哈维:《正义、自然和差异地理学》,胡大平译,上海人民出版社2010年版,第463页。

② 参见刘怀玉:《社会主义如何让人栖居于现代都市?——列斐伏尔〈都市革命〉一书再读》,《马克思主义与现实》2017年第1期。

③ [美]大卫·哈维:《巴黎城记:现代性之都的诞生》,黄煜文译,广西师范大学出版社2010年版,第144页。

④ 《马克思恩格斯文集》第3卷,人民出版社2009年版,第303页。

区,欠发达状况正日益加剧”①;苏贾指出,“将工人阶级从巴黎市区核心地带‘净化’出去的做法”②是一场城市空间的变革,这导致了“由社会所操控的空间体系迅速攀升,尤其是对城市贫困人口而言产生了主要影响”③,在资本和权力主导下的城市空间已沦为了资本主义内部殖民统治的工具。

1968 年 4 月份,马丁·路德·金遇刺身亡后,巴尔的摩的黑人居住区发生的城市骚乱,再比如,2015 年,巴尔的摩出现大规模住房抵押贷款无力偿还,许多非洲裔家庭受到严重冲击。这些都暴露出美国城市化进程中,低收入群体和边缘人的悲惨境地。这些问题一直都是哈维关注的焦点。他在谈及“贫民区”时,与很多学者只是关注这一社会问题本身,要求政府采取措施进行干预,或者是对贫民区人口进行消灭不同,他关注到的是城市土地使用理论。他看到这种不平衡背后的逻辑根源。与此同时,他还不认同芝加哥学派的城市土地使用理论,认为这种理论基本上是描述性的,而忽视了这一问题本身“由经济系统产生的社会凝聚以及源自经济动机的社会和经济关系”④。对此,哈维非常重视这种经济角度,他吸收和借鉴了恩格斯的城市同心圆分析。他还吸收恩格斯的结论:“城市的悲惨是罪恶与贪婪的资本主义体系的必然副产品。”⑤例如,哈维从经济角度,解释了在 20 世纪 60 年出现的城市危机中,穷人为什么住在市中心。因为城市土地使用是通过竞价来实现的。在竞价的过程中,靠近商业活动中心的土地地租高,但是对于穷人而言,没有竞价能力,他们无力承担高昂的交通费用。所以,居住地距离就业中心越远,穷人越没有竞价能力。富人恰恰相反,他们的竞价能力不受交通远近的困扰。结果就是穷人居住在城市中心,而富人居住在外围。因为城中心地租较高,而穷人又无力承担高昂的地租,那么只能减少居住面积。结果就是“穷人会集中

---

① [法]亨利·勒菲弗:《空间与政治》,李春译,上海人民出版社 2015 年版,第 129 页。

② [美]爱德华·W.苏贾:《寻求空间正义》,高春花译,社会科学文献出版社 2006 年版,第 31 页。

③ [美]爱德华·W.苏贾:《寻求空间正义》,高春花译,社会科学文献出版社 2006 年版,第 31 页。

④ [美]大卫·哈维:《世界的逻辑》,周大昕译,中信出版集团 2017 年版,第 15 页。

⑤ [美]大卫·哈维:《世界的逻辑》,周大昕译,中信出版集团 2017 年版,第 17 页。

居住在靠近城市中心的高地租地段，承受拥挤的居住条件。”[①]如果富人偏好发生改变时，穷人也必须被迫对自己的居住环境做出调整。哈维看来，无论哪种调整，“富人总是可以将由自己的偏好造成的后果强加于穷人头上。”[②]这就是城市中的穷人和富人之间的阶级对立，根源是城市土地使用上的不平衡。

人们都注意到了城市化过程中贫富分化的问题，注意到阶级对立，但是没有人注意到或者愿意去分析这背后的经济运行的力量，他强调：“市场机制是导致肮脏混乱城市面貌的元凶。”[③]哈维吸收了马克思主义从经济角度分析这种对立的方法，也让城市中的非正义想象不再是直观的显现，而展现出其背后深层次的根源所在。

三、人在城市中的异化

城市与人，应该是怎样的一种关系。城市是最好的空间样态，是使空间问题由抽象到具体最佳的可能性方案。人们创造城市的目的是为了更好、更舒适、更幸福的生活，使人在城市中诗意地栖居着。亚里士多德曾说：“人们为了生活，聚集于城市；人们为了生活得更好，居留于城市”。但是事实上，情况不如人意。人在城市中被异化。

在《后现代的状况》一书的开头，大卫·哈维借助乔纳森·拉邦的《柔软的城市》一文向我们描述了现代主义、后现代主义对城市的不同感觉。大卫·哈维认为，拉邦的著作可以很好地展现后现代主义对城市的感觉，因为那是在这一思潮最巅峰时期的著作。拉邦反对把城市当作是“正在沦为物质商品成批生产和大众消费的理性化与自动化体系的牺牲品这一主题”[④]，这其实表达了作者对现代主义城市的定义。

的确，在很多地理学家和城市理论家看来，现代性在带来丰富物质财富的同时，也使生活在其中的人成为了商品的附属品，后现代主义者的真实目的就

---

① ［美］大卫·哈维：《世界的逻辑》，周大昕译，中信出版集团 2017 年版，第 19 页。
② ［美］大卫·哈维：《世界的逻辑》，周大昕译，中信出版集团 2017 年版，第 19 页。
③ ［美］大卫·哈维：《世界的逻辑》，周大昕译，中信出版集团 2017 年版，第 28 页。
④ ［美］戴维·哈维：《后现代的状况》，阎嘉译，商务印书馆 2004 年版，第 7 页。

是打破这种附属性,实现对主体的关怀。拉邦认为城市形象应该是“一切等级感甚或价值的同质化在其中都处于消解的过程中”的“百科全书”①。于是,在这个城市中,个人的身份变得柔和、易变、无限开放。人和城市成为了一体,人去影响城市,城市也开始影响人,这就是后现代主义的空间。同时,大卫·哈维也指出,这种城市带给人们迷惘和困惑,人在城市的迷城里失去了方向。

城市的繁荣建立在对劳动者践踏的基础上。这种状况比较明显地发生在资本主义早期,“太多殖民地人民饱受西方帝国主义特殊正义的折磨,太多非洲裔美国人在白人正义的掌心中遭受苦难,太多妇女忍受着父权秩序所强加的正义,太多工人忍受着资本家所强加的正义。”②

今天这种情况则较为隐秘。城市之间形成人为的隔离区。劳动者生活状况日渐恶劣的同时还将进一步加深阶级之间的冷漠感。人存在的归属感丧失。在城市中,人成为了金钱的附属物。正如哈维所说:“城市毕竟是一个人居场所。巴黎现代性的创造,对于资本是节目,对于人文却是断裂与痛苦。在新的巴黎中,居民丧失了归属感,群体意识解体,他们分散为新的没有历史深度的阶层、人群。在他们的周围,已经没有认同的环境依据。金钱共同体取代了所有社会联系的纽带关系。多元、流动、零碎是新的人文特征。”③

“要想理解城市化,仅仅分析资本流动或人口流动是不够的。公民身份、认同感、疏离感、社群和阶级等集体政治概念,都对亲密空间和社会关系的生产以及公共功能空间有着重要的影响。城市化进程也是各种运动、碰撞和政治斗争的过程。城市里发生的大部分事件都是象征性的。”④城市中充斥着贫穷与落后,充斥着野蛮与暴力。对于此,大卫·哈维从不平衡地理发展的角度进行分析:

---

① [美]戴维·哈维:《后现代的状况》,阎嘉译,商务印书馆2004年版,第9页。

② [美]大卫·哈维:《正义、自然和差异地理学》,胡大平译,上海人民出版社2010年版,第394页。

③ [美]大卫·哈维:《巴黎城记:现代性之都的诞生》,黄煜文译,广西师范大学出版社2010年版,第V页。

④ [美]大卫·哈维:《世界的逻辑》,周大昕译,中信出版集团2017年版,第122页。

“不平衡地理发展的概念获得了(a)在适当位置上历史沉淀的社会生态关系的重写本;(b)多层且分级排序的社会生态构型的拼合图,以及安排空间的渴望;(c)社会生态流(特别是当代条件下资本流和移民流)的经常性混乱运动,随着时间的流逝,那种生态流产生、维持及分解着景观上的地理差异。城市化是不平衡地理发展在某一规模上的表现。”①

可以说,用城市的不平衡地理发展来表达正义问题,哈维并不是唯一的。查理德·佛罗里达在《新城市危机》中也讲到了类似的观点:一是少数超级城市及高新科技与知识中心地区与其他城市之间不断扩大的经济差距。二是超级城市的成功给自身带来危机。它们普遍面临房价高企且不断攀升以及不平等程度不断升级的问题。三是日益扩大的贫富差距、社会和阶级分化。这方面危机的影响更广,危害也更大,无论是“赢家”城市还是“输家”城市都难以幸免。如果说旧城市危机的特征是“甜甜圈中间的洞”,那么新城市危机的特征就是“消失的中层”。“空城市、富郊区”的社会阶层已经过时了,取而代之的是一种新的“拼布城市”,即小片富人社区与大片贫困社区交织,同时存在于城市和郊区中。四是日趋恶化的郊区问题,如贫穷、攀升的犯罪率、愈演愈烈的财富分化和种族隔阂。五是发展中国家的城市化问题:城市化与生活水平提高的关联被割裂了,甚至出现了城市化没有带来经济发展的情况。

正是因为城市中存在着这些不平衡问题,哈维提出了“城市权利”这一概念,目的要回答:我们究竟要做什么样的人?我们追求什么样的社会关系?我们与我们钟爱的自然处于何种关系?我们希望何种美学价值观念等。在哈维看来,“城市权利”是个宽泛的概念,“远超出我们所说的获得城市资源的个人的或群体的权利”②,但获取“城市权利”绝不是哈维的目标,他的目标是要进行“城市革命”,从而重建乌托邦。

① David Harvey, *Justice, Nature and Geography of Difference*, Oxford: Blackwell Publishers Ltd., 1996, p.429-430.

② [美]戴维·哈维:《叛逆的城市:从城市权利到城市革命》,叶齐茂、倪晓辉译,商务印书馆2014年版,第4页。

第三节　重建乌托邦

城市是人们栖居的最后乌托邦，尤其对于现代人而言，城市生活已成为生活的本质。受列斐伏尔的影响，大卫·哈维认为，资本主义条件下的城市呈现的是一种无意识的经验，即充满偶然性和不可预测性的“第二自然”属性，但是通过分析这种经验的历史和地理基础，能够以新的方式透视隐藏在这些基本经验背后新的可能性，而他认为，理论的任务即是提示这种可能性和给人们提供想象并改造世界。“学界最首要的任务就是要增强自我意识和自我觉醒来构建社会地理学思想的新范式，基本方法就是要对现有的分析框架进行深刻反思。……我们要做的就是调动智力资源来形成概念、范畴、理论和主张，然后将之运用到推动符合人道的社会变化的事业中。”①

可以看到，城市在快速发展的同时也带来了严重的社会问题，城市问题就成为社会问题，成为必须面对的政治问题。我们可以看到在城市中两极分化越来越严重，如高耸入云的大楼的阴暗面是触目惊心的贫民窟，这些现象和问题需要人们重新布局与思考城市空间问题，城市空间的合理规划也显得尤为重要。因此，必须清醒地意识到，城市的确给人们生活带来巨大改变，但这种改变也引发了一系列问题，如何处理这些问题就成为如何更好在城市中生活的目标，也成为大卫·哈维构建他的乌托邦思想的一个基础。

在大卫·哈维看来，资本主义社会并没有改变，但是他与马克思不同，他以城市空间为切入点，分析了这种未改变的本性。他认为，资本主义城市化的过程是一场“歹托邦”（dystopia）②的噩梦，它脱离了社会正义，表现出贫穷、暴乱和武力。由于在发展过程中，制度的不完善和不健全，城市发展完全是一种全新的尝试，加之资本主义掠夺和剥削的本性，自然产生了一系列可怕的后果，“每一个城市都受困于（常常是不断增长的和在某些时候占主要地位的）

① ［美］大卫·哈维：《世界的逻辑》，周大昕译，中信出版集团2017年版，第29—30页。

② “歹托邦”是乌托邦的反面，是指缺少“社会正义”的城邦，也就是一种集权式的政府。

集中的贫困、人类的无望、营养不良和慢性病、几近崩溃或者极大压力的基础设施、无意义或浪费的消费主义、生态恶化和过度膨胀的人口、拥挤、表明上受侵袭的经济和人类发展、不时发生的痛苦的社会斗争,从街头的个人暴力到有组织的犯罪"①。

正因此城市呈现出两面性,他努力做的就是"打开一条道路,把城市过程理论化为阶级斗争和资本积累的历史地理的一个积极部分"。这是替代性方案的基础。大卫·哈维选择替代性的可能世界的观念,来对应他关于大规模社会变革的悲观主义,他对空间进行的是更为乐观的和有希望的思考。这一思想的核心是对空间-时间假设的分析,即强调乌托邦思想。

大卫·哈维的乌托邦思想深受20世纪之前的乌托邦思想和20世纪西方马克思主义的新乌托邦思想的影响,但是,他又根据马克思主义、马克思主义的理论传统,结合当代资本主义的发展状况提出了与传统乌托邦不同的思想,即"把历史的过程性与时空相对性联系起来主张社会的开放性,从而把空间差异置于未来想象的焦点"②。

如何把城市与乌托邦结合起来?大卫·哈维认为,一个城市要想表现出乌托邦的气质就必须具有自由的气氛,然而空间本身又具有焦虑和混乱的特质。"我们希望城市会是什么样的计划就是关于人类可能性、我们需要谁,或者甚至更加贴切地说,我们不希望成为谁这样的一些计划"③,因此,透过城市实现乌托邦计划,根本上就是把时间排除出去,构建一种"空间形态的乌托邦",社会稳定下来,"空间秩序安排的无限可能性为社会世界的无限可能性提供了前景"④。

一些学者还提出了退步的乌托邦的观点,即一种理想的模型,比如迪斯尼乐园。针对这种观点,大卫·哈维提出了要寻找一种能"在政治-经济生活中作为一种实际的社会力量发挥作用"⑤的乌托邦,而不是理想模型。他对马克

① 薛毅编:《西方都市文化研究读本》第三卷,广西师范大学出版社2008年版,第350页。
② 张一兵主编:《资本主义理解史》第五卷,江苏人民出版社2009年版,第409页。
③ [美]大卫·哈维:《希望的空间》,胡大平译,南京大学出版社2006年版,第154页。
④ [美]大卫·哈维:《希望的空间》,胡大平译,南京大学出版社2006年版,第156页。
⑤ [美]大卫·哈维:《希望的空间》,胡大平译,南京大学出版社2006年版,第162页。

思等人提出的过程乌托邦提出异议，认为这种形式只会在资本无限扩张中被摧毁，过程的乌托邦必须与空间相妥协。在此基础上，他提出了一个替代性方案，而不是描述某个静态的空间形式或是一个完美的解放进程。

他认为，空间的乌托邦形式是一个理想的世界，它在孤立的可能性中和一个固定终极乌托邦国度遭遇，不愿承认社会集权性质则必须建立这样一个乌托邦。与之相反，他认为，概念化的乌托邦作为一个时间性过程，人们是无法认识这一过程，这一过程必须基于真实的地方和组织，它们必然是固定的形式，这也就限制了乌托邦的发展。与之相应，他提出了“乌托邦辩证法”，用来阐述空间和时间的维度。空间和时间在乌托邦式的空间形式中和乌托邦的过程中是分离的。他把这当成一种在当代地理学的具体可能性的乌托邦思考的指导性方法，虽然面临权威和覆灭的危险。大卫·哈维感到，辩证法使对乌托邦的思考回到现实，但消解乌托邦的不切实际性和在政治变革中的混乱却是困难的。

大卫·哈维对于目前的可能性并不乐观。因为替代的地理想象要挑战资本主义世界中的“主流观点”，当货币与时空联系在一起形成一个互不相容却合乎逻辑的体系，它就必须克服地方的、富有战斗性的单一主义和地方武装的特殊主义。他认为，资本主义使场所（及基于场所的特殊的美学政治学）通过它对空间掌控来互相作用，这些导致了大卫·哈维对当前在社会批判理论中强调差异的怀疑。在他看来，建立一个全球替代性方案是要求资本主义在多样的特殊世界中找到协同性。这种妥协就是一种辩证的乌托邦，这样看来，他的乌托邦也并没有实现，而是妥协的产物。

第六章　空间正义视角中的中国问题

中国犹如一只突然出现的"红天鹅"，对政治学研究提出了前所未有的挑战。作为一个快速发展并具有国际竞争力的经济体，中国是一个不同寻常、不可预测的实例。

——韩博天《红天鹅》

伴随着中国社会经济发展取得的巨大成功，作为世界第二大经济体，中国无疑吸引了越来越多的西方学者关注。作为一位密切关注时代发展的思想家，中国问题也必然成为大卫·哈维无法回避的。在他最新出版的几部作品《世界的逻辑》《资本社会的 17 个矛盾》《马克思与〈资本论〉》中，都提及了中国问题。如在《世界的逻辑》一书的引言中，哈维专门谈及了中国问题。谈及 2008 年全球经济危机后，中国是如何应对这场危机的，以及中国应对方法对世界产生的影响。当然，他早些的著作，如在《新自由主义简史》一书中，专门有一个章节论述"有中国特色的"新自由主义。再如在 2009 年 2 月 12 日"读《资本论》"网站上刊登了他的大作《为什么美国的刺激方案一定会失败?》，在文章中他比较了美国和中国实行凯恩斯主义刺激方案的差异性。他认为美国贸易和财政赤字过高、国内利益集团的政治和意识形态阻碍、美国去工业化已久等因素将使美国刺激计划失败，而中国有大量外汇储备、历史和现实中较强的社会主义意识形态和经济正处于大发展阶段等因素将使中国刺激经济方案更可能成功。这些论述说明了他对中国问题的关注。与此同时，对中国当前的发展，对中国问题的剖析也充分说明空间理论对现实的指导，实现了理论与现实张力的有机统一。

与此同时,中国在现代化发展过程中,空间问题为什么会出现？如果这个成立,这势必会出现一些空间非正义的现象,我们是如何处理的,这种处理对于世界的积极意义又在哪里？

第一节　中国日益走近世界舞台的中央

时间和空间是人类发展的两大基本问题和永恒困境。时间问题的本质是“来不来得及做”或“有没有时间去完成某件事”,空间问题的本质是“有没有条件和资源做”或“具备不具备做某件事的历史条件或社会土壤”。“空间”是与中国的近代化与现代化发展相伴而来的。

纵观中国历史空间的演变,不得不提一件事情,公元750年阿波斯王朝建都巴格达。这件事情直接影响了中国在世界范围内的空间演化。阿波斯王朝的成立标志着伊斯兰势力在欧亚大陆的崛起,直接影响就是自唐代兴盛的丝绸之路自此走向衰败。“随着伊斯兰势力在中亚、西亚的兴起,一个以大唐、波斯和大食为核心的亚细亚世界瓦解了,西亚逐步伊斯兰化,而伊斯兰世界的发展方向是向西,随着伊斯兰势力的扩张,北非和地中海地区也被伊斯兰势力占领。”①这件事情的结果,“广大的欧亚大陆发展空间的丧失,中国已经形成的强大生产力就逐渐被局限在东南沿海的狭小范围内,中国的生产关系和社会关系也只能去适应这种‘被限制的生产力’,而制度变革的动力总体来说也是受限的。”②由此,也可以看出,地理空间对一个国家发展的重要性。

另一件事情中国在农耕文明时代,创造出了丰富的物质财富和精神文化。据一些数据表明,宋朝人口占世界人口的15%左右,经济总量却占到了全球的75%以上,最高的时候已经达到了80%,雄踞世界第一。中国沉浸在这种“富裕的安逸生活中”。与此同时,此时的西方,正在追求努力向外扩张。在

① 韩毓海:《龙兴——五千年的长征》,中信出版集团2019年版,第64页。
② 韩毓海:《龙兴——五千年的长征》,中信出版集团2019年版,第64页。

扩张和发展过程中，生产力不断提升，相应的生产资料也在不断丰富和发展，在一定契机下，率先开始了工业化进程，这是人类历史翻天覆地的大变化。具体来讲，从1500年开始，人类文明开始了新的征程。在这之前人类相互之间是彼此孤立的，相互之间联系较少。但是从1500年之后，西方新航路开辟，麦哲伦全球航行，哥伦布发现新大陆等事件，世界逐渐被连为一体，东西方之间的文化、贸易交流开始大量增加，殖民主义与自由贸易主义也开始出现。“世界贸易和世界市场在16世纪揭开了资本的现代生活史。”①欧洲这个时期的快速发展奠定了其超过亚洲繁荣的基础。更为重要的是，从1500年开始，人类世界逐渐从农耕文明向工业文明转型。这样的人类文明转型是文明体系内部全方位地转换，它影响社会生活的方方面面，比如，从自给自足的小农经济到工业化大生产为代表的市场经济，这种新的生产方式也造就了现代意义上的工业城市的出现。可以说，一些西方国家抓住了人类历史从农耕文明向工业文明转型的关键机遇期，而中国却在这个关键机遇期错失了发展机会，逐渐走向落后，而落后就要挨打。

一场鸦片战争，使中国从繁荣走向没落，走到了被奴役被压迫的地步。这对于中国而言是“数千年未有之大变局”。对此，1853年5月20日，马克思写了《中国革命和欧洲革命》一文，论述了英帝国主义的武装侵略和贩卖鸦片，激起这次中国人民革命斗争。他说：“中国的连绵不断的起义已经延续了约十年之久，现在汇合成了一场惊心动魄的革命；不管引起这些起义的社会原因是什么，也不管这些原因是通过宗教的、王朝的还是民族的形式表现出来，推动了这次大爆发的毫无疑问是英国的大炮，英国用大炮强迫中国输入名叫鸦片的麻醉剂。”②因此，鸦片战争与其说是一场战争，不如说，正是鸦片战争将中国历史的发展卷入世界发展的大潮中。“满族王朝的声威一遇到英国的枪炮就扫地以尽，天朝帝国万世长存的迷信破了产，野蛮的、闭关自守的、与文明世界隔绝的状态被打破，开始同外界发生联系。”③正是一场鸦片战争，具体来说是英国的大炮，打破了中国封建统治者的天朝大国美梦，迫使其与外界联系

---

① 《马克思恩格斯文集》第5卷，人民出版社2009年版，第171页。

② 《马克思恩格斯文集》第2卷，人民出版社2009年版，第607—608页。

③ 《马克思恩格斯文集》第2卷，人民出版社2009年版，第608页。

在一起，中国旧的制度、社会结构、经济结构等纷纷解体，中国开始了马克思所说的世界历史。“资产阶级，由于开拓了世界市场，使一切国家的生产和消费都成为世界性的了。”①因此，从更为宏观的角度，探讨空间问题的出现，其本质上就是人类文明转型伴随而来的问题。

鸦片战争直接导致了中国结束了相对封闭的状态，在“空间”上呈现出与之前完全不一样的特点，主要体现在两个方面：第一，是中国的发展与世界的发展连为一体。这就要求中国必须以工业化（现代化）为发展目标。翻开中国的近代史，不难发现，从鸦片战争以来，中国所走的路实际上就是一条实现工业化的道路。无论是“师夷长技以制夷”的洋务运动，还是戊戌变法、到后来推翻几千年封建帝制的辛亥革命，还是新民主主义革命，用一句话来概括就是实现中国的现代化。现代化就意味着要打破农耕文明的封闭落后，打破自给自足的小农经济，以实现相互交流、互通有无的市场经济，从而完成从农耕文明向工业文明的转型，这样一种转型就使空间问题在中国开始出场，并逐渐发挥越来越重要的作用。第二，一种新的形态出现也就是城市。工业化大生产这种新型的生产方式在空间上的集聚实际上就是城市的出现。城市的出现是人类走向成熟和文明的标志，也是人类群居生活的高级形式。城市也是伴随人类文明与进步发展起来的。伴随工业化发展，城市崛起和城市文明开始传播。其实，农耕时代城市就出现了，但只是一个雏形，城市的规模很小，尚不具备生产功能。真正意义上的城市是工商业发展的产物。工业革命之后，城市化进程大大加快了，由于农民不断涌向新的工业中心，城市获得了前所未有的发展。到第一次世界大战前夕，英国、美国、德国与法国等西方国家，绝大多数人口都已生活在城市里。这不仅是富足的标志，而且是文明的象征。因此，城市具有革命性的空间意义。正如大卫·哈维曾经在1996年出版的《正义、自然和差异地理学》中预言到“20世纪初，全球只有16个人口超过百万的城市。其中多数都在发达资本主义国家，最大的伦敦也只有不到七百万人口。那时，也只有不超过7%的世界人口能够合理地归入‘城市’。而到2000年，差不多将有500个人口超过百万的城市，其中最大的，如东京、圣保罗、孟买，

① 《马克思恩格斯文集》第2卷，人民出版社2009年版，第35页。

可能还有上海（这份名单总是不停地变化），都将拥有两千多万人口，还有20多个拥有一千多万人口的城市紧随其后，它们多数分布在所谓发展中国家。"①他的预言成真了。

总之，20世纪已经成为城市化的世纪。中国城市的发展也是伴随着中国工业化、现代化的进程发展起来的。随着时代不断发展，空间问题变得越来越重要，尤其是在今天中国的发展，包含了空间的发展。如果说从鸦片战争以来的中国近代史，尤其是从农耕文明向工业文明转型意味着"空间问题"在中国的出现，那么改革开放以来中国快速发展，并在2010年成为世界第二大经济体，则意味着"空间问题"在中国开始崛起。

党的十一届三中全会以来，党中央扭转之前以阶级斗争为纲的做法，开始实行对内改革、对外开放的政策，实现由封闭半封闭到全方位开放的历史转变，积极参与经济全球化进程，为推动人类共同发展作出了应有贡献。我们大力发展生产力，经济快速发展，人民生活水平日益提高，综合国力显著增强，创造了许多同时期世界经济发展之最。

自20世纪80年代以来，中国成为世界上经济增长速度最快的国家之一。创造贸易增长速度的世界之最。总之，中国经济在过去多年时间里，创造了世界经济增长史上的新奇迹，刷新了多个世界纪录。这一现象被众多专家誉为"中国奇迹"。以一组数据来说明问题：1978年，中国的进出口总量只有206亿美元，位居世界第27位。到1990年，增至1100多亿美元，位居世界第16位。到2001年，猛增至5098亿美元，世界排名跃居第6位。2021年中国外贸进出口总量增至6.1万亿美元，可以看出，中国对外贸易总量在40多年里增长了300多倍，为世界所罕见。我国还创造外汇储备增长速度的世界之最。1978年中国外汇储备仅有1.67亿美元，微乎其微。1989年，也只有55.5亿美元。1993年以后，中国外汇储备飞速上升，到1996年底首次突破千亿美元大关，居世界第二。2021年，中国外汇储备已经突破32502亿美元，稳居世界第一。创造生产增长速度的世界之最。中国曾经是个物资和产品匮乏的国

① ［美］大卫·哈维：《正义、自然和差异地理学》，胡大平译，上海人民出版社2010年版，第462页。

度，改革开放使中国彻底告别了短缺时代。1996 年，中国钢产量突破 1 亿吨，超过日本跃居世界第一位。同样雄踞世界产量榜首的还有：粮食、肉类、水产品、水果、棉花、布、煤炭、化纤、化肥、水泥、电视机、数字程控交换机等产品。以如此短的时间，实现主要大宗工农业产品产量上巨大飞跃，这在世界历史上是不多见的。中国 GDP 总量占美国的比重，从 1978 年的 6. 3%，上升到 2020 年的 70%以上。1979 年，我国 GDP 总量约为 4100 亿元人民币，到了 2020 年，超过了 100 万亿元人民币，40 多年时间，我国的 GDP 翻了 200 多倍。这一系列数据都向我们表明，中国的发展是迅速的。

中国之所以能够取得如此巨大的成绩，主要还是要归功于从 1978 年以来，我们实施改革开放政策，打开国门将中国的发展与世界的发展连为一体，充分借鉴和吸收其他文明一切先进成果。2001 年 12 月 11 日，中国正式加入世界贸易组织，成为其第 143 个成员。中国真正融入世界经济的大循环中。党的十八大以来，在外交上倡导“一带一路”“人类命运共同体”“新型国际关系”等。截至 2021 年 1 月底，我国累计同 140 个国家和 31 个国际组织签署 205 份共建“一带一路”合作文件。

尤其是伴随着第三次工业化浪潮，全球制造业向中国转移，加之中国工业化进程加速和现代化运动，“空间问题”成为当代中国社会政治、经济、文化必须回应的一个问题。“全球经济中的权利关系和地缘政治形态看来也出现缓慢的结构性转变。财富从东方流向西方的趋势持续约两个世纪之后，情况发生了逆转，而随着西方在 2008 年金融体系崩溃之后失去大部分动能，中国日益成为全球资本体制最富活力的中心。”中国正日益走近世界舞台的中央。

第二节　中国发展中的空间正义

在中国现代化发展进程中出现了两个显著的空间问题。一是城市崛起引发的问题。二是区域发展不平衡问题。

一、城市崛起引发的问题

城镇化是衡量一个国家或地区发展程度、现代化水平的重要标志。根据中国社会科学院城市发展与环境研究中心《中国城市发展报告》显示，1950 年代由于国内外政治经济形势，特别是农业生产能力相对落后，国家采取了"积极推进工业化，相对抑制城市化"的政策导向，实行城乡分治，限制农村人口向城市迁移。1950—1978 年的 28 年中，虽然工业化水平增长了 27 个百分点，但城市化水平仅增长了 7 个百分点。直到改革开放后，中国城市进入稳定发展时期，城市化明显加速。改革开放初期，返城人口激增，城市化提速，1978—1985 年的 8 年间城镇人口所占比重提高了 5.79 个百分点，1984 年城市经济体制改革开启了城市发展的新时代，城市就业机会的增长吸引了巨大数量的农民工群体，1985—2000 年的 15 年间城市人口所占比重又提高了 12.51 个百分点。进入 21 世纪，国家通过户籍、社会保障一系列改革，城市化进一步加速，至 2006 年城镇化率达到 43.9%，6 年间提高了 6.28 个百分点。中国 2012 年城镇化率达到 52.57%，与世界平均水平大体相当，城镇化取得显著成效。近年来，有关部门和地方不断加大市政设施建设，市政设施供给能力和服务水平明显提高。2021 年，城市人均道路面积达到 18.8 平方米，人均公园绿地面积达到 14.8 平方米，城市用水普及率、污水处理率分别达到 99.38%、97.89%。

再从城市的 GDP 来讲。1949 年之前，我国没有一个城市 GDP 超过百亿元；1986 年之前，我国也没有一个城市 GDP 达到千亿元，但到了 2020 年，我国万亿 GDP 城市已达到 23 个；经过这些年的发展，我国人口达到千万量级的城市也已经达到了 18 个，这些大城市的总人口为 2.747 亿，也就是说，我国接近 20%的人口都生活在这些千万级人口城市中。以上海为例，统计显示，1978 年上海的 GDP 为 272.81 亿元，其中第二产业为 211.05 亿元，是一个典型工业城市。随后，上海的 GDP 于 1987 年突破 500 亿元，1992 年突破 1000 亿元，1995 年突破 2000 亿元，2001 年突破 5000 亿元，2006 年突破 1 万亿元，2011 年突破 2 万亿元，2017 年突破 3 万亿元。截至 2020 年，上海的 GDP 已达到了

38700.58亿元。上海经济的“量级”不断提升，已从一个工业城市升级到一个以服务业为主的城市。这些数据都表明，改革开放以来中国的城市化发展迅速，为中国经济持续快速发展提供了有力支撑。

但是随之而来也引发了乡村的衰落。工业化必然导致将原本完整的体系分成两个部分，一部分是城市，一部分是农村。随之而来的是一部分人成为了城市中的人，而另外一部分则仍为农民。因此，城乡二级对立也就成为贯穿整个现代化进程中的矛盾。正如经典作家那里所言：“城市和乡村的分离还可以看做是资本和地产的分离，看做是资本不依赖于地产而存在和发展的开始，也就是仅仅以劳动和交换为基础的所有制的开始。”①当然，中国城乡问题，还有其自身的独特性。比如，与地广人稀的其他大国相比，我们的空间资源严重不足和配置不均衡，这已成为影响我国城市化进程最直接的客观条件和现实背景。众所周知，空间与土地是城市发展的基本需求之一。但是，近年来一些地方的“城市大跃进”已严重威胁到国土开发的“底线”。因此，国家必然加大对土地与空间资源的管控，这又导致“发展缺空间”“用地缺指标”已成为各城市普遍面临的发展难题。于是一些地方就出现了“侵占农业用地”和“利用旧城改造”，直接损害农民或市民的切身利益，这种行为极易引发群体性事件，使得城市风险越来越高。西方城市理论认为，城市的发展，更多来自自然空间演化、城市形态蔓延、空间距离改变等，包括交通和信息，也包括城市群理论的内部分歧。由此可以得出，西方城市群理论起源于对“空间”变化的观察和研究，其在实践中遭遇的很多问题也可归结为“空间”问题，并倾向于从空间角度寻求解决问题的方案和路径。中国城市发展更多是人为的规划、设计和推动。这就导致了中国城市问题很多。比如以城市规划为例，“做得太快、操之过急”“换一届政府换一张规划图”，中国城市规划正由“规划不足”走向“规划过度”，加重了城市发展在理念上的混乱、在产业结构与空间形态上的“同质化”。除这些问题以外，中国城市发展最重要的问题就是克服区域发展不平衡。马克思和恩格斯在《德意志意识形态》中也说，“物质劳动和精神劳动的最大的一次分工，就是城市和乡村的分离。城乡之间的对立是随着野蛮向

① 《马克思恩格斯文集》第1卷，人民出版社2009年版，第557页。

文明的过渡、部落制度向国家的过渡、地域局限性向民族的过渡而开始的,它贯穿着文明的全部历史直至现在。……在这里,居民第一次划分为两大阶级,这种划分直接以分工和生产工具为基础。城市已经表明了人口、生产工具、资本、享受和需求的集中这个事实;而在乡村则是完全相反的情况:隔绝和分散。城乡之间的对立只有在私有制的范围内才能存在。城乡之间的对立是个人屈从于分工、屈从于他被迫从事的某种活动的最鲜明的反映,这种屈从把一部分人变为受局限的城市动物,把另一部分人变为受局限的乡村动物,并且每天都重新产生二者利益之间的对立。在这里,劳动仍然是最主要的,是凌驾于个人之上的力量;只要这种力量还存在,私有制也就必然会存在下去。消灭城乡之间的对立,是共同体的首要条件之一,这个条件又取决于许多物质前提,而且任何人一看就知道,这个条件单靠意志是不能实现的(这些条件还须详加探讨)。城市和乡村的分离还可以看做是资本和地产的分离,看做是资本不依赖于地产而存在和发展的开始,也就是仅仅以劳动和交换为基础的所有制的开始。"①城乡矛盾成为城市化过程中必须面对的问题之一。

其次是大城市病的出现。随着中国城市化的发展,出现像北京、上海、深圳等超级大城市,城市规划和建设盲目向周边摊大饼式地扩张,大量耕地被占,使人地矛盾更尖锐。在这些城市里出现了人口膨胀、交通拥挤、住房困难、环境恶化、资源紧张、物价过高等"症状"。这些问题也会加重城市负担,制约城市化发展以及引发市民身心疾病等。

二、区域发展不平衡。

在中国城市化进程中,还出现了区域发展不平衡的问题,主要体现在三个方面:

一是地区间存在着经济水平的差异。新中国成立以来,由于实行计划经济体制,区域经济发展水平差距并不明显。但改革开放以来,我国在经济政策上采取"让一部分地区先富起来"。东部沿海地理位置、资源条件、环境特征

① 《马克思恩格斯文集》第1卷,人民出版社2009年版,第556—557页。

等条件较优越，因此采取了优先发展东部沿海地区，然后带动西部地区发展的政策方针。东部沿海地区利用其有利的地理和社会因素，积极参与国际分工，区域经济得到飞速发展。于是，东西部地区经济发展差距就显现出来，并且不断扩大。可以说，我国经济总量在空间分布上呈现出东南沿海高，西北内陆低的特征。从发展阶段来看，我国已经整体上进入工业化时代，但是部分区域还在工业化的前期，沿海地区则已经进入后工业化时代。

二是把握发展机遇能力的差异。受文化观念、教育水平等因素的影响，在捕捉机遇、把握发展契机上，区域之间存在明显差异。这几年，我国经济处在优化转型期，正从以物质驱动为主的发展方式向以创新驱动为主转变，以新引擎代替旧动能。在这一过程中，有的城市将外部冲击和内部调整视为机遇，抓住机会借势完成产业升级，转换了支撑经济增长的主导产业。比如像重庆利用物联网，崛起态势明显。再比如贵阳，构建大数据中心，强势发展。而有的城市则在区域竞争中处于劣势，经济增长较为滞后。于是，一蹶不振，身陷经济发展困局。

三是人民生活水平差异。当前，中国各地的人民消费水平也存在很大差异。受经济水平的影响，西部地区的消费水平较低，而东部地区的消费水平较高。

第三节　破解当前中国问题的方案

上一部分已经论述了，当代中国最大的空间问题就是发展不平衡（城乡发展不平衡、区域发展不平衡）。的确随着现代化的不断推进，这一问题也越来越突出。对于这一问题如何从理论上给予回答就显得十分重要。

对于这一问题可以借助西方马克思主义的不均衡地理发展理论。时代在不断的发展变化，不均衡地理发展也逐渐被人们所熟悉与理解，并成为理解当前资本主义生产方式的关键。的确，第二次世界大战后资本主义并没有像马克思所预言的那样走向灭亡，相反而是焕发出勃勃生机。因此，资本主义为什么会幸存就成为当代马克思主义者必须要面对和回答的问题。列斐伏尔从空间这个曾被忽视和遮蔽的视角出发,认为资本主义正是由于空间生产的出现而得以幸存。之后,大卫·哈维、爱德华·苏贾等人更加细致地分析了资本主义的空间理论,提出了不均衡地理发展理论,以此来实现对当代资本主义的批判。

大卫·哈维为了回应当代资本主义为什么会幸存以及当代政治经济命运为何极其多变这两个问题的存在,他借助不均衡地理发展理论,探讨隐藏于资本主义繁荣之后的本来面貌。与传统马克思主义单向度的理解不均衡地理发展不同,哈维认为,资本主义自身的发展就是建立在不均衡的基础之上,同时在资本主义的发展过程又产生了不均衡地理发展,尤其是新自由主义扩张版图就是通过不均衡地理发展而存在的,与此同时,这也是资本主义生产方式赖以存在的基础。

他将以往的关于不均衡地理发展理论的论述概括为四个方面:历史主义的解释,建构主义的解释,环境主义的解释,地缘政治的解释。他认为,这四种解释都有可取之处。他的不均衡地理发展理论就是在此基础上,通过综合概括形成“统一”场理论,旨在阐明当代资本主义社会的运作方式。在此基础上,哈维提出了四个条件,分别是:资本积累过程中社会—生态生活中的物质嵌入,剥夺性积累,时空中资本积累的特性以及各种地理尺度上的政治、社会与“阶级”斗争。简单地讲,就是社会系统中的物质、掠夺性积累、时空中资本积累和资本主义地缘政治这四个方面的影响造成了资本主义的不均衡地理发展。

可以看到,哈维的不均衡地理发展理论是针对当代资本主义政治规划和资本积累地理过程中,全球化与多样性之间冲突而提出的,但却涉及许多重要的现实问题,如:区域的差异增长、地理的进程、全球化问题、国家领土矛盾等,这些思考对于回答我国当下发展不平衡现象有一定的借鉴价值。其实,对于西方马克思主义理论的介绍和了解,归根结底是要吸收和借鉴的。我国“发展起来以后的问题”,在西方马克思主义理论中不同程度上都涉及了。西方马克思主义以西方文化传统为背景,反思正统马克思主义,批判资本主义现代性的弊病,在一定意义上彰显了马克思主义的当代意义。这也为我们研究当代中国马克思主义提供了一些启示。但我们绝对不能简单地模仿西方的理论,更不能妄想西方学者能为我们出谋划策、提供现成答案。甚至要识破其中某些理论所设置的政治陷阱。我们应通过比较研究,从中得到必要的警示,同时也可以彰显当代中国马克思主义的相对优势,更好地讲“中国的故事”。

第一,当前我国发展不平衡所引发的问题。自改革开放以来,为了促进经济发展,我国实行非均衡发展战略。不论是东部沿海地区的率先发展,还是西部大开发、东北振兴、中部崛起、京津冀协同发展等发展战略的转变和调整,不仅使这些重点发展地区的社会经济得到快速发展,而且带动了全国整体社会经济水平的提高,使得国家和各地区工业化和城镇化进程明显加快。

但同时我们应该清醒地看到,非均衡发展战略的实施也带来了一系列的社会、经济和生态环境问题。主要表现在四个方面:一是在全国经济高速增长的过程中,区域之间表现出明显的不平衡,区域经济差距越来越显著,特别是进入20世纪90年代,区域之间的相对差异和绝对差异都呈现出加速扩大的趋势,东部快速发展、西部长期落后、中部边缘化、东北衰退等对中国社会发展和整个现代化战略目标的实现带来了负面影响。二是区域经济的结构问题也凸显出来。比如,在向市场经济转轨过程中,市场机制逐渐在资源配置中发挥着重要作用,各个区域都以竞争的姿态来指导产业结构调整,争相发展市场上销路好,附加值高的产品,导致各个区域之间产业结构趋同现象严重。三是现行政策对于控制和缩小区域发展差距和居民福利差距还缺乏切实有效的措施,需要进一步完善和加强。四是随着社会经济的快速发展和不平衡发展,出现了人与自然关系的失衡,资源、环境压力凸显,能源紧缺、突发性自然灾害和生产安全事故频繁发生。

第二,不平衡地理发展理论对解决当前我国区域发展不平衡的借鉴意义。针对这些存在的问题,需要我们以积极的心态和辩证的思维,借鉴和运用西方不均衡地理发展理论中有益的视角和观点,为促进我国区域协调发展提供有益的探索。

一是必须承认区域差异和区域竞争。按照哈维的解释,不同区域之间的物质镶嵌性的不同是导致不均衡地理发展的根本原因;同时,不均衡地理发展体现了社会发展的差异性,差异性是社会发展的动力,有利于社会发展和进步。因而,在改革开放初期提出优先发展东部沿海地区是符合事物发展规律的,尽管客观上拉大了地区差距,但这只是共同前进中步伐快慢的差异,从总体上看,对推动中国经济快速增长发挥了很大作用。

二是掠夺式发展是不可取的。哈维认为,掠夺式积累是由资本特性决定的。我们必须清醒地认识到,社会主义不是资本主义,仅仅通过掠夺式积累助推起来的局部地区经济繁荣不是我们的根本目的,我们是以实现人民共同富裕为目的的。因此,需要适时调整那种以牺牲局部利益为代价的区域发展战略。要充分利用社会主义优势,发挥市场这只"看不见手"的作用和宏观调控的作用,创新西部地区自身发展机制,提高欠发达地区的劳动生产率,帮助其增强造血功能,实现区域统筹协调发展。

三是加强跨国经济合作,促进中国经济发展。正如哈维所言,资本主义国家为了缓解经济危机,采取了时空修复的方法,在空间上转移资本。我国要充分利用资本主义向外转移生产力的机会,加强发展同其他国家的经济合作,实现产业对接,提高自身企业的竞争力,逐步建立起多层次参与国际经济循环的格局,不断缩短与发达国家的差距,推动自身快速发展。

我们可以发现,大卫·哈维对中国政府的政策理解并不准确,对一些战略的分析也难免出现不足之处,但是可以提供给我们另一种视角来看中国发展中面临的问题。

第七章　当代西方空间正义理论的新趋势

马克思已经给我们(人类)提供了对资本主义的有力的令人信服的批判,但并没有提供任何可行的替代资本主义的具体方案。

——大卫·施韦卡特《超越资本主义》

资本主义批判是当代西方马克思主义逻辑发展的线索,也是其关注的核心问题。自 1974 年亨利·列斐伏尔出版《空间的生产》这一"空间转向"的标志性著作开始,资本主义批判伴随着社会理论的"空间转向"展开,诸多学者对空间问题展开了热烈而持久的讨论,共同推动了"空间转向"的不断深入。例如,吉登斯在揭示现代性或现代社会的秩序时运用"时空分延"理论,指出"时空转换与现代性的扩张相一致"①;弗雷德里克·詹姆逊基于其独特的空间辩证法对资本主义历史进行文化分期,阐述了"文化空间"研究的可能性;大卫·哈维提出了"历史地理唯物主义"理论,借助空间问题展现了马克思主义丰富的解释力。此外,福柯的"异质空间"、索亚的"第三空间"、卡斯特的"流动空间"、多琳·马西的"性别空间"等概念的提出也不断丰富着空间理论。时至今日,伴随时代的发展,新的现实需要生产出空间与网络、政治学、性别、后殖民等一系列新话题,空间批判理论成为跨越人文、地理、政治和社会学等多学科的研究焦点。

出现于 20 世纪中后期的"空间转向"深刻地改变了学术研究的范式,影

① [美]安东尼·吉登斯:《现代性的后果》,田禾译,译林出版社 2000 年版,第 15 页。

响了学术思想的话语方式,促进了跨学科研究,使“空间批判”逐步成为西方最前沿的批判理论之一。正如批判地理学杂志《社会与空间》的创刊编辑迈克尔·迪尔(Michael Dear)在该杂志创刊导言中所说:“我们正在见证一种新的社会理论的开始,这种理论可能会成为社会科学进步和一体化的强大力量。”①而后现代地理学代表人物爱德华·苏贾(Edward W.Soja)更是进一步指出:“不管是影响主流思潮还是次要主题,空间转向及新的空间意识正在扭转一个半世纪以来对空间思维的忽略局面。另外,一种批判性的空间视角及其影响已经超越了学术界而进入更宽泛的公共及政治领域,如对城市空间正义及权利日益积极的寻求。……特别是,空间转向结束了空间思维从属于历史思维的时代,而走向了空间思维与历史思维平等并相互影响的时代。这种空间与历史视野的再平衡值得进一步阐释。”②

2008年全球金融危机后,资本主义世界发生了深刻的变化:从全球化浪潮势不可挡,到“逆全球化”思潮暗流涌动;从新社会运动蓬勃发展,到极端民粹主义和极化政治愈演愈烈;从社会不平等、发展不平衡和移民问题不断加剧,到新冠肺炎疫情、俄乌冲突重塑世界秩序,“百年未有之大变局”深刻地影响着空间批判理论关注的焦点。在这种背景下,《空间与文化》《自然与空间》《社会与空间》《人类地理学进展》《人文地理学对话》《国际区域科学评论》《规划理论》《都市研究》等西方研究空间理论的核心刊物,以及《马克思与地球》《空间与战争》《全球化的限度:资本主义发展的破坏性地域》《反对殖民和农村剥夺:南亚和东亚的地方抵抗》等近年来空间批判理论的代表性著作,纷纷对当代资本主义世界发生的变迁进行阐释与解读,形成了西方空间批判理论的新进路和新热点,不断证明着空间批判的有效性。

新加坡国立大学杨伟忠(Henry Wai-chung Yeung)教授就认为:“理论不仅是抽象的工具,更重要的是将其视为对社会空间变化的解释。”③在他看来,

---

① Michael J.Dear,“Society and Space:An introduction”,*Environment and Planning D:Society and Space*,Vol.1,No.1,1983,p.1.

② [美]爱德华·W.苏贾:《寻求空间正义》,高春花、强乃社等译,社会科学文献出版社2016年版,第13—14页。

③ Henry Wai-chung Yeung,“What kind of theory for what kind of human geography?”,*Dialogues in Human Geography*,Vol.9,No.3,2019,p.283.

地理上的不均衡发展是人文地理学存在的理由，只要存在地理上的不均衡发展现象，就需要理论上的充分解释，空间批判理论就不会过时，而学者们只是用不同的方式来解释它。“自20世纪70年代末以来，在受批判理论启发的最新地理学研究中，我们目睹了结构主义的马克思主义理论对决定人类行为的宏大社会结构的揭示，以及它们通过后结构主义、后现代主义、后殖民主义、女性主义、行为者网络理论、非表征理论、拼装理论等形式提出的尖锐批判。”①

第一节　经济发展中的新需求

一、从“时间消灭空间”到“空间消灭时间”

马克思在《资本论》第二篇《资本的流通过程》中提出了“用时间去消灭空间”的论断：“资本一方面要力求摧毁交往即交换的一切地方限制，征服整个地球作为它的市场，另一方面，它又力求用时间去消灭空间，就是说，把商品从一个地方转移到另一个地方所花费的时间缩减到最低限度。资本越发展，从而资本借以流通的市场，构成资本流通空间道路的市场越扩大，资本同时也就越是力求在空间上更加扩大市场，力求用时间去更多地消灭空间。”②这一论断的提出与19世纪广泛的世界贸易所形成的世界市场有关。马克思将时间和空间作为重要的生产要素，揭示商品在流通过程中，想尽一切手段、办法减少由于空间距离拉大带来的流通时间和成本，从而实现快速积累，“资本按其本性来说，力求超越一切空间界限。”③资本主义利用时间实现其空间扩张，也引发着一系列社会变动，比如，流通加速，使得商品仓库减少；空间距离感消失，出现了一些因交通兴起的城市中心；利用时空差买空卖空的期货交易行为减少等。对此，有学者从全球空间生产的过程来理解，也有学者用“时空压

① Henry Wai-chung Yeung, “What kind of theory for what kind of human geography?”, *Dialogues in Human Geography*, Vol.9, No.3, 2019, p.284.

② 《马克思恩格斯文集》第8卷，人民出版社2009年版，第169页。

③ 《马克思恩格斯全集》第30卷，人民出版社1995年版，第521页。

缩”来说明全球化进程中的时空体验及资本主义的加速特征及其对各种空间障碍的克服。

但是,加拿大学者迈克尔·辛普森(Michael Simpson)则从全球资本主义供应链中的商品流通角度提出了“空间消灭时间”论断。按照传统马克思主义的观点,积累周期的周转时间越快,可以完成的周期数量就越多,因此可以产生更多的资本。然而,与很多学者强调资本主义必须加快商品流通的速度以解决经济危机的观点不同,辛普森以库欣的油罐农场为例考察了生产者和投机者为资本积累而故意放慢流通速度的情况,即当生产过剩、廉价石油充斥市场并推动价格下跌时,多余的石油将不再流通,而是被储存在油罐农场,这样的储存空间是石油行业的一种空间补救措施,为的是保护商品的价格,以便在以后出售时获得更高的利润。辛普森将这种策略描述为“空间消灭时间”,这种情况在期货市场十分普遍。①

英国伦敦学院大学的卡勒姆·沃德(Callum Ward)也持相同的“空间消灭时间”观点,不过他是从冠状病毒疾病流感大流行引发全球经济衰退的角度谈及的。他指出,资本主义通过不断减少流通的地理障碍,实现“时间消灭空间”,而2019年席卷全球的冠状病毒,可能标志着自由全球化和金融扩张时代的结束。由于受疫情的影响,各国可能会封闭自己的边境,减少流通,这种做法的结果是全球化被中断,从而使得虚拟资本呈现出本土化的特征,各国各地为了挽救经济,运用金融手段,这可能会引发更大的经济危机。如何解决这个问题,他非常认同辛普森所提出的“地理政治经济学必须重视资本流动的多时性”②,“社会—空间过程的不确定性正再次系统性地摧毁金融家精心设计的风险计算。这次疫情导致的封锁对债券市场产生很大的压力。随着各国央行使用各种刺激方案,这些方案本身会导致更大的债务扩张——资本主义的危机正在以越来越大的规模被地域化。这体现出了空间对时间的湮灭。”③

---

① 参见 Michael Simpson,“The annihilation of time by space:Pluri-temporal strategies of capitalist circulation”,*Nature and Space*,Vol.2,No.1,2019,pp.110-128。

② Callum Ward,“The annihilation of time by space in the COVID-19 pandemic downturn”,*Dialogues in Human Geography*,Vol.10,No.2,2020,p.192.

③ Callum Ward,“The annihilation of time by space in the COVID-19 pandemic downturn”,*Dialogues in Human Geography*,Vol.10,No.2,2020,p.194.

已经有越来越多的学者注意到资本主义经济增长放缓所呈现出的“空间消灭时间”现象，这种思考问题的角度，既是对资本主义经济现实的回应，也是对马克思主义经济理论的反思和补充。但是，无论是“时间消灭空间”还是“空间消灭时间”，体现的都是资本永无止境地扩张的本性。只是在不同的时代和社会，资本扩张的逻辑表现出了不同的方式。

二、消解资本过度积累的良方

“资本过度积累”必然导致“经济危机”，从 19 世纪 40 年代开始，马克思对此进行了详尽的考察。他指出，“只要再生产过程顺畅地进行，从而资本回流确有保障，这种信用就会持续下去和扩大起来，并且它的扩大是以再生产过程本身的扩大为基础的。一旦由于回流延迟，市场商品过剩，价格下降而出现停滞，产业资本就会过剩”①，这种过剩积累到一定程度必然引发经济危机，这是资本主义无法克服的矛盾。正是因为马克思发现了资本主义运行的奥秘，揭示出资本逻辑中存在的问题。这促使资本主义在实践中不断调整自身发展政策和改革措施力求克服困难，延缓危机爆发的频率。

对于资本主义克服经济危机的良方，学者们从空间角度进行解读。大卫·哈维运用空间理论，指出，第二次世界大战后，资本主义试图利用城市化来解决经济危机问题，通过“空间修复”吸收过剩的生产力，并将其视为解决资本主义危机的“良方”。他以为美国为例指出，通过对建筑环境和基础设施的巨大投资来解决过度积累问题，其州际公路系统将整个美国联系在一起，“以新的方式在空间上整合了美国经济”。“在国家机器的推动下，劳动与资本达成了令人不安的妥协。”资本和劳动力被充分和有利可图地用于创建新的林荫大道、百货商店等，城市的日常生活被转化为光鲜亮丽的城市消费主义，这一系列行为给美国带来了“资本积累的黄金岁月”。仿佛资本和劳动力过度积累的危机通过生活方式和建筑环境的转变得到了解决。对此，哈维进行了批判性反思，“通过快速城市化来解决过度积累问题需要付出一定的代

① 《马克思恩格斯文集》第 7 卷，人民出版社 2009 年版，第 546 页。

价”。1973年至1975年,随着房地产市场的崩溃和纽约市(当时资本主义世界公共预算开支最大的城市)的技术性破产,使得利用城市化解决经济危机的方案破产,从而导致美国严重的经济衰退和资本主义重组。这也被称之为“城市化的危机”。在哈维看来,“资本对城市的投机是一种创造性破坏的过程,它通过反复的拆毁和重建,解决其剩余价值难以实现的危机和资本力图压低工资进行扩大再生产的目的之间的必然矛盾。所以城市建设具有阶级性,生活在巨大的水泥丛林的广大居民,要为自己争取有保证的日常生活质量和权利而努力呼喊。”①

来自英国曼彻斯特大学的学者威廉·库茨(William Kutz)认同哈维的观点:“2008年爆发的金融危机与20世纪70年代所爆发的危机从而引发城市的重组不同,当前的危机被认为是发生在新自由主义经济制度中的城市危机。”②在他看来,如何解决经济危机,欧洲国家试图通过调节劳动力的空间再分工,同时加强地方性场所的重组这些方式,来促进市场的恢复。来自英国的学者杰克·科普利(Jack Copley)与玛丽亚·尤金妮亚·吉罗多(Maria Eugenia Giraudo)则指出要想解决经济危机,必须借助国家干预来促进经济发展,通过“为了去领土化而重新领土化,为了去政治化而重新调整规模”③。

即使有各种各样的空间方案来解决资本主义危机,但学者们都清醒地知道现代资本主义和金融危机的经济不稳定性是内在的,即使在表面平静的时候也是如此。④ 这恰恰证明了马克思所预言的:共产主义必然会到来。但在哈维看来,“不能坐等社会主义、共产主义的到来,这是经济决定论,也是对马克思的误读。”他认为,我们的部分目标就是以新的不同原则来改造和重组日

① David Harvey,“Realization Crises and the Transformation of Daily Life”,*Space and Culture*,Vol.22,No.2,2019,p.129.

② William Kutz,“Municipalizing geo-economic statecraft:Crisis and transition in Europe”,*Environment and Planning A*,Vol.49,No.6,2017,p.1225.

③ Jack Copley,Maria Eugenia Giraudo,“Depoliticizing space:The politics of governing global finance”,*EPC:Politics and Space*,Vol.37,No.3,2019,p.442.

④ 参见 Anis Chowdhury,Piotr Żuk,“From crisis to crisis:Capitalism,chaos and constant unpredictability”,*The Economic and Labour Relations Review*,Vol.29,No.4,2018,pp.375-393。

常生活，这是很多政治行动都应该遵循的方向："为寻找一个美好的生活而努力。"①

第二节　当代资本主义世界的新变化

一、全球化：空间批判的新角度

全球化问题，一直以来，都是空间批判理论关注的焦点。可以说，全球化与空间批判理论息息相关，紧密相连。随着全球化的不断加深，人们从各个区域、民族、国家之间的分隔状态走向了均质化的过程，打破了空间壁垒，时间、空间高度压缩，空间不断重塑。尤其是20世纪末，冷战格局结束后，国家间受意识形态影响而形成的敌对关系被各种商业关系所取代。加之，信息、通信技术的快速发展，加速了全球范围的流通。对此，空间批判理论进行了理论上的解释，他们并不是否定全球化，而是对全球化过程中的均质化、否定差异性进行了批判，他们强调要重视发展落后地区的合理要求，要重视地区差异。可以说，这是空间批判理论关于全球化分析的第一阶段，与20世纪90年代的"反全球化思潮"相伴而生。

当今世界，受疫情、战争等各种客观因素的影响，"全球化"热潮散去，各种"逆全球化"的声音出现，世界也许可能迎来一个国际合作变得越来越紧张的时代。"我们正处于对经济全球化的强烈反对之中的说法。不仅贸易停滞不前，外商直接投资下降，而且保护主义政策抬头，贸易自由化下降，投资限制增加，普通政党更加反对全球化，特别是在富裕国家。这些趋势表明，我们正在经历现代国际经济的历史性时刻。"②的确如此，疫情、战争、意识形态冲突使得国与国之间的经济贸易往来受到前所未有的冲击。全球经济正在遭遇前

① David Harvey, "Realization Crises and the Transformation of Daily Life", *Space and Culture*, Vol.22, No.2, 2019, p.141.

② Edward D. Mansfifield, Helen V. Milner, Nita Rudra, "The Globalization Backlash: Exploring New Perspectives", *Comparative Political Studies*, Vol.54, No.13, 2021, p.2274.

所未有的挑战。国际经济流动放缓,民族主义和地方保护主义抬头。这些新的社会发展状态正改变着全球空间状况。对此,当前空间批判理论关于全球化的分析已经不再仅仅局限在对均质化的否定和批判上,而是进入到对新出现的“逆全球化”的分析上来。“在全球公共产品供应、大国竞争、全球公共卫生以及国际经济关系等不同领域,出现了反国际主义、本土主义和仇外言论和政策,这会成为解决全球问题所需的国家间合作与协调的重大障碍。对国际体系稳定性的影响可能是毁灭性的。”①在空间批判理论者看来,这种“逆全球化”“反全球化”现象恰恰撕开了资本主义全球化的伪装,“对全球化的强烈反对,主要限于发达国家。”②当全球秩序朝着不利于资本主义方向发展,一些西方国家不惜开历史倒车,采取逆全球化政策,采取断供、制裁、脱钩、筑墙等策略干预全球供应链空间布局,以维护自身的既得利益,发展的不平等对民主乃至全球化构成了严重挑战。③

在当前全球疫情新常态下,乔治亚·亚历山大(Georgia Alexandri)、迈克尔·亚诺施卡(Michael Janoschka)专门讨论了疫情对跨国经济的影响,“跨国贸易一直发生,这种经济行为使得全球城乡面貌在社会、空间和经济方面发生了颠覆性转变。今天,跨国改造这个基本概念假设需要进行重大调整,尤其是疫情对全球经济的改变。”④此外,加利福尼亚大学洛杉矶分校的教授谢泼德(Eric Sheppard)在其最新著作《全球化的限度:资本主义发展的颠覆性地理》中,反复强调:地理和空间在经济进程中至关重要。全球化是有限的,全球化过程中的经济流动被打断,地理和空间参与到经济发展过程中。

全球化视角下的空间批判表明:一方面,资本掠夺的全球性与劳动生产的地域性之间的矛盾难以消解,资本扩张未能克服空间的障碍;另一方面,一些

① Edward D.Mansfifield, Helen V.Milner, Nita Rudra, “The Globalization Backlash: Exploring New Perspectives”, *Comparative Political Studies*, Vol.54, No.13, 2021, p.2280.

② Nita Rudra, Irfan Nooruddin, and Niccolo W.Bonifai, “Globalization Backlash in Developing Countries: Broadening the Research Agenda”, *Comparative Political Studies*, Vol. 54, No. 13, 2021, p.2417.

③ 参见 Mansfield E.D., Mutz D.C., Brackbill D., “Effects of the great recession on American attitudes toward trade”, *British Journal of Political Science*, Vol.49, No.1, 2019, pp.37-58。

④ Georgia Alexandri, Michael Janoschka, “‘Post-pandemic’ transnational gentrifications: A critical outlook”, *Urban Studies*, Vol.57, No.15, 2022, pp.3203-3204.

西方发达国家试图通过再造全球市场空间，以掌控全球空间配置上的主动性。空间批判理论试图通过对全球化的分析和反思提出应对全球化的思路和对策，它强调要重视地区差异，尊重多样性，重视发展落后地区的合理要求，争取建立一个更加公平与多样的世界。

二、城市化过程中的空间正义

近几年，学者们主要关注城市化过程中的正义问题。因为学者们在城市是不平衡产生的根源这一问题上基本达成共识。以色列学者约瑟夫·贾巴伦(Yosef Jabareen)、埃森伯格(Efrat Eizenberg)提出，每一个城市社会空间在城市关系体系中具有“差异性地位”。每一个城市社会空间都有一个“身份”，由其特定的社会群体及其特定的特质来定义。城市由各种各样的社会空间组成，城市社会空间是通过多种相互关系建立起来的。在他们看来，城市被设想为由时空结构组成，其中社会空间具有社会和政治关系。这些社会空间可能是居住区、行政区、社区、封闭社区、飞地、贫民区、贫民区、行政区、牧场等。[①] 城市空间的变革成为空间区隔与阶层分化的新工具。他们强调城市中的各种关系和过程改变全球、国家、区域和地方关系。这种认识既是对规划理论的社会学领域的反映，也是对规划理论的政治领域的反映。

尼尔·博任纳(Neil Brenner)和克里斯蒂安·斯基米德(Christian Schmid)探讨了21世纪初资本主义快速发展的城市化与新自由主义化、不平衡的空间发展以及争取城市权利和环境正义的斗争之间的联系，倡导用社会批判理论的方法反思资本主义城市化带来的不公正、破坏性和不可持续性。他们指出：“今天，越来越明显的是，城市确实已成为一种世界性状况，在这种状况中，社会、经济、政治和环境关系的所有方面都超越了场所、领土和规模，跨越了长期以来根深蒂固的地理划分(城市/农村、城市/农村、社会/自

① 参见 Yosef Jabareen, Efrat Eizenberg, “Theorizing urban social spaces and their interrelations: New perspectives on urban sociology, politics, and planning”, *Planning Theory*, Vol.20, No.3, 2021, pp. 211-230。

然、北/南、东/西)。"①为此,他们发展了列斐伏尔的"星球城市化"概念,提出了一种"新的城市认识论",力图在这一框架下推进当今城市批判理论的研究。

以色列学者丹尼·布罗特曼(Dani Broitman)、丹尼尔·查曼斯基(Daniel Czamanski)指出,城市和区域空间结构、空间结构、人口迁移、人类空间结构、空间扩散和创新、其他空间结构、城市规模和城市系统之间,存在着严重的不均衡发展的问题。解决这种不平衡至关重要,因为"实施新技术创造所需的背景是均衡城市发展的必要条件"②。在后殖民主义和相关的方法中,城市最终必然会消失。这些解释将城市作为一个相互关联的社会空间网络。他们还通过阐明不平等、不公正、对抗和"他者性"的表述,让人们对城市所具有的批判性有了更深入的理解。

意大利米兰理工大学的学者斯特凡诺·莫罗尼(Stefano Moroni)则直接讨论了城市与正义。他在2020年发表了《公正的城市——三个背景问题:制度正义与空间正义、社会正义与分配正义,正义的概念和正义观》一文。在文章中,他着重讨论了三个问题:(城市)制度作为正义的第一主体;社会正义与分配正义之间的关系;社会正义概念与社会正义观之间的区别。他强调要想讨论城市正义问题,需要基于两个背景,一是首先越来越多的全球人口居住在城市。城市远没有失去它们的核心作用。其次,城市公共机构决定了个人和群体为了多种目的而获得某些基本手段的权利,如特定种类的权力、地位、资源等。显然,城市只是更广泛治理层次中的一个层次,但在某些领域,地方政府拥有相当大的自主权和影响公民机会和福祉的重大权力。他指出,地方政府可以通过十种方式对其公民的生活产生强烈影响,比如规则和规章、具有法律约束力的信息、税收、费用、服务等。③ 在这个意义上,空间正义的问题通过

① Neil Brenner and Christian Schmid,"Towards a new epistemology of the urban?",*City*,Vol.1,No.2-3,2015,pp.151-182.

② Dani Broitman,Daniel Czamanski,"Endogenous Growth in a Spatial Economy:The Impact of Globalization on Innovations and Convergence",*International Regional Science Review*,Vol.44,No.3-4,2021,p.397.

③ 参见 Stefano Moroni,"The just city.Three background issues:Institutional justice and spatial justice,social justice and distributive justice,concept of justice and conceptions of justice",*Planning Theory*,Vol.19,No.3,2020,pp.251-267。

城市凸显出来。

印裔美国人类学家阿帕杜莱(Arjun Appadurai)则讨论了城市与贫穷的问题。他讨论了民间组织对城市化过程中的贫困问题解决的思路。他以印度孟买三个民间组织:非政府组织SPARC、全国贫民窟居民联合会和代表妇女团体的合作社Mahila Milan为例,讲述了他们在解决贫困问题上的贡献。比如,解决工作的问题,将穷人的知识和能力以及他们组成的团体作为其所有工作的核心(非政府组织发挥辅助作用);保持政治中立并与当权者进行谈判;通过开创先例(例如,社区设计和管理的厕所,由城市穷人集体开发的房屋设计,他们可以以远低于公共或私营机构的成本建造)来推动变革,并利用这些设计来谈判和改变政策。① 他还指出了这些团体正在努力从下层建立起全球化的网络。这将城市、贫困、社会组织、空间等紧密地结合在一起。

可以看出,关于城市化过程中的空间正义的分析,已经从宏观视角走向微观领域,诸如规划、制度、社会团体等。

三、疫情下的空间批判

关注当代资本主义,自然不能离开对当下社会生活的思考。新冠肺炎疫情的暴发,全方位地改变了国家、社会、个人的生存状态。对此,很多学者也试图从空间批判视角给予解读和分析。

大卫·哈维(David Harvey)从冠状病毒对全球经济、政治生活的深刻影响角度进行分析,他在《2019冠状病毒疾病时代的反资本主义政治》一文指出,"这场疫情是对消费主义的有效打击。严重的话,会引发经济危机。"②的确是如此,资本流动的连续性受到阻碍和干扰必将导致货币贬值,如果货币贬

① 参见Arjun Appadurai,"Deep Democracy:Urban Governmentality and the Horizon of Politics",*Urbanisation*,Vol.4,No.1,2019,pp.29-47。

② David Harvey,"Anti-capitalist politics in the time of Covid-19",Blog entry,Available at:http://davidharvey.org/2020/03/anti-capitalist-politics-in-the-time-of-covid-19/(accessed 7 June 2020).

值变得广泛和深刻，那将是经济危机开始的信号，将会对全球经济产生严重的后果。今天的新自由主义模式越来越依赖于虚拟资本、货币供应和债务创造的大规模扩张。这种危机可能导致缩短供应链或使供应链多样化，同时转向劳动密集程度较低的生产形式（对就业有巨大影响），并更多地依赖人工智能生产系统。生产链的中断意味着裁员或暂时解雇工人，这减少了原材料需求，而对原材料的需求减少必然导致生产性消费的减少。他还指出疫情产生的另一个影响，“导致更严重的阶级分化。”他指出，在这场疫情中，“新工人阶级”处于最前沿，要么是最有可能通过工作感染病毒，要么是由于病毒导致的经济紧缩而被解雇。[①] 这些问题都是值得反复思考的。可以看出，疫情对空间的改变是巨大的。

“居家生活和社交减少使人们在公共场所的身体存在和社会互动也减少了。”[②]澳大利亚学者米莉亚娜·洛扎诺夫斯卡（Mirjana Lozanovska）在《空间与文化：隔离》一文中，讲到了新冠肺炎疫情暴发后，空间出现的新变化：隔离的出现。“空间分离是文明的组成部分，这一点集中体现在建筑和城市的分离，实际上也体现在死者的空间和生者空间的分离，这是体现在两种完全不同的板块中。”[③]从历史视角来看，医院、野战医院、疗养院、收容所和疗养院，这些建筑就是对病人的隔离。这些为了照顾弱势群体的空间，人为造成空间的阻隔。作者认为，隔离，即“留在家里”是对社会空间的系统性、隐蔽性的侵蚀。

还有学者对一些特定城市的疫情进行研究。来自哥伦比亚大学的加亚特里·卡瓦拉（Gayatri Kawlra）、坂本一月（Kazuki Sakamoto）以纽约市为例，讨论了关键性基础设施与冠状病毒社区传播暴发之间的关系。在《城市健康脆弱性的空间化：纽约市2019年冠状病毒疾病关键基础设施分析》一文中，作者们认为，要了解大流行病对城市的影响，就需要从邻里层面分析2019年冠状病

① 参见 David Harvey，“Anti-capitalist politics in the time of Covid-19”，Blog entry，Available at：http://davidharvey.org/2020/03/anti-capitalist-politics-in-the-time-of-covid-19/（accessed 7 June 2020）。

② Autumn C.James，“Don't stand so close to me：Public spaces，behavioral geography，and COVID-19 Dialogues in Human Geography”，*Dialogues in Human Geography*，Vol.10，No.2，2020，p.187.

③ Mirjana Lozanovska，“Space and Culture：Quarantine”，*Space and Culture*，Vol.24，No.2，2021，p.188.

毒疾病的空间动态,而城市基础设施,在其物质、社会、政治、经济和结构形式方面,是这类讨论的核心。交通枢纽、杂货店、药房、医院和公园的位置在决定病毒传播的空间差异方面起着重要作用。① 他们还指出,新冠肺炎发病率的地理分布受到建筑环境中四个关键要素的影响,这四个要素即医疗保健设施、移动网络、食物和营养以及开放空间。2019年冠状病毒疾病数据的趋势也表明社会、经济和种族因素影响个人安全。在纽约市,死亡似乎集中在更多样化的社区,黑人和拉丁裔居民的死亡率是白人城市居民的两倍。病毒在纽约市传播的不均匀性揭示了结构性不平等和地理位置以及美国城市资本投资之间的关系。因此,"2019年冠状病毒疾病是一个棱镜,一个纽约城空间隔离的放大器。公共卫生反应的不平衡地域揭示了劳动力、信息共享、资源可用性和应急准备方面的不平等。"②

可以看出,学者们都很关心疫情之后的物理空间、社会空间、心理空间的重建,这绝不是一个简单的学术问题,而是一个复杂的社会问题。

四、网络社会中的新空间

数字空间是与互联网的发展相伴而行的。自1996年曼纽尔·卡斯特(Manuel Castells)出版《网络社会的兴起》一书,对数字空间进行详细的介绍开始,数字空间成为了重要的空间批判理论议题。网络社会既是一种新的社会形态,也是一种新的社会模式。《网络社会的兴起》这本书是了解过去几十年数字革命后社会变革的最有影响力的作品之一。与此同时,随着时代的发展,新科学技术的不断升级。在社会技术和经济方面,平台资本主义和共享经济等新的商业模式,机器人、人工智能、物联网等新的社会经济进程的出现和发展,正在构建算法驱动的社会。正如曼纽尔·卡斯特自己所言:"过去十年

---

① 参见 Gayatri Kawlra, Kazuki Sakamoto, "Spatialising urban health vulnerability: An analysisof NYC's critical infrastructure during COVID-19", *Urban Studies*, First Published September 2021, pp. 1-19。

② Gayatri Kawlra, Kazuki Sakamoto, "Spatialising urban health vulnerability: An analysisof NYC's critical infrastructure during COVID-19", *Urban Studies*, First Published September 2021, p.3.

在全球范围内发生的重大社会变革为重新评估其启发式价值提供了机会。"①这里所指的"过去十年"是指21世纪第二个十年。他认为,今天社会的发展非常有必要对他之前的理论进行重新评价。"网络社会在技术变革、文化变革和制度变革的共同作用下,在全球范围内加速扩张。系统数字化重新配置了人类活动和组织的整个领域。"②这种趋势必然改变我们的生活状况。因此,我们要基于这种变化了的现实来分析可能出现的状况。他分析了两种趋势,一是网络社会的扩张和所面临的阻力;二是网络社会的最新状况。对于这种最新状况,例如"假新闻"的出现,他提出了自己的担忧。

在《从城市到网络:权力规则》一文中,曼纽尔·卡斯特(Manuel Castells)还提出了网络空间中的权力问题。这也是一个非常值得研究的问题。他指出:一是无论是谁编写网络程序,都具有至关重要的力量,因为它制定的规则必须被所有那些已经联网,但不是网络工作者的人遵守(例如,全球金融市场,或者社交媒体公司编写的算法)。二是行使权力的关键机制仍然是塑造(人类)心灵。沟通一直是这个过程中的一个重要方面——无论是讲坛、书籍,还是多媒体、无所不包的数字通信环境。这个过程将主要的权力斗争转移到了沟通的空间。三是21世纪的根本力量是通信力量。他说,"新形式的法西斯主义正在利用数字通信展现其优势。"③的确如此,今天已经进入数字化时代,这一特征影响着我们的时空体验。

玛丽亚·费尔南德斯—阿黛沃尔(Mireia Fernández-Ardèvol)和罗曼·里贝拉—福马茨(Ramon Ribera-Fumaz)同样从反抗资本主义的角度阐述了网络空间的作用。他们认为,网络社会及其数字空间重塑了我们这个时代的社会结构,它构建了新的权力格局、新的身份、新的地缘政治,激活了社会政治斗争的新形式,例如拉丁美洲的美好生活、西班牙的愤怒者、法国的黄马甲、美国的

---

① Manuel Castells,"The Network Society Revisited",*American Behavioral Scientist*,June 01,2022,p.1.

② Manuel Castells,"The Network Society Revisited",*American Behavioral Scientist*,June 01,2022,p.2.

③ Manuel Castells,"From cities to networks:Power rules",*Journal of Classical Sociology*,Vol.21,No.3-4,2021,p.261.

“黑命贵”以及阿拉伯之春等运动，又如MeToo、性少数群体、青年应对气候变化等组织。所有这些运动和组织都是自下而上地在网络社会空间中孕育的。此外，网络社会和数字空间还与地缘政治、技术政治、犯罪经济、气候变化、东欧局势、疫情大流行、平台资本主义的到来及其所导致的劳动力不稳定、国家内部和国家之间日益加剧的不平等、宗教原教旨主义、民粹主义和极右翼的兴起等现象都有着密切的关系。

还有人提出，网络空间的出现，正在使全球化加速，某种意义上会消解国家存在的价值和必要性。对此，曼纽尔·卡斯特(Manuel Castells)持相反观点，他在对社会生活的各个领域，尤其是围绕数字通信网络中的空间结构的形成和人类活动的网格化进行了观察和梳理后，强调结果恰恰相反，数字化结果导致“民族国家的回归”。与此同时，数字空间还与一些新问题紧密结合在一起，例如地缘政治局势、犯罪经济、平台资本主义的到来及其附带的劳动力不稳定、宗教原教旨主义的兴起以及极右翼的兴起、国家内部和国家之间日益加剧的不平等、气候变化、流行病等。“网络社会开始探索非常不同的过程，从经济数字化到新的权力身份或网络的重要性日益增加，带来了过去没有想到的问题和结果。”①对于这种情况，曼纽尔·卡斯特(Manuel Castells)指出，“我们比以往任何时候都更需要新的网络社会基础理论，它可以在进入新的全球黑暗时代时，引领我们前行。”②

文森特·米勒(Vincent Miller)和冈萨洛·C.加西亚(Gonzalo C Garcia)讨论了网络空间的一种独特形式：后工业时代的数字废墟。数字废墟是指在很大程度上被用户抛弃但仍然完好无损的在线空间。他们以三个被遗弃或半被遗弃的虚拟世界：Blue Mars、Active Worlds和Twinity为例，在与现代城市废墟进行对比的基础上，对当代数字资本主义进行批判性分析。他们指出，数字废墟代表了数字的乌托邦承诺，在虚拟的世界中有无限的投机、创造力、复制、消费、建立关系和自我实现，不受物质限制的阻碍。然而，当这种乐观情绪达到

① Mireia Fernández-Ardèvol, Ramon Ribera-Fumaz, “The Network Society Today”, *American Behavioral Scientist*, May01, 2022, p.6.

② Manuel Castells, “The Network Society Revisited”, *American Behavioral Scientist*, June01, 2022, p.6.

顶峰时,则会走向毁灭。与物质资本主义的“创造性破坏”不同,数字资本主义展现的是“创造性放弃”的趋势。数字世界中的努力和投资可以如此轻易地被抛弃和遗忘,这一事实揭示出了数字化的浪费和网络世界过度生产的无聊本质。① 在一片对网络空间、数字空间的喝彩声中,他们对“毁灭”进行思考是需要理论勇气的。

第三节　政治视角的新问题

一、地缘政治中的领土空间

土地/领土是空间的重要载体。随着资本的流动,生产过程变得碎片化,全球资本的主导地位得到巩固,使得资本主义转型的空间性更加突出。战争引发随之而来的粮食问题,使人们开始担心土地/领土问题。在资本主义的全球扩张中,土地已经成为冲突的焦点。例如在资本全球化的过程中,跨国公司和外国政府会抢占大规模的土地,而且这种行径还得到东道国政府的纵容和保护,因此,在这种意义下“土地掠夺”已变得普遍。正如《反对殖民化和农村剥夺》②一书的编者所认为的那样,抵制这种“掠夺土地”的行为,会引发一系列问题,比如此类交易对农民的影响、国家主权以及对地方一级粮食安全的影响。这些分析与那些仅仅是将土地视为某种市场不完善和制度失败的空间载体相比,要更细致和复杂。另外,对农民和其他种类独立生产者的剥夺,以及在这些土地交易中滥用国家和大公司的强制力,将会唤起马克思主义关于资本的原始积累理论。

土地/领土空间还包括海洋、宇宙等更广阔的内容。对这些空间的思考和分析,也是学者们关注的内容。人类活动(例如海上风能装置、水下管

① 参见 Vincent Miller, Gonzalo C Garcia“Digital ruins”, *cultural geographies*, Vol.26, NO.4, 2019, pp.435-454。

② 参见 Kapoor, Dip, Editor, *Against Colonization and Rural Dispossession: Local Resistance in South and East Asia, the Pacific and Africa*, Zed Books: London, 2017。

道、航运、水产养殖、海水养殖等）使海上空间变得越来越拥挤，导致海洋环境的压力和退化增加。对这些活动的管理面临着与海洋资源的私有和共同财产权相关的严峻挑战。瑞典学者拉尔夫·塔佛（Ralph V Tafon）在《控制海洋：走向海洋空间规划的后结构主义话语理论批判》一文中，讨论了保护海洋生态空间的重要性，“海洋空间规划社会关系中权力和冲突的不可磨灭性，海洋空间规划问题成为了构成政治或试图组织人类共存的关键性实践。”①

还有学者将难民、地缘政治、空间三者结合起来分析。阿帕杜赖（Arjun Appadurai）强调，在当代全球化的世界中，移民尤其是难民的身份问题，以及由此带来的创伤。他指出，现代民族国家，强调身份的认同性，这种认同包括：血统、语言、宗教和领土等。很少有国家能够谨慎地定义难民的公民身份、出生、种族归属和国家认同之间的关系，因此难民不可避免地成为二等公民。针对移民和领土问题，阿帕杜莱认为，领土可以被视为当代民族国家危机中的关键问题。表面上看，民族国家的危机似乎是种族多元化的事实，这是当今世界人口流动的必然结果。但仔细观察后，问题不在于种族或文化多元性本身，而在于在现代民族国家，侨民的多元化与领土稳定之间的紧张关系。此外，这些移民需要身份认同。如何解决身份认同，阿帕杜莱提出了建设性的意见：第一个是建立移民档案，这不仅是一个认知库，而且还是这些移民的愿景图。通过这些可以看到，移民的愿景与原国家愿景之间的共同点，从而找到一条更丰富的文化道路。另一种办法是设法使移民的身份成为确保公民身份的基础，这需要重新思考当今世界的主权结构。② 美国印第安纳大学布卢明顿分校的学者伊山·阿舒托什（Ishan Ashutosh）还提出了移民的三种空间形态：（1）挑战国家领土和国家社区边界的跨区域空间；（2）通过连接和差异的途径塑造移民的基础设施；（3）移民城市主义，在这种城市中和城市之间出现了新的政治

---

① Ralph V Tafon，“Taking power to sea：Towards a post-structuralist discourse theoretical critique of marine spatial planning”，*Environment and Planning C：Politics and Space*，Vol.36，No.2，2018，p.258.

② 参见 Arjun Appadurai，“Traumatic Exit，Identity Narratives，and the Ethics of Hospitality”，*Television & New Media*，Vol.20，No.6，2019，pp.558-565。

团结。这些空间新形态的出现对社会空间边界进行批判,从而具有新的理论价值。①

山姆·哈尔沃森(Sam Halvorsen)提出了"非殖民化领土"这一尝试。去梳理"领土"史,会发现它与殖民主义紧密纠缠在一起。他指出:"殖民主义不仅是理解国家领土史的核心,而且西方国家长期以来一直抵制去重新定义领土的基本策略,并且今天依然如此。"②因此,他将领土空间与拉丁美洲反对殖民,为争取独立而进行的社会运动结合起来进行讨论,目的就是想重新对"领土空间"进行定义。他提出了一个开放的领土定义,即为追求政治项目而占用空间。他还指出,只有在拆除和扭转殖民等级制度的积极过程中,非殖民化领土才具有意义。

领土空间其实质是一个政治概念,必然与殖民、战争、霸权紧密结合在一起。在保守主义甚嚣尘上的今天,对这一问题的关注,也成为空间批判理论不得不面对的话题。

二、空间与战争

空间与战争,这是近几年关注的一个新问题。曼纽尔·卡斯特(Manuel Castells)在论述网络空间时,就提到了战争的新形式:网络战争。"网络战争的出现不是例外。渗透到敌对国家的战略网络是所有国家和非国家行为者的基本策略之一。这包括破坏关键基础设施的可能性。它还越来越多地体现在通过提供虚假信息和对政治决策过程进行操纵,从而改变自由民主的基本结构。按照克劳塞维茨的说法,战争通过其他方式追求政治,已经被数字通信网络深刻地改变了。基于全球监视策略的衍生品,无人机成了首选武器。在多次以占领领土作为军事手段失败之后,几乎所有国家都根据自己的能力,开始接受用新技术进行防御性对抗。这包括:监视、无人机、精确弹药、核潜艇和航

① 参见 Ishan Ashutosh,"The spaces of diaspora's revitalization: Transregions, infrastructure and urbanism", *Progress in Human Geography*, Vol.44, No.5, 2020, pp.898-918。

② Sam Halvorsen, "Decolonising territory: Dialogues with Latin American knowledges and grassroots strategies", *Progress in Human Geography*, Vol.43, No.5, 2019, p.803.

天武器。"①的确是这样,新技术、新空间的出现,正改变着现代战争的形式。

对这一问题,莎拉·马尔特比(Sarah Maltby)、本·奥洛夫林(Ben O'Loughlin)、凯蒂·帕里(Katy Parry)和劳拉·罗塞尔(Laura Roselle)在2020年还专门编辑出版了论文集《战争的空间、空间的战争》。这本书分两大部分共十二章。上半部分:战争的空间,讨论了媒体与战争的空间关系。比如第一章"战争艺术、数字媒体和观众遭遇",第三章"战争的数字空间",第五章"指挥和控制与去中心化网络的碰撞:传统军队、社交媒体和信息环境";下半部分:空间的战争,主要讨论了如果发生战争,空间(政治上、社会上、符号学上)会发生什么样的变化。例如在第七章"限制性、性别歧视和叙利亚另类媒体空间"中,Dina Matar 和 Kholoud Helmi 讲述了叙利亚另类媒体平台 Enab Baladi 的例子,它是女权主义者和女性网络进入战争提供的数字媒体"空间"的例子。通过 Enab Baladi 的案例,他们探索了"现代女性"相互冲突的想象,以及抵制回归父权规范的政治。在第十二章"完美战争及其争论"中,Jolle Demmers,Lauren Gould 和 David Snetselaar 讨论了空战的政治影响,试图让美军为其轰炸行动负责。

自2008年全球性金融危机爆发以降,世界经济、文化、政治正遭遇着自上一次经济大萧条以来最糟糕的状况。一触而发的领土争端、地方冲突,并升级为战争;持续不断的无休止的地方性政治动荡,并随之演化而来的街头游行;肆虐全球的新冠肺炎病毒,并不断变异可能与人类长期共存……资本主义遭遇了前所未有的秩序冲突,这也使得学者们不得不关注,并提出具有"战略性"的建议,在这其中空间批判理论依然具有很强的解释力和批判力,"空间被认为既是建立和维护权力的一种手段,也是一种统一社会关系的方式。"②通过对近几年空间正义理论新趋势和新议题进行梳理和分析,可以得出空间理论的新进路。

空间正义理论越来越呈现出跨学科的特质。引导地理学从对社会空间结

① Manuel Castells,"The Network Society Revisited",*American Behavioral Scientist*,June,2022,pp.5-6.

② Thania Acarón,"Shape-in(g) Space:Body,Boundaries,and Violence",*Space and Culture*,Vol.19,No.2,2016,p.139.

构决定论的研究，走向对人类行为和社会结构的结构化过程中不同的、暂时固定的制度层次和社会空间场所的解读，应该是值得欢迎的。这种转变反映了社会科学的文化转向，甚至反映了建构主义跨学科的萌芽。[①] 也正如杨伟忠在《什么样的人文地理学理论?》一文中，提及人文地理学经历了从抽象的解释性理论到“中间理论”的变迁，使得人文地理学具有了更广泛的社会科学的角色。[②] 他还强调，政治经济框架应该与历史和地理特定的政治经济趋势相关联。[③] 事实上也确实如此，伴随着“空间转向”，空间早已不仅仅是地理学的专属，而是扩散到经济学、政治学、社会学、文学等之中。正如著名的批判地理学杂志《社会与空间》一直致力于将空间性问题带到跨学科社会理论的前沿。[④] 今天，这种趋势越来越明显。

空间正义理论的研究视域越来越广泛和丰富。资本、物体、人和信息与日俱增的移动特性正在将一个“社会性的社会”建构成“流动性的社会”[⑤]，流动性成为世界运转的重要方式。伴随着地缘政治竞争、不平衡地理发展、金融机构、国家政策、技术重组，以及不断变化的劳动分工和社会关系网络等因素的影响，现代世界正从静止、平面化走向动态、立体化，从地方空间（spaces of places）向流动空间转变（spaces of flows），需要研究者以更丰富的维度，使用新的范式加以解释变化了的现实。正因为如此，空间批判理论关注的领域已经不再局限在国家、种族、社区、地域、城市、地方等静态领域，而逐步延伸至数字空间、移民法规、跨境贸易、原住民主权、住房供应和负担能力、性别和性别认同、商品和服务的私人与公共供应、战争等流动性的新领域，展现出越来越丰富的内容。

空间正义理论在当今资本主义世界依然具有很强的现实解释力。“理论

---

① 参见 Jinn-yuh Hsu,“Process-ing with mechanism:The renaissance of critical realism in human geography?”,*Dialogues in Human Geography*,Vol.9,No.3,2019,pp.262-266。

② 参见 Henry Wai-chung Yeung,“What kind of theory for what kind of human geography?”,*Dialogues in Human Geography*,Vol.9,NO.3,2019,pp.283-292。

③ 参见 Henry Wai-chung Yeung,“Rethinking mechanism and process in the geographical analysis of uneven development”,*Dialogue in Human Geography*,Vol.9,NO.3,2019,pp.226-255。

④ 参见 Natalie Oswin,“Society and Space,here and now”,*Environment and Planning D:Society and Space*,Vol.36,No.4,2018,pp.613-616。

⑤ Urry J,*Sociology Beyond Societies:Mobilities for the Twenty-first Century*,London,New York:Routledge,2000,p.2.

不仅是抽象的工具，更重要的是作为社会空间变化的解释。"①事实上，当今世界发生了重大变化，出现了很多新问题。例如，跨境族群的跨境流动中民族身份的认同，战争或自然灾害形成的"流民"现象，以及这种空间变化所引发的社会、文化问题等。对此，空间依然具有很强的解释力，甚至可以说是很多问题的突破口。在一个更广泛的社会再生产过程中，空间具有很强的"表达性"，可以积极地展示人类需要和欲望、政治争论、意识形态对抗，展示多样化的世界。但是这种批判性话语和社会正义的行为，并没有结束和停止人类自身、人类与自然之间的对立和破坏。因此，我们依然需要对社会发展中存在的不公平、暴力等现象进行持久的批判。"政治和对未来经济、社会、环境的斗争是地区性，也是全球化，更是空间化的。"②空间批判理论因其所具有的巨大包容性而展示出强大的现实解释力。

空间批判的理论源头和基础是马克思主义的资本主义批判理论。按照马西的说法，地理学之所以重要，不是因为本体论的存在和因果力量，而是因为时代的变化和变革的力量。从这个意义上讲，地理学的过程也是指地理学家对社会文化多样性这一动荡不安、不断变化的世界所给予的渐进性的和变革性的关注。拉朱·达斯(Raju Das)也认为："一部马克思主义地理学研究史就是地理学者忽视马克思主义的历史，而事实上马克思主义地理学从空间、地点、规模和人类改变自然的视角来审视经济、政治、文化和自然/身体。通过对这个世界的描述、解释和批判，马克思主义地理学可以参与到创造一种替代性的社会空间安排——即一个民主的、无阶级的社会，它在生态上更健康，避免了国内和国际上地域发展的不均衡——的斗争中来。"③

① Henry Wai-chung Yeung, "What kind of theory for what kind of human geography?", *Dialogues in Human Geography*, Vol.9, No.3, 2019, pp.283-284.

② Patricia Daley, Eugene McCann, Alison Mountz, Joe Painter, "Re-imagining Politics & Space: Why here, why now?", *Environment and Planning C: Politics and Space*, Vol.35, No.1, 2017, p.3.

③ Raju J Das, "What is Marxist Geography Today, or What Is left of Marxist Geography?", *Human Geography*, Vol.15, No.1, 2022, pp.33-44.

结　语

> 建筑师，作为空间的生产者（但却不是唯一的）在一个特定的空间内进行操作。而首先，在他的眼皮底下，他面前是绘图板，是白纸。
>
> ——列斐伏尔《空间与政治》

大卫·哈维是当今世界最伟大的马克思主义地理学家之一。根据社会科学引用索引、艺术和人文科学引用索引计算，在1981年到2002年间，关于大卫·哈维的引用高达3508次，其中《后现代的状况》一书达1920次，这一数据已超过了许多杰出的地理学家、社会理论家、思想家的引用率，比如多琳·马西、福柯、德里达，Bruno Latour、卡斯特勒斯、罗蒂、德勒兹等人。他的著作被翻译为汉语、韩语、日语、俄语、德语、意大利语、西班牙语、土耳其语，并在世界范围内产生了深远影响。他作为当代英美最富声望的马克思主义者、地理学家、社会学家，以独创性的思维方式和学术活动，推动了当代西方人文社会科学理论和方法论的重大变革，不但为人文社会科学的发展开辟了广阔的前景，也使之更适应当代社会文化发展的需要。地理学从计量革命转向空间科学之后，大卫·哈维认为，生活空间越来越重要，加之海德格尔关于人与时间的哲学论述中，强调哲学必须关注人，关注人的存在，这些都深深地影响着他的思索。

今天，我们必须意识到一个新问题的出现。以互联网、人工智能、大数据、区块链为标志的新一轮科技革命正在影响着我们当下的生活，并改变着人们的生活状态，一切都在换代升级，对空间的体验也是如此。“空间”在新技术的时代中，被赋予了很多新的含义。在大卫·哈维那里，所谓的“空间”而带来的“正义”问题，正在努力朝着更好地解决迈进。正如在他最新的学术自述中提到的：“特别是在过去几年中，右翼对黑人和其他少数群体（例如依赖社会福利的人和土著居民），对妇女和 LGBTQ 权利的攻击引发了强有力的反击，例如‘黑命贵’（‘Black Lives Matter’）和‘Metoo’运动已经从美国蔓延到全世界。在金融危机后，新自由主义失去合法性，在世界上许多地区（包括美国），反移民、排外的民粹主义右翼崛起，带来了亟待应对的政治问题。虽然认为马克思主义、传统社会主义左派与身份政治、交叉性和环境政治之间的关系不存在矛盾是不现实的，但有足够的证据表明，一个新的联盟正在形成。人们正努力探索差异中的同一，这使得现在有可能成为重新建立更广泛左翼政治的关键时刻，尽管这一左翼政治的基础与过去有所不同。可以说，人们正在寻找某种政治黏合剂，在不压制差异的情况下，将种种不同的反抗运动联系在一起。”①

最后一章中，笔者主要想借助伊格尔顿所谓的解构原则：“倒置的挂毯”，通过比较和非同质化方法，试图从另一个视角出发来描述和分析大卫·哈维空间正义理论背后的纹路和思想，并对他所做的贡献给予相对中肯的评价。

一、社会正义与马克思主义

在《正义、自然和差异地理学》一书的导言中，大卫·哈维清晰地阐明了自己研究的旨趣：

“我反思的问题是，在表面上具有‘激进’和‘左派’导向的有关全球化会议（包括我自己）怎样有利于衣食住行生老病死问题的解决，有利于广泛地追求社会主义/反—资本主义的根本政治目标。在我看来，揭示形而上学的基础和基本信仰是不够的，尽管它们可用于孤立地理解抽象术语或者有关时间、空间、地方和环境（自然）的具体政治学。诸如此类的研究应该同时追求解决衣食住行生老病死问题的政治承诺。因此，关注

① David Harvey, “Reflections on an academic life”, *Human Geography*, Vol.15, No.1, 2022, pp. 14-24.

社会正义(以及理解那些有关争议术语的基本信仰并使之切实可行)需要面对如下问题:如何理解基本的地理学概念。”①

这段话与马克思在《关于费尔巴哈的提纲》中谈及的:“哲学家们只是用不同的方式解释世界,而问题在于改变世界”②异曲同工。近些年,哈维反复强调自己是一名马克思主义者,深受马克思思想的影响,这在当前西方理论界是难能可贵的。

自《社会公正与城市》出版以来,大卫·哈维试图打破伦理的与科学的分析模式之间的对立,把正义、公正引入到了地理学之中,从“为了思想而思想”到“为了实践而思想”。“理论和实践的挫折使得他超越道德自由主义,转向作为本体论、认识论和伦理学的马克思主义。”③

随着西方68风暴的结束,由卢卡奇开启的传统西方马克思主义走向了历史的尽头,左派面临着灭亡的危险。如何回应资本主义为什么会幸存,重新理解马克思与资产阶级社会的意识形态,重新探讨马克思主义新的可能性,寻找“第三条道路”的生存样态就成为当代左翼思想家必须面临的首要问题。马克思主义作为科学理论的本质特征,恩格斯曾经概括为“我们的理论是发展着的理论,而不是必须背得烂熟并机械地加以重复的教条”④,这正是马克思主义不断丰富、升华的内在源泉,同样,这也表达了其不断发展的可能性和合法性。

大卫·哈维是当今英语世界最著名的马克思主义者之一。在当今西方世界,没有谁能像他一样,通过坚持阅读马克思主义经典文本(1971年开始阅读《资本论》),并结合西方社会发展的新状况,借助西方文化、哲学的传统,独辟蹊径地发展了马克思主义的空间维度,建构起马克思主义发展的另一种可能性,这对推动当代马克思主义不断深化功不可没。虽然大卫·哈维与詹姆逊和伊格尔顿等人一样坚持和捍卫马克思主义在当今资本主义世界的地位,但

---

① [美]大卫·哈维:《正义、自然和差异地理学》,胡大平译,上海人民出版社2010年版,第6—7页。

② 《马克思恩格斯文集》第1卷,人民出版社2009年版,第506页。

③ [美]理查德·皮特:《现代地理学思想》,周尚意等译,商务印书馆2007年版,第86页。

④ 《马克思恩格斯文集》第10卷,人民出版社2009年版,第562页。

他并不与他们一样，詹姆逊和伊格尔顿等人对马克思主义的理解和批评仅仅停留在文化领域。恰恰相反，大卫·哈维的马克思主义具有独特性，是与众不同的。正如 Noel Castree 所说，大卫·哈维的研究主题、关注的焦点在马克思主义分析领域几乎是独一无二的。[①] 他的思想反映和彰显了时代的气息，并深深地影响着当代社会的发展。

Alex Callinicos 曾在《大卫·哈维与马克思主义》一文中指出，作为马克思主义者，大卫·哈维的著作具有与众不同的四大特征。第一，大卫·哈维对马克思主义的解读是建立在直接阅读马克思核心著作《资本论》基础上的。第二，马克思在《资本论》中所忽视的内容是大卫·哈维的马克思主义的第二个特征，即对空间维度的整合。第三，对后现代主义的同情。第四，对政治运动的关心。笔者认为，Alex Callinicos 给予了大卫·哈维一个好的归类。早在 20 世纪 60 年代，大卫·哈维还是一位地理学家，专注于从实证主义角度解释地理学，试图打开地理学更为开阔的领域，《地理学中的解释》就是这一时期的著作。此时，谁也不会想到，他会成为一名坚定的马克思主义者。但是在之后的研究中，大卫·哈维发现了这样一个问题，即哲学的终极问题：真理与价值、理论与实践之间的关系问题。他认为，无论自然科学多么精确地表达真理，它都无法回避价值判断，那么选择怎样的一种价值才能够符合当今资本主义社会的现实状况。关于这一问题，他选择了社会正义，选择了马克思主义。

二、“反资本主义”与当代资本主义批判

西方马克思主义的逻辑发展与资本主义社会的现实变化具有高度的相关性。在笔者看来，这是马克思主义对现实关照本性的最好体现，也是马克思主义批判精神的真实写照。如果要寻找一个词来归纳马克思主义的传统，那就是“批判”，尤其是对现实世界的批判，对现实问题的反思。大卫·哈维秉承了马克思主义的这一精神传统，借助空间范畴实现了对当代资本主义的批判。

① 参见 Noel Castee，“David Harvey：Marxism，Capitalism and the Geographical Imagination”，*New Political Economy*，Vol.12，No.1，March 2007，p.97。

大卫·哈维运用地理学想象为社会理论注入了新的维度,从而扩大了它的视角和作用范围,而且为反思社会理论本身提供了一种有益的思路。他试图秉承空间知识中由莱布尼茨、黑格尔、马克思、海德格尔等所代表的辩证思维传统。在这种辩证思维看来,空间或地理学想象不只是为社会理论增加了一个维度,更重要的是它与其他要素之间的互动将会产生一种总体性效应,从而改变人们对社会理论实践的认知。一位理论家这样来定位当代左派政治:"倘若左派要重新组织有效的运动,那么它们不应该是跟上或适应资本主义变迁的步伐,而应该是发展自己进行广泛和有效动员的能力,以对抗竞争和利润的逻辑,从而使自己最终能够到别的地方去,也就是说在资本主义之外另辟蹊径,建立一种平等、协作、民主的社会秩序。如果它们只是在资本主义的框架内发展,那么它们即使以两倍的速度前进,也根本无法到达别的地方。"①

如何看待资本主义,如何理解历史的未来发展,大卫·哈维通过空间理论给予了我们答案。他不仅仅对当代西方社会、政治、经济等发展提出了卓有建设性的解释,而且还试图给出解决方案。这是一种反资本主义的立场,而且,他毫不掩饰自己的反资本主义立场,甚至他最新出版的著作题目就是《反资本主义编年史》。

> 反资本主义立场的优点,在于它可以引入各种不同的群体和利益攸关方,这些群体往往受到资本主义统治机制的剥削、剥夺、占有和榨取的负面影响。该立场包括了家庭餐馆老板——他们工作时间长得令人难以置信,与此同时付给工人的工资也很低,但他把自己的大部分所得都给了银行,给了会随时提高租金的房东,或者以被市场力量无情推高的资产税的形式给了国家。该立场也激励着那些不仅面临被驱逐的威胁,而且越来越受到资本化侵蚀的民宿行业——该行业的公寓楼里挤满醉酒和吵闹的游客。该立场将中心城市的低收入黑人居民与白人农村农民联合起来,他们都经历了金融机构取消其财产抵押品赎回权的创伤,而正是这些抵押贷款将他们引诱进债务陷阱。该立场汇集了不稳定的工人和加入工

① 利奥·潘尼奇:《全球化与国家》,载 D.赫尔德,J.罗西瑙等:《国将不国?》,江西人民出版社 2004 年版,第 33 页。

会但工资严重偏低的学校教师。该立场包括所有那些因去工业化、自动化和人工智能而失去有意义的工作和生计的人。该立场也为激烈反对资本主义“资源榨取主义”的土著群体提供了一个积极的空间。简而言之，它可以吸引地球上所有被异化的人。①

大卫·哈维还说道:“处在社会变迁的洪流和潮流之中,人们会求助于某种永恒的价值,以此鼓舞集体的或训练有素的社会行动。”②他最终集中于作为中心点的“社会正义”这个价值。他认为,“这是反资本主义斗争能够坚持的最好的评价地形(无论这种斗争是一种较弱的改良主义斗争,如英国工党的‘布莱尔主义’,还是更加革命的斗争,如环境正义运动)。”③他还说:“所有的价值最终都将消逝,而且在飞逝的变迁之流中长期保持某种特殊的核心价值非常困难。但是,如果一定要创造解放性变革,那么,除了阐明并坚持那些价值,我们别无选择。此外,价值内在于社会空间过程,改变前者的斗争同时也就是改变后者的斗争(反之亦然)。正是在这一点上,我们不得不把人类想象最大限度地运用到探索社会生态的和政治经济的进步变革中去。”④

大卫·哈维正是这样一个积极的左派,借用朱津(Sharon Zukin)在《资本的空间》的评论中所说的:“这些有关近期的知识运动和政治战斗的睿智反思,说明了大卫·哈维为何会成为当代社会批判令人印象深刻的人物。他强烈的知识独立与同等坚持的道德准则,阐明了他对社会正义的关切,主要涉及经济,但也延伸到每个领域。当今没有任何其他学者,曾针对资本重塑空间和时间的力量探究得这么深刻,也没有如此令人信服地主张将这些过程安置在一切社会思想的核心。”

① David Harvey,“Reflections on an academic life”,*Human Geography*,Vol.15,No.1,2022,pp. 14-24.

② [美]大卫·哈维:《正义、自然和差异地理学》,胡大平译,上海人民出版社 2010 年版,第 11 页。

③ [美]大卫·哈维:《正义、自然和差异地理学》,胡大平译,上海人民出版社 2010 年版,第 13 页。

④ [美]大卫·哈维:《正义、自然和差异地理学》,胡大平译,上海人民出版社 2010 年版,第 13—14 页。

三、人的全面自由发展

空间正义目标是让人过上更好的生活。福山在《历史的终结》一书中，不仅展示了历史以资本主义的方式终结了，更为重要的是他表达了对未来没有希望的失望。世界已变成了庸人的世界，人类放弃了对世界的改造。

大卫·哈维借助空间这一独特形式来诠释当代人的政治危机。空间也不再仅仅是一种背景性的存在，而成为了他寻求政治解放可能性的有力媒介和工具，这也是其最终理论旨趣所在。他借助于马克思主义的理论资源，结合当代资本主义发展状况，以空间为视角，为我们勾画了一种新型乌托邦模式。

这就是为什么大卫·哈维要以空间入手谋划“每一个作为类成员的人完整地享有尊严和尊重”的可能性。这为我们从理论上重新认识乌托邦提供了有益的资源。爱德华·苏贾曾经在《后现代地理学》一书中论述到，兴起于20世纪60年代的批判人文地理学的发展归结为三条道路：第一条是根植于对社会存在的本质和概念化进行一种根本性的重新阐述，这实质上是一场本体论方面的斗争，企求重新平衡历史、地理和社会三者之间可以阐释的交互作用。第二条是直接依附于物质世界的政治经济学，或更具体地说，依附于资本主义的“第四次现代化”，这是紧随着战后持续性经济繁荣结束之后所产生的最新一轮具有深远影响的社会-空间重构活动。第三条道路是寓于文化和意识形态的重新变革、对现代性的经验性意义进行不断更新的界定、空间和时间的一种全新的后现代文化的崛起。[①] 笔者认为，大卫·哈维的空间正义理论无论在阐释空间的社会维度方面，还是对政治经济学的关照，或是从文化和意识形态来分析当代资本主义社会发展进程都体现了这三种路径的一种交汇，最终试图实现解放人类的目的。

张一兵教授将20世纪70年代以后的西方马克思主义分为后现代马克思

---

① 参见［美］爱德华·W.苏贾：《后现代地理学——重申批判社会理论中的空间》，王文斌译，商务印书馆2004年版，第94—95页。

主义、后马克思主义思潮和晚期马克思主义三种不同的态势,这三种态势在总体上表现为一种分裂和多元的特征,它们密切地与其他西方文化和哲学思潮相连。后现代马克思主义是一种激进的思潮,但却否定马克思主义哲学框架。后马克思主义是以批判马克思主义哲学主题为基础。晚期马克思主义则是在内在逻辑上坚持马克思主义最根本的原则和根本观点。笔者认为大卫·哈维就是这样一位充满激情的马克思主义者、社会学家、思想家。他在西方语境中算得上是一位独树一帜的马克思主义学者。他不同于哈贝马斯、魏尔默从捍卫启蒙理性的立场出发去批判后现代主义,也不同于詹姆逊等人把后现代主义看作是一种根本的社会转型,坚持走社会—经济分析与批判的道路。尽管他自认为对"灵活积累"和"时空压缩"的深入解释还需要建立更具说服力的理论,但他所做的大量艰苦探寻工作,事实上已经为他所期盼的理论大厦提供了一个有力的基础。

总而言之,在深入阅读大卫·哈维著作过程中,会被一条逻辑线索深深地牵扯着:空间正义建构源于生产方式和具此生产方式特征的社会关系,并影响着当下的社会生活,从而最终走向乌托邦的图景。如果说这条线索向我们展示了大卫·哈维理论思维的路径,那么在这条路径中,真正可以感受到的是他对主体人当下生活的密切关注。正如他自己曾经说过的,他研究问题的背景和核心都是当代资本主义社会,他不会脱离这个大前提而谈论其他什么。

但是,不可否认,大卫·哈维的空间正义理论还存在一些不足和问题,主要表现在两个方面:第一,把空间作为解读所有事物万能的钥匙,空间是否具备承载这一切的能力,尚待商榷。第二,对资本主义的批判更多的是一种"现象学"意义上的诊断,没有从根本上给出如何"治疗"资本主义的良方,因此,也就无法产生现实效应。总之,我们很难对他所做出的贡献给予全面而系统的评价,因为他仍在为社会的发展、人类的解放创造着。但是,也如他曾经所期许的"我热切希望自己著作中的灼亮余烬,能被年轻一代利用,在批判地理学中燃起一场火,持续燃烧,直到我们建立一个比起我们迄今所经验到的,还更为正义、平等、生态健全且开放的社会"。大卫·哈维的这番自我期许,无疑是鼓舞人心的。

参考文献

一、马克思主义经典著作

1.《马克思恩格斯文集》第1—10卷,人民出版社2009年版。
2.《列宁专题文集》(全五卷),人民出版社2009年版。
3.《马克思恩格斯全集》第1卷,人民出版社1995年版。
4.《马克思恩格斯全集》第2卷,人民出版社2005年版。
5.《马克思恩格斯全集》第3卷,人民出版社2002年版。
6.《马克思恩格斯全集》第4卷,人民出版社1958年版。
7.《马克思恩格斯全集》第13卷,人民出版社1962年版。
8.《马克思恩格斯全集》第23卷,人民出版社1972年版。
9.《马克思恩格斯全集》第24卷,人民出版社1972年版。
10.《马克思恩格斯全集》第25卷,人民出版社2001年版。
11.《马克思恩格斯全集》第42卷,人民出版社2016年版。
12.《马克思恩格斯全集》第44卷,人民出版社1982年版。
13.《马克思恩格斯全集》第47卷,人民出版社2004年版。
14.《马克思恩格斯全集》第48卷,人民出版社2007年版。
15.《马克思恩格斯全集》第50卷,人民出版社1985年版。
16.《马克思恩格斯选集》第1—4卷,人民出版社2012年版。
17.《列宁选集》第1—4卷,人民出版社2012年版。

二、大卫·哈维英文、中文著作

18. David Harvey, *Social Justice and the City*, London: Edward Arnold and Baltimore, MD: Johns Hopkins University Press, 1973.

19. David Harvey, *Consciousness and the Urban Experience*, Oxford: Blackwell and Baltimore, MD: Johns Hopkins University Press, 1985.

20. David Harvey, *The Urbanization of Capital*, Oxford: Blackwell and Baltimore, MD: Johns Hopkins University Press, 1985.

21. David Harvey, *The Urban Experience*, Oxford: Blackwell and Baltimore, MD: Johns Hopkins University Press, 1989.

22. David Harvey, *The Factory and the City: the Story of the Cowley Automobile Workers in Oxford* (edited with Teresa Hayter), Brighton: Mansell, 1993.

23. David Harvey, *Spaces of Neoliberalization: Towards a Theory of Uneven Geographical Development*, Heidelberg: Franz Steiner Verlag, 2005.

24. David Harvey, *The Anti-Capitalist Chronicles*, London: Pluto Press, 2020.

25. [英]大卫·哈维:《地理学中的解释》,高泳源等译,商务印书馆1996年版。

26. [美]戴维·哈维:《后现代的状况——对文化变迁之缘起的探究》,阎嘉译,商务印书馆2003年版。

27. [美]大卫·哈维:《希望的空间》,胡大平译,南京大学出版社2006年版。

28. [美]戴维·哈维:《巴黎,现代性之都》,黄煜文译,群学出版有限公司2007年版。

29. [美]戴维·哈维:《新自由主义化的空间》,王志宏译,群学出版有限公司2008年版。

30. [英]大卫·哈维:《新帝国主义》,初立忠、沈晓雷译,社会科学文献出版社2009年版。

31. [美]大卫·哈维:《巴黎城记》,黄煜文译,广西师范大学出版社2010年版。

32. [英]戴维·哈维:《公正、自然和差异地理学》,胡大平译,上海人民出版社 2010 年版。

33. [美]大卫·哈维:《新自由主义简史》,王钦译,上海译文出版社 2010 年版。

34. [美]大卫·哈维:《资本之谜》,陈静译,电子工业出版社 2014 年版。

35. [美]大卫·哈维:《寰宇主义与自由地理》,王志宏、徐苔玲译,群学出版有限公司 2014 年版。

36. [美]戴维·哈维:《叛逆的城市:从城市权利到城市革命》,叶齐茂等译,商务印书馆 2014 年版。

37. [美]大卫·哈维:《跟大卫·哈维读〈资本论〉》,刘英译,上海译文出版社 2014 年版。

38. [美]大卫·哈维:《跟大卫·哈维读〈资本论〉》(第二卷),谢富胜等译,上海译文出版社 2016 年版。

39. [美]大卫·哈维:《资本社会的 17 个矛盾》,许瑞宋译,中信出版集团 2016 年版。

40. [美]大卫·哈维:《世界的逻辑》,周大昕译,中信出版集团 2017 年版。

41. [美]大卫·哈维:《资本的限度》,张寅译,中信出版集团 2017 年版。

42. [英]大卫·哈维:《资本的城市化》,董慧译,苏州大学出版社 2017 年版。

43. [美]大卫·哈维:《马克思与〈资本论〉》,周大昕译,中信出版集团 2018 年版。

44. [美]大卫·哈维:《挑战资本主义》,许瑞宋译,时报文化企业出版股份有限公司 2018 年版。

45. [美]大卫·哈维:《资本思维的疯狂矛盾》,毛翊宇译,联经出版事业股份有限公司 2018 年版。

三、研究大卫·哈维的著作和论文:

46. John L. Paterson, *David Harvey' Geography*, London: Croom Helm;

Totowa, NY: Barnes and Nobel, 1984.

47. Georges Benko and Ulf Strohmayer, *Space and Social Theory: Interpreting Modernity and Postmodernity*, Oxford: Blackwell Publisher, 1997.

48. Massey, D., *Power-geometries and the Politics of Space-time*, Heidelberg: University of Heidelberg Press, 1999.

49. May, J.and Thrift, N. (eds.), *Timespace*, London: Routledge, 2001.

50. Bensaid, D., *Marx for Our Times*, London: Verso, 2002.

51. Massey, D., *For Space*, London: SAGE, 2005.

52. Osborne, P., *How to Read Marx*, London: Granta, 2005.

53. Jones, J.P.III, T.Mangieri, M.McCourt, S.Moore, K.Park, M.Pryce-Jones, K.Woodward, *David Harvey Live*, New York: Continuum, 2006.

54. Noel Castee & Derek Gregory (eds.), *David Harvey: a Critical Reader*, Malden, MA: Blackwell Publishing Ltd., 2006.

55. Elson, D., "The Valuc Theory of Labour", in D.Elson (ed.), *Value*, (pp. 115-80).London: CSE Books, 1979.

56. Foucault, M., "Questions on Geography", in C. Gordon (ed.), *Power/Knowledge*, pp.63-77.London: Harvester Wheatsheaf, 1980.

57. Thrift, N., "On the Determination of Social Action in Time and Space", *Society and Space*, 1(1): 23-57, 1983.

58. Storper, M., "The Spatial and Temporal Constitution of Social Action", *Society and Space*, 1(3): 407-24, 1983.

59. Urry, J., "Social Relations, Space and Time", in D. Gregory and J. Urry (eds.), *Social Relations and Spatial Structures*, pp. 20-48, Basingstoke: Palgrave Macmillan, 1985.

60. Gregory, D., 'Presences and Absences: Time-space Relations and Structuration Theory', in D.Held and J.Thompson (eds.), *Social Theory of Modern Societies*, pp.185-214, Cambridge: Cambridge University Press, 1989.

61. Cindi Katz and Neil Smith, "Grounding Metaphor: Towards a Spatialized Politics", in Michael Keith and Steve Pile (eds.), *Place and the Politics of*

Identity, London: Routledge, pp.67-83, 1993.

62. Gidwani, V., "The Limits to Capital: Questions of Provenance and Politics", *Antipode*, 36(3), pp.527-42, 2004.

63. Ashman, S., "Symposium: On David Harvey's 'The New Imperialism'." *Historical Materialism*, 14(4), pp.3-166.2006.

64. Clifford, N., 'Commentary on For Space', *Progress in Human Geography*, 31(3), pp.389-95, 2006.

65. Sparke, M., "Acknowledging Responsibility For Space"', Progress in Human Geography, 31(3), pp.395-403, 2006.

66. Lilley, S. "On Neoliberalism: An Interview with David Harvey" *MR Zine* June, 19, 2006.

67. Castree, N., "David Harvey: Marxism, Capitalism and the eographical Imagination", *New Political Economy*, 12(1), pp.97-115, 2007.

68. Dodgshon, R., "In What Way is the World Really Flat?", *Society and Space*, 26(3), pp.300-14, 2008.

69. Escobar, P., "The State of Empire: Pepe Escobar talks to David Harvey", *The Real News Network*, August 19, 2008.

70. Schouten, P., "David Harvey on the Geography of Capitalism, Understanding Cities as Polities and Shifting Imperialisms", *Theory Talks*, October 9, 2008.

71. Castree, N., "David Harvey's Limits to Capital", in P. Hubbard and R. Kitchin(eds.), *Key Texts in Geography*, London: SAGE, 2009.

72. 崔丽华:《大卫·哈维空间理论与资本主义批判》,黑龙江人民出版社2014年版。

73. 张佳:《大卫·哈维的历史—地理唯物主义研究》,人民出版社2014年版。

74. 唐旭昌:《大卫·哈维城市空间思想研究》,人民出版社2014年版。

75. 张秀玲:《历史唯物主义空间化理论:大卫·哈维空间思想研究》,黑龙江人民出版社2014年版。

76. 钱厚诚:《辩证的乌托邦理想:大卫·哈维空间理论的文本解读》,中国社会科学出版社 2016 年版。

77. 郝胤舟:《大卫·哈维对马克思主义哲学的三个新贡献》,北京理工大学出版有限公司 2017 年版。

78. 刘丽:《大卫·哈维的思想原像》,人民出版社 2018 年版。

79. 李春敏:《大卫·哈维的空间批评理论研究》,中国社会科学出版社 2018 年版。

80. 高鉴国:《新马克思主义城市理论》,商务印书馆 2006 年版。

81. 顾朝林,刘海泳:《西方"马克思主义"地理学——人文地理学的一个重要流派》,《世界地理》1999 年第 3 期。

82. 吴敏:《英国著名左翼学者大卫大卫·哈维论资本主义》,《国外理论动态》2001 年第 3 期。

83. 刘元琪:《全球化和个体——评大卫·哈维著〈希望的空间〉》,《国外理论动态》2001 第 5 期。

84. 顾朝林、李平:《大卫·哈维与马克思主义地理学》,《中华读书报》2002 年 5 月 29 日。

85. 唐晓峰:《"思想者大卫·哈维"》,《中华读书报》2002 年 5 月 29 日。

86. 阎嘉:《后现代语境中的西方新马克思主义理论》,《西南师范大学学报》2005 第 1 期。

87. 仰海峰:《弹性生产与资本的全球空间规划——从马克思到大卫·哈维》,《江海学刊》2008 年第 2 期。

88. 李春敏:《大卫·哈维的空间正义思想》,《哲学动态》2012 年第 4 期。

89. 任政:《资本、空间与正义批判——大卫·哈维的空间正义思想研究》,《马克思主义研究》2016 年第 6 期。

90. 张佳:《大卫·哈维的空间正义思想探析》,《北京大学学报》2015 年第 1 期。

91. 崔丽华:《寻求政治解放的新可能性——论大卫·哈维空间正义理论》,《教学与研究》2016 年第 6 期。

92. 任政:《空间重构与全球正义的可能性路径——论大卫·哈维空间正义的全球视域》,《国外社会科学》2017 年第 1 期。

93. 温泉:《资本主义全球化的世界地理后果及其空间正义危机——从大卫·哈维空间政治哲学批判的宏观向度谈起》,《云南社会科学》2017 年第 11 期。

94. 陈建华:《中国城市空间生产与空间正义问题的资本逻辑》,《学术月刊》2018 年第 7 期。

95. 包庆德、刘雨婷:《哈维的历史—地理唯物主义与空间正义理论》,《自然辩证法研究》2018 年第 9 期。

96. 刘鹏飞、赫曦滢:《马克思主义解放政治学与空间重塑——以大卫·哈维〈希望的空间〉为参照》,《贵州社会科学》2018 年第 11 期。

四、相关译著:

97. [英]雷蒙·威廉斯:《文化与社会》,吴松江等译,北京大出版社 1991 年版。

98. [美]大卫·格里芬编:《后现代科学——科学魅力的再现》,马季芳译,中央编译出版社 1995 年版。

99. [法]利奥塔:《后现代状态:关于知识的报告》,车槿山译,生活·读书·新知三联书店 1997 年版。

100. [美]杰姆逊:《后现代主义与文化理论》,唐小兵译,北京大学出版社 1997 年版。

101. [美]詹姆逊:《时间的种子》,王逢振译,漓江出版社 1998 年版。

102. [英]安东尼·吉登斯:《现代性与自我认同》,赵旭东、方文译,生活·读书·新知三联书店 1998 年版。

103. [法]利奥塔等:《后现代主义》,赵一凡等译,中国社会科学出版社 1999 年版。

104. [加]谢少波:《抵抗的文化政治学》,陈永国、汪民安译,中国社会科学出版社 1999 年版。

105. [英]安东尼·吉登斯:《现代性的后果》,田禾译,译林出版社 2000 年版。

106. [美]理查德·沃林:《文化批评的观念》,张国清译,商务印书馆 2000

年版。

107.［英］伊格尔顿:《后现代主义的幻象》,华明译,商务印书馆 2000 年版。

108.［德］齐格蒙特·鲍曼:《全球化:人类的后果》,郭国良、徐建华译,商务印书馆 2001 年版。

109.［英］安吉拉·默克罗比:《后现代主义与大众文化》,田小菲译,中央编译出版社 2001 年版。

110.［法］鲍德里亚:《消费社会》,刘成福、全志刚译,南京大学出版社 2001 年版。

111.［美］道格拉斯·凯尔纳、斯蒂文·贝斯特:《后现代转向》,陈刚等译,南京大学出版社 2002 年版。

112.［美］卡林内斯库:《现代性的五副面孔》,顾爱彬、李瑞华译,商务印书馆 2002 年版。

113.［美］乔治·瑞泽尔:《后现代社会理论》,谢立中译,华夏出版社 2003 年版。

114.［美］瑞查得·皮特:《现代地理思想》,王志宏等译,国立编译馆 2005 年版。

115.［美］爱德华·W.苏贾:《后现代地理学——重申批判社会理论中的空间》,王文斌译,商务印书馆 2004 年版。

116.［德］哈贝马斯:《现代性的哲学话语》,曹卫东译,译林出版社 2004 年版。

117.［德］沃尔夫冈·韦尔施:《我们的后现代的现代》,洪天富译,商务印书馆 2004 年版。

118.［美］爱德华·索亚:《第三空间——去往洛杉矶和其他真实和想象地方的旅程》,陆扬等译,上海教育出版社 2005 年版。

119.［英］雷蒙·威廉斯:《关键词——文化与社会的词汇》,刘建基译,生活·读书·新知三联书店 2005 年版。

120.［美］詹姆斯·施密特:《启蒙运动与现代性:18 世纪与 20 世纪的对话》,徐向东、卢华萍译,上海人民出版社 2005 年版。

121. [德]彼得·科斯洛夫斯基:《后现代文化——技术发展的社会后果》,毛怡红译,中央编译出版社 2006 年版。

122. [英]彼得·桑德斯:《社会理论与城市问题》,郭秋来译,江苏凤凰教育出版社 2018 年版。

123. [美]理查德·利罕:《文学中的城市:知识与文化的历史》,吴子枫译,上海人民出版社 2009 年版。

124. [法]亨利·勒菲弗:《空间与政治》,李春译,上海人民出版社 2008 年版。

125. [德]瓦尔特·本雅明:《巴黎,19 世纪的首都》,刘北成译,上海人民出版社 2006 年版。

126. [美]爱德华·W.苏贾:《寻找空间正义》,高春花、强乃社等译,社会科学文献出版社 2016 年版。

127. [意]托马斯·马卡卡罗、[意]克劳迪奥·M.达达里:《空间简史》,尹松苑译,四川文艺出版社 2019 年版。

五、相关中文著作

128. 徐崇温:《结构主义与后结构主义》,辽宁人民出版社 1986 年版。

129. 赵一凡:《欧美新学赏析》,中央编译出版社 1996 年版。

130. 张旭东编:《晚期资本主义的文化逻辑:詹明信批评理论文选》,陈清侨等译,生活·读书·新知三联书店 1997 年版。

131. 赵光武:《后现代主义哲学述评》,西苑出版社 2000 年版。

132. 衣俊卿等:《20 世纪的新马克思主义》,中央编译出版社 2001 年版。

133. 陈学明、马拥军:《走近马克思——苏东剧变后西方四大思想家的思想轨迹》,东方出版社 2002 年版。

134. 包亚明:《现代性与空间的生产》,上海教育出版社 2003 年版。

135. 陈先达:《处在夹缝中的哲学:走向 21 世纪的马克思主义哲学》,北京师范大学出版社 2004 年版。

136. 孙正聿:《思想中的时代:当代哲学的理论自觉》,北京师范大学出版社 2004 年版。

137. 高清海:《找回失去的“哲学自我”:哲学创新的生命本性》,北京师范大学出版社 2004 年版。

138. 张一兵:《文本学解读语境的历史在场:当代马克思哲学研究的一种立场》,北京师范大学出版社 2004 年版。

139. 黄楠森:《哲学的科学之路:马克思主义哲学的科学体系研究》,北京师范大学出版社 2005 年版。

140. 鲁克俭编:《国外马克思学研究的热点问题》,中央编译出版社 2006 年版。

141. 冯雷:《理解空间》,中央编译出版社 2008 年版。

142. 孙江:《“空间生产”——从马克思到当代》,人民出版社 2008 年版。

143. 胡大平、张亮:《资本主义理解史》(第五卷),江苏人民出版社 2009 年版。

144. 袁贵仁、杨耕:《当代西方学者视野中的马克思主义哲学:西方学者卷》,北京师范大学出版社 2008 年版。

145. 李春敏:《马克思的社会空间理论研究》,上海人民出版社 2012 年版。

146. 乔瑞金等:《英国的新马克思主义》,人民出版社 2013 年版。

147. 周和军:《西方新马克思主义空间理论与当代都市文化研究》,四川大学出版社 2015 年版。

148. 张荣军:《马克思主义空间理论及其当代价值研究》,中国社会科学出版社 2016 年版。

149. 尹才祥:《西方马克思主义空间政治理论》,江苏人民出版社 2016 年版。

附录　大卫·哈维年表与著作

1935 年 10 月 31 日

出生于英国肯特郡古灵厄姆小镇的一个工人家庭。

1957 年

获剑桥大学地理系文学学士，

1961 年

获得剑桥大学博士学位，博士论文题目：《论肯特郡 1800～1900 年农业和乡村的变迁》，随即赴瑞典乌普萨拉大学访问进修。

1963 年

回国在布里斯托大学地理系任教，主要教授地理学方法论课程。

1965～1966 年

在美国宾州大学任教。

1969 年

移居美国并在约翰·霍普金斯大学地理学与环境工程系任教，在这里，遇上了一群热衷于阅读马克思的学生和同事，走上了阅读马克思《资本论》的艰辛之路；同年出版《地理学中的解释》（*Explanation in Geography*）一书，该书被誉为新地理学中的“圣经”。

1972 年

英国皇家地理学会授予大卫·哈维“吉尔纪念奖”（Gill Memorial Award），以表彰大卫·哈维对理论地理学的诸多贡献。

1973 年

出版了《社会正义与城市》（*Social Justice and the City*）一书，标志着大

卫·哈维从一个实证主义地理学家走向人文地理学家，从一个逻辑实证主义者走向马克思主义者。在书中，哈维认为，面对城市贫困和相关的弊病，地理不能保持“客观”。这本著作从出版到2017年，被引用了6600多次，对于一本专业学术著作而言，是非常罕见的。

1982年

出版了《资本的限度》（*The Limits to Capital*），这本书使他实现了一个“惊人的跳跃”，即从空间角度重构马克思主义经济学，形成较为精致解释当代城市化和空间问题的框架；并获得了美国地理学家联合会荣誉奖，嘉奖他在发展人文地理学分析方法和行为研究的哲学基础方面，以及在应用古典政治经济学原理对城市地理现象提供新的解释方面所做的杰出贡献。

1985年

出版了《资本的城市化》（*The Urbanization of Capital*）与《意识与城市经验》（*Consciousness and The Urban Experience*），这两部著作均着力于运用马克思主义的批判方法揭露资本主义社会中政治经济与城市地理、城市社会弊病之间的关联性。

1987~1993年

在英国牛津大学任教。

1989年

出版了《后现代的状况》（*The Condition of Postmodernity*）一书。这部著作被认为是对后现代社会秩序与非秩序性的精彩阐述，并在人文社会科学界为他赢得了广泛的声誉。《伦敦独立报》将其命名为1945年以来出版的50部最重要的非小说作品之一，从出版到2017年被引用30000多次。同年，获瑞典人类学暨地理学社颁赠的“安德斯·瑞特祖斯”（Anders Retzius）奖章。

1993年

回到美国约翰·霍普金斯大学任教。

1995年

获得了地理学的诺贝尔奖：“瓦特林·路德国际地理学奖”。

1996年

出版了《正义、自然和差异地理学》（*Justice, Nature, and the Geography of*

Difference)一书,在书中探讨社会正义和环境正义,并且以一种新的方法对城市化的未来进行思考。

2000 年

出版了另一本讨论后现代性的著作《希望的空间》(*Spaces of Hope*),这本书强调后现代性是一种新的对时间与空间的经验方式,即对时间与空间的高度"压缩",生活变的急促而空虚,在书中,他还对未来世界的可能性做了展望。

2001 年

来到美国纽约城市大学任教。

2003 年

出版了《新帝国主义》(*The New Imperialism*)和《巴黎,现代性之都》(*Paris,Capital of Modernity*)两本著作。

2005 年

出版了《新自由主义简史》(*A Brief History of Neoliberalism*)。这本著作考察了新自由主义的起源、兴起和意义。

2006 年

出版了《全球资本主义的空间》(*Spaces of Global Capitalism:Towards a Theory of Uneven Geographical Development*)。

2007 年

当选为美国艺术与科学学院院士。同年,根据汤森路透社 ISI 数据库中的学术期刊引用率排名,大卫·哈维名列"引用最多的人文科学和社会科学书籍的作者"的第 18 位。

2010 年

出版《跟大卫·哈维读〈资本论〉》(第一卷)(*A Companion to Marx's Capital*)与《资本之谜》(*The Enigma of Capital*),书中主要讨论了当代的经济危机问题。

2012 年

出版《反叛的城市:从城市权利到都市革命》(*Rebel Cities:From the Right of the City to the Urban Revolution*),他集中讨论了资本与城市化之间的关系和

对资本与城市化的反对。

2013 年

出版《跟大卫·哈维读〈资本论〉》(第二卷)(*A Companion to Marx's Capital*, Volume 2)。

2014 年

出版《十七条矛盾与资本主义的终结》(*Seventeen Contradictions and the End of Capitalism*),该书对发生在当下的经济危机、资本运行背后的规律进行了深入分析和研究。

2016 年

出版《世界的逻辑——如何让我们生活的世界更理性、更可控》(*The Ways of the World*)。可以说,这本书是大卫·哈维过去半个多世纪思考和研究成果之集萃。他在书中为读者搭建了理解世界运行规律的一般框架,试图通过一系列强大的理论工具来解释世界——世界经济发展不平衡、金融危机的城市根源、自然与社会变革之间的关系、资本的演化等。

2017 年

出版了《马克思、资本与经济理性的疯狂》(*Marx and Capital and the Madness of Economic Reason*),书中哈维以凝练的写法概述了马克思对资本的建构。他根据过去一个半世纪的经济和社会变革情况,将对《资本论》的理解同当代现实联系在一起。

2018 年

出版了《马克思〈资本论〉之友》(*A Companion to Marx's Capital The Complete Edition*),这本书主要是以哈维近几年的讲座为基础,围绕马克思《资本论》第一卷、第二卷、第三卷的大部分内容展开论述,向读者展现了其对马克思的深度解读。

2020 年

出版《反资本主义编年史》(*The Anti-Capitalist Chronicles*)。自从《新自由主义简史》一书出版以来,哈维就始终围绕资本主义制度的演变以及对它的激进反对浪潮展开研究。在《反资本主义的历史》一书中,哈维介绍了理解全球资本主义危机和为更美好世界而奋斗的新方法。在解释暴力和灾难的同时,哈维还记录了希望和可能性。通过与新自由主义、资本主义、全球化、环境、技术、社会运动和 COVID-19 等的对话,他以特有的才华概述了在非常困难的情况下如何想象社会主义的替代方案。

后　记

大卫·哈维曾经举过这样一个例子：当代学术作品的创造也开始适应市场化的需要。以前一个学者一生出版一两本书就被认为是很了不起了，然而随着加速观念的出现，现在主流学者必须每两年出一本书或者更多，以此来证明自己的存在。这是一个多么鲜活的例子呀，来论证当今世界的快速变迁和时间化的本质。世界仿佛处在快速的变动、发展中。然而对永恒的追求，却是人类探讨的终极命题。借助哈维的“空间”问题，讨论“空间正义”，某种意义上就是在变动中追寻永恒不变的价值，这也许是回归生命的本质价值所在吧。

对西方学者大卫·哈维的关注始于硕士阶段，最初只是好奇于他的空间理论与马克思主义之间的关系，后来将这种“好奇”进一步延伸，有了我的博士论文《大卫·哈维空间批判理论》（已出版），在写作博士论文的过程中，我常常被他多维度、跨学科的语言搞得晕头转向。他的兴趣极其广泛，涉及哲学、社会学、地理学、人类学等，而且他还是一个多产的思想家，每年都有新书问世，这也无形中加大了阅读与研究的难度。虽然选择空间理论作为切入点，但是却需要在这个过程中厘清其与西方传统思想、马克思主义、地理学之间冗繁复杂的关系以及大卫·哈维借助其所实现的对资本主义社会的批判。因此，在完成这些任务的过程中，我试图从经济、文化、政治三个维度来阐释清楚他对资本主义世界本身的关照，更为重要的是，在写作的过程中，我发现在他的学术生涯中，早年实现了从一个实证主义地理学家向马克思主义者的转变。他研究的兴趣点更加聚焦到了政治领域，正如他自己所言：“在当前时代，我们必须认真考虑用批判性的反资本主义视角来审视变化中的世界地理，这不仅是合乎逻辑的必要反思，更是捍卫人类未来的必要之举”，可以感受到他身上多了很多“捍卫人类未来的必要之举”的责任，他的这种具有使命感的学术勇气值得我们研究和反思。因此，在完成博士论文之后的一段时间里，我将自己的研究兴趣集中在他的政治领域，更加聚焦到“空间正义”上，这也是写作本书的初衷。某种意义上，这本小书是我博士论文第五部分的扩写。当然，在写作的过程中，由于语言上的差异，以及哲学分析能力的不足，自己的研究可能也是挂一漏万的，注定了这本书必然存在很多瑕疵和问题。

在完成本书的过程中，我要感谢中共中央党校（国家行政学院）马克思主义学院的领导和同事们给予我的大力支持和鼓励。和谐融洽的工作氛围，畅所欲言的理论争鸣以及经常性的实践调研，让我更加真切地明白了马克思主义的主旨所在：理论绝不是空中楼阁，它是解释世界，进而改变世界的武器。所以，我时常感念自己的幸运，能够成为这个学术共同体中的一员，在这里工作。

还要感谢我的家人，是他们的包容和体量，让我可以执着地畅游在学术的海洋中，体悟其中的艰辛与快乐。尤其是我的孩子们，在与他们一同成长的过程中，我更加真切地体会到了生命的价值与意义。

还要感谢本书的责任编辑杜文丽，从选题到文稿的形成，给了我很多实质性的意见，而且一再宽容我的拖沓，并对本书的出版付出了很多心血与汗水。

我为什么会选择学术之路，一路坚持的初心究竟是什么。的确，选择了学术之路，就是选择了思考与孤独。在夜深人静之时，阅读、思考，并将其付诸文字，这是我最幸福的时刻。

崔丽华

2022 年 5 月于北京大有庄

责任编辑:杜文丽
封面设计:汪　莹

图书在版编目(CIP)数据

大卫·哈维空间正义理论研究/崔丽华 著. —北京:人民出版社,2022.9
ISBN 978-7-01-024464-8

Ⅰ.①大…　Ⅱ.①崔…　Ⅲ.①大卫·哈维-城市社会学-研究　Ⅳ.①C912.81

中国版本图书馆 CIP 数据核字(2022)第 016425 号

大卫·哈维空间正义理论研究

DAWEI HAWEI KONGJIAN ZHENGYI LILUN YANJIU

崔丽华　著

人民出版社 出版发行
(100706　北京市东城区隆福寺街 99 号)

北京九州迅驰传媒文化有限公司印刷　新华书店经销

2022 年 9 月第 1 版　2022 年 9 月北京第 1 次印刷
开本:710 毫米×1000 毫米 1/16　印张:13.75
字数:240 千字

ISBN 978-7-01-024464-8　定价:75.00 元

邮购地址 100706　北京市东城区隆福寺街 99 号
人民东方图书销售中心　电话 (010)65250042　65289539